Hirsch

Auslieferungstouren in der strategischen Distributionsplanung

GABLER EDITION WISSENSCHAFT
Produktion und Logistik

Diese Reihe dient der Veröffentlichung neuer Forschungsergebnisse auf den Gebieten der Produktion und Logistik. Aufgenommen werden vor allem herausragende quantitativ orientierte Dissertationen und Habilitationsschriften. Die Publikationen vermitteln innovative Beiträge zur Lösung praktischer Anwendungsprobleme der Produktion und Logistik unter Einsatz quantitativer Methoden und moderner Informationstechnologie.

Tobias Hirsch

Auslieferungstouren in der strategischen Distributionsplanung

Mit einem Geleitwort
von Prof. Dr. Bernhard Fleischmann

DeutscherUniversitätsVerlag

Die Deutsche Bibliothek - CIP-Einheitsaufnahme

Hirsch, Tobias:
Auslieferungstouren in der strategischen Distributionsplanung /Tobias Hirsch.
Mit einem Geleitw. von Bernhard Fleischmann. - Wiesbaden : Dt. Univ.-Verl. ;
Wiesbaden : Gabler, 1998
(Gabler Edition Wissenschaft : Produktion und Logistik)
Zugl.: Augsburg, Univ., Diss., 1998
ISBN 978-3-8244-6783-9 ISBN 978-3-663-01474-4 (eBook)
DOI 10.1007/978-3-663-01474-4

Der Deutsche Universitäts-Verlag und der Gabler Verlag sind Unternehmen der Bertelsmann Fachinformation.

Gabler Verlag, Deutscher Universitäts-Verlag, Wiesbaden

http://www.gabler-online.de

Höchste inhaltliche und technische Qualität unserer Produkte ist unser Ziel. Bei der Produktion und Auslieferung unserer Bücher wollen wir die Umwelt schonen: Dieses Buch ist auf säurefreiem und chlorfrei gebleichtem Papier gedruckt.

Lektorat: Ute Wrasmann

ISBN 978-3-8244-6783-9

Meinen Eltern

Geleitwort

Der effizienten Gestaltung von Güterverkehrsnetzen kommt angesichts der zunehmenden wirtschaftlichen Verflechtung und überlasteter Straßen eine immer größere Bedeutung zu. In Güterverkehrsnetzen unterscheidet man zwischen dem Fernverkehr, der linienmäßig die Knoten des Netzes verbindet, und dem Nah- oder Flächenverkehr im Einzugsgebiet eines "Depots". Letzterer besteht in Ausliefer- und Sammeltouren, die jeweils vom Depot ausgehen, eine große Anzahl von Kunden bedienen und zum Depot zurückführen. Die Planung solcher Touren für ein Depot und einen Tag ist ein viel untersuchtes schwieriges Problem. Andererseits gibt es für die langfristige Gestaltung solcher Netze Verfahren der Standortplanung, die vor allem die Anzahl und Standorte der Depots bestimmen. Diese Verfahren beachten jedoch nicht, daß die Standortentscheidungen die Touren im Flächenverkehr und damit dessen Kosten betreffen, sondern unterstellen Stichfahrten vom Depot zu jedem einzelnen Kunden.

Der komplizierte Zusammenhang zwischen der sehr langfristigen Standortplanung der Depots und der sehr kurzfristigen Tourenplanung ist Gegenstand der vorliegenden Schrift. Da eine simultane Lösung über beide Planungsebenen weder sinnvoll noch praktikabel ist, stellt sich der Verfasser die Aufgabe, die Auswirkung von Standortentscheidungen auf die Kosten der Tourenplanung durch eine Approximation zu erfassen, die dann in üblichen Verfahren der Standortplanung verwendet werden kann. Diese noch kaum untersuchte Problemstellung ist von großer Bedeutung für die Gestaltung von Güterverkehrsnetzen und besonders nach der Aufhebung der amtlichen Güterverkehrstarife aktuell, da nun die tatsächlichen Kosten der einzelnen Touren maßgeblich sind.

Der Verfasser gibt nicht nur einen sehr schönen Überblick über den Stand der Forschung zur Schnittstelle zwischen Standort- und Tourenplanung, sondern entwickelt auch ein neuartiges Verfahren, das die Auswirkung von Änderungen der Netzstruktur auf die Tourenkosten bei täglich wechselnder Auftragssituation abschätzt. In einer umfangreichen Fallstudie mit einem realen Distributionsnetz weist der Verfasser die Schnelligkeit und hohe Schätzgenauigkeit des Verfahrens nach.

Die Schrift schließt eine Lücke in der Logistik-Forschung. Ich wünsche ihr eine weite Verbreitung und Einfluß auf die weitere Forschung.

Prof. Dr. B. Fleischmann

Inhaltsverzeichnis

Abbildungsverzeichnis

Tabellenverzeichnis

Verzeichnis der wichtigsten Symbole

ad_{ges}	: Dauer zur Ablieferung der Nachfragemenge aller Kunden eines Liefergebietes	[ZE]
ad_k	: Dauer zur Ablieferung der Nachfragemenge beim Kunden k	[ZE]
ad_{kt}	: Dauer zur Ablieferung der Nachfragemenge beim Kunden k in Periode t	[ZE]
$AnzS_s$	: Anzahl der Erweiterungssektoren für den Liefergebietssektor s	[-]
b	: Breite eines Streifens zur Herleitung der mittleren Kunden-Kunden-Entfernung	[LE]
bh_{ges}	: Belieferungshäufigkeit aller Kunden eines Liefergebietes	[-]
bh_k	: Belieferungshäufigkeit des Kunden k	[-]
br	: Kürzere Seite des als rechteckig angenommenen Tourgebietes	[LE]
br_{ges}	: Kürzere Seite des in ein Rechteck transformierten Liefergebietes	[LE]
c_{kl}	: Belieferungskosten eines Kunden k von einem Lager l	[GE]
dg	: Durchschnittliche Fahrgeschwindigkeit bei einer Tour zur Kundenbelieferung	[LE/ZE]
δ	: Kundendichte im Tour- oder Liefergebiet	[Kundenanzahl/(LE · LE)]
$E(Z)$	: Erwartungswert der Zufallsvariablen Z	
F	: Menge aller Fahrzeuge oder Touren zur Kundenbelieferung	[-]
fk_l	: Fixkosten des Lagers l	[GE]
Fl	: Fläche, die durch die Kunden einer Tour bestimmt wird (Tourgebietsfläche)	[LE · LE]
Fl_0	: Fläche, die durch das Depot und die Kunden einer Tour bestimmt wird	[LE · LE]
Fl_{ges}	: Liefergebietsfläche eines Depots	[LE · LE]
Fl_{max}	: Maximale Liefergebietsfläche in einem erweiterten Liefergebietssektor	[LE · LE]
Fl_s	: Liefergebietsfläche im Liefergebietssektor s	[LE · LE]
f^{max}	: Anzahl der Fahrzeuge oder maximale Tourenanzahl zur Kundenbelieferung	[-]
$f_Z(x)$	: Dichtefunktion der Zufallsvariablen Z	[-]
$F_Z(x)$	: Verteilungsfunktion der Zufallsvariablen Z	[-]
Φ	: Verteilungsfunktion der Normalverteilung mit Erwartungswert 0 und Varianz 1	[-]
γ	: Verhältnis von Breit- zu Längsseite eines rechteckigen Tour- oder Liefergebietes	[-]
K	: Menge aller Kunden	[-]
k^{max}	: Anzahl der Kunden	[-]
K_s	: Menge aller Kunden im Liefergebietssektor s	[-]
L	: Menge aller potentiellen Lager	[-]
$\overline{le}$	: Durchschnittliche Entfernung zwischen zwei Kunden einer Tour	[LE]
le^*	: Länge der kürzesten Rundreise über alle Kunden in einem Tourgebiet	[LE]
le_{0k}	: Entfernung zwischen dem Depot und dem Kunden k	[LE]
le_{0s}	: Größte Depot-Kunden-Entfernung im Liefergebietssektor s	[LE]
le_{gh}	: Entfernung zwischen zwei Knoten g und h	[LE]
lg	: Längere Seite des als rechteckig angenommenen Tourgebietes	[LE]
lg_{ges}	: Längere Seite des in ein Rechteck transformierten Liefergebietes	[LE]

l^{max} : Anzahl potentieller Lager .... [-]
λ : Mittlere Entfernung zwischen dem Depot und dem Mittelpunkt des Tourgebietes [LE]
me_{ges} : Nachfragemenge aller Kunden eines Liefergebietes .... [ME]
mek_k : Nachfragemenge des Kunden k .... [ME]
mek_{kt} : Nachfragemenge des Kunden k in Periode t .... [ME]
me_{max} : Kapazität der Fahrzeuge für die Kundenbelieferung .... [ME]
$mewl_{wl}$: Transportmenge vom Werk w zum Lager l .... [ME]
$mewl_{wlt}$: Transportmenge vom Werk w zum Lager l in Periode t .... [ME]
n : Mittlere Anzahl der Kunden pro Tour .... [-]
n_f : Anzahl der Kunden der Tour f .... [-]
n_k : Anzahl der Kunden, die mit Kunde k in einer Tour beliefert werden .... [-]
P : Wahrscheinlchkeitsfunktion .... [-]
s^{max} : Anzahl der Liefergebietssektoren zur Flächenberechnung .... [-]
T : Menge aller Perioden .... [-]
TK_f : Kosten einer Tour f .... [GE]
tkle : Transportkosten je Längeneinheit bei einer Tour zur Kundenbelieferung .... [GE/LE]
$tkwl_{wl}$: Transportkosten je Mengeneinheit von Werk w zum Lager l .... [GE/ME]
tkze : Transportkosten je Zeiteinheit bei einer Tour zur Kundenbelieferung .... [GE/ZE]
TL_{ges} : Länge aller von einem Depot ausgehenden Touren .... [LE]
t^{max} : Anzahl der Perioden .... [-]
Var(Z) : Varianz der Zufallsvariablen Z
vk_l : Variable Kosten je Durchsatzmengeneinheit des Lagers l .... [GE/ME]
W : Menge aller Werke .... [-]
w^{max} : Anzahl der Werke .... [-]
x_q : X-Koordinate des Standortes q .... [-]
y_q : Y-Koordinate des Standortes q .... [-]
ze_{max} : Maximale Fahrdauer einer Tour zur Kundenbelieferung .... [ZE]

Abkürzungsverzeichnis

DAPA	:	Durchschnitt der absoluten, prozentualen Abweichungen von Schätzergebnissen gegenüber tatsächlichen Ergebnissen
GE	:	Geldeinheiten
kg	:	Kilogramm
km	:	Kilometer
LE	:	Längeneinheiten
Lkw	:	Lastkraftwagen
ME	:	Mengeneinheiten
MPWLRP	:	Mehrperiodiges Warehouse Location Routing-Problem
NB	:	Nebenbedingungen
PLZ	:	Postleitzahl
to	:	Tonnen
TSP	:	Traveling Salesman-Problem
WLP	:	Warehouse Location-Problem
WLRP	:	Warehouse Location Routing-Problem
ZE	:	Zeiteinheiten
ZF	:	Zielfunktion

1 Einleitung

Der mit der Herstellung und Verwertung industrieller Produkte verbundene Güterfluß läßt sich üblicherweise in vier Phasen einteilen[1]. In einem typischen Ablauf besorgt sich ein Industrieunternehmen in der ersten Phase auf Beschaffungsmärkten Roh-, Hilfs- und Betriebsstoffe, die einem Wareneingangslager des Unternehmens zugeführt werden. Der damit zusammenhängende Güterverkehr wird als Zulieferverkehr bezeichnet. Der anschließende Güterfluß vom Wareneingangslager durch den Produktionsprozeß bis zu einem bei der Produktionsstätte liegenden Warenausgangslager gehört zur zweiten Phase. Die im Warenausgangslager bereitgestellten Fertigprodukte werden in der dritten Phase im Distributionsverkehr an Kunden auf den Absatzmärkten ausgeliefert. Von zunehmender Bedeutung ist seit einigen Jahren der in der vierten Phase auftretende Entsorgungsverkehr aus der Produktion und vom Kunden, um beispielsweise Rückstände, Leergut und Verpackungen zu vernichten oder zu recyclen. Die betriebswirtschaftliche Logistik beschäftigt sich mit der Planung des Güterflusses vom Beschaffungsmarkt durch die Produktion bis zum Absatzmarkt und zurück zur Entsorgung. Entsprechend den vier Phasen läßt sich die Logistik in die vier Subsysteme Beschaffungs-, Produktions-, Distributions- und Entsorgungslogistik unterteilen.

Das Ziel logistischer Planung ist es, dafür zu sorgen, daß ein Empfangspunkt gemäß seinem Bedarf von einem Lieferpunkt mit dem richtigen Produkt (in Menge und Sorte), im richtigen Zustand, zur richtigen Zeit, am richtigen Ort zu den dafür minimalen Kosten versorgt wird[2]. Wünschenswert ist es, dieses Prinzip vom Lieferanten über die Produktion bis zum Abnehmer und zurück zur Entsorgung in einer durchgängigen logistischen Kette so umzusetzen, daß suboptimale Lösungen in einzelnen Bereichen vermieden werden und statt dessen eine optimale Gesamtlösung angestrebt wird. Denn entlang der logistischen Kette bestehen eine Vielzahl von Interdependenzen, die bei zu treffenden Entscheidungen berücksichtigt werden müssen. So können beispielsweise Einsparungen beim Einkauf von Rohstoffen durch die Ausnutzung günstigerer Rabattpreise zu einem Anstieg der Rohstoffbestände im Wareneingangslager und damit zu steigenden Bestandskosten führen. Die Ausweitung des Produktionsprogramms, durch die sich ein Unternehmen höhere Erlöse verspricht, kann mit einem Anstieg der Fertigwarenbestände verbunden sein. Der Einsatz verbesserter Verpackungsmaterialien beim Versand von Fertigprodukten kann einen Rückgang der Anzahl beschädigter Waren zur Folge haben, aber auch zu einem Anstieg der Entsorgungskosten führen. Es lassen sich viele weitere Beispiele mit bestehenden Kostenkonflikten finden.

---

1 Vgl. PFOHL [1996, S. 17 f.]

2 Vgl. PFOHL [1996, S. 12]

Angesichts dieser Abhängigkeiten besteht der Wunsch, ein umfassendes Entscheidungsmodell, das alle Wechselwirkungen entlang der logistischen Kette abbildet, aufzustellen und zu lösen. Die rasante Entwicklung im Bereich der Informationstechnologie und die verbesserte Leistungsfähigkeit der Datenverarbeitung in den letzten Jahren nähren die Hoffnung, die hohen Anforderungen an eine ganzheitliche Planung erfüllen zu können. Jedoch ist die Komplexität vieler Teilprobleme bereits so hoch, daß der heutige Stand der DV-Technologie oft nicht einmal ausreicht, diese Teilprobleme einzeln optimal zu lösen. Eine Lösung des Gesamtproblems ist daher auch bei einer Fortschreibung der bestehenden Entwicklung in der Datenverarbeitung in absehbarer Zeit nicht zu erwarten. Die Untersuchung logistischer Subsysteme behält somit weiterhin ihre Berechtigung. Wichtig ist jedoch, die Ergebnisse der Subsysteme in eine logistische Gesamtkonzeption zu integrieren. Dies geschieht in der Regel durch die Entwicklung einer Entscheidungshierarchie, mit der festgelegt wird, in welcher Reihenfolge die Teilprobleme zu lösen sind. Die Ergebnisse übergeordneter Teilprobleme gehen dann als Daten in die untergeordneten Teilentscheidungen ein, so daß die Gesamtlösung das Ergebnis eines Abstimmungsprozesses zwischen Entscheidungsebenen ist, die über Vorgaben und Rückmeldungen miteinander in Beziehung stehen.

Die vorliegende Arbeit beschäftigt sich mit der Distributionslogistik und dem damit verbundenen Distributionsverkehr eines Unternehmens, das Konsumgüter produziert und in Deutschland vertreibt. Ein solcher Anbieter hat in der Regel eine Vielzahl von Kunden zu beliefern, die sich mit kleinen Nachfragemengen über das gesamte Land verteilen. Im Rahmen einer Distributionsplanung soll dann unter der Zielsetzung der Kostenminimierung einerseits ein aus Lager- und Transportprozessen bestehendes Distributionsnetz vom Warenausgangslager der Produktionsstätten über Auslieferungslager bis zum Abnehmer gestaltet werden, andererseits der Güterfluß im Distributionsnetz gesteuert werden. Entscheidungen, die mit der Gestaltung des Distributionsnetzes zusammenhängen, betreffen in erster Linie die Festlegung einer geeigneten Anzahl an Auslieferungslagern, deren Standorte und die Zuordnung, welcher Kunde von welchem Lager und welches Lager von welchem Werk beliefert werden soll. Dabei handelt es sich um *strategische* Entscheidungen, für die als Planungsgrundlage üblicherweise tagesbezogene Auftragsdaten eines Geschäftsjahres herangezogen werden. Zur Steuerung des Güterflusses im Distributionsnetz ist vor allem die Frage zu beantworten, wie die Kundenaufträge eines Tages zu Auslieferetouren kombiniert werden sollen. Diese Tourenplanung stellt ein *operatives* Entscheidungsproblem dar.

Zwischen den genannten Teilentscheidungen bestehen starke Interdependenzen. So ist eine Optimierung der Lagerstandorte nur möglich, wenn gleichzeitig die Liefergebiete geplant werden. Um aber die Liefergebiete festlegen zu können, müssen die Auslieferetouren berücksichtigt werden. Die Tourenplanung setzt wiederum die Kenntnis der Lagerstandorte voraus.

In der Literatur sind diverse Verfahren zum sogenannten Warehouse Location-Problem zu finden, wo eine Standort- und Zuordnungsplanung unter der Annahme durchgeführt wird, daß die Kunden einzeln in Stichfahrten beliefert werden. Zur Lösung des in dieser Arbeit betrachteten Problems der Distributionsplanung mit Tourenauslieferung ist es daher naheliegend, ein Verfahren zu benutzen, das entsprechend dem oben genannten Konzept der hierarchischen Planung von einer strategischen und einer operativen Planungsebene ausgeht und das Gesamtproblem, beginnend mit den strategischen Teilentscheidungen, sukzessive löst. Die Tourenplanung erfolgt also erst nach der Optimierung der Lagerstandorte und Liefergebiete, bei der eine Kundenbelieferung in Stichfahrten unterstellt wird. Angesichts der wechselseitigen Verflechtungen der Teilentscheidungen erscheint dieses Vorgehen jedoch kaum geeignet. Denn die Kosten der Tourenauslieferung unterscheiden sich gravierend von denen der Stichfahrten. Weil die Transportkosten aber einen wesentlichen Einfluß auf die Optimierung der Lagerstandorte und Liefergebiete ausüben, ist durch die nachträgliche Einbeziehung der Auslieferttouren zu erwarten, daß die Ergebnisse erheblich von der optimalen Lösung abweichen können.

Aufgrund der Abhängigkeiten zwischen Standort-, Zuordnungs- und Tourenplanung ist das Gesamtproblem im Prinzip nur durch einen Ansatz lösbar, der die Teilentscheidungen simultan berücksichtigt. Dem steht jedoch insbesondere der unterschiedliche Planungshorizont der Teilentscheidungen entgegen. Während für die strategischen Entscheidungen der Standort- und Zuordnungsplanung Planungsdaten eines Jahres benutzt werden, umfaßt der Planungszeitraum der operativen Tourenplanung lediglich einen Tag. Nun ist es weder zweckmäßig, alle Detailinformationen der Tourenplanung für ein Jahr in die strategischen Entscheidungen einzubeziehen, noch sinnvoll, strategische Entscheidungen auf der Planungsgrundlage eines Tages zu treffen. Aber selbst wenn der Entscheidungsträger eine solche Beschränkung der Datenbasis akzeptieren würde, wäre das Gesamtproblem außerordentlich schwierig zu lösen. Denn bereits bei gegebenen Lagerstandorten und Liefergebieten stellt die vorzunehmende Tourenplanung für einen einzelnen Tag ein sehr komplexes, kombinatorisches Problem dar.

Tatsächlich sind die täglichen Anforderungen an die Warendistribution eines Konsumgüterunternehmens sehr unterschiedlich, weil in der Regel nicht jeder Kunde jeden Tag beliefert werden muß. Die unterschiedlichen Belieferungsrhythmen der Kunden führen zu täglich variierenden Tourenverläufen mit jeweils unterschiedlichen optimalen Lagerstandorten und Liefergebieten. Gesucht sind nun aber die Standorte und Liefergebiete, bei denen über den gesamten Planungszeitraum eines Jahres die geringsten Distributionskosten entstehen. Diese Aufgabenstellung, die als mehrperiodiges[1] Warehouse Location Routing-Problem (MPWLRP) bezeichnet wird, ist noch wesentlich schwieriger zu lösen, als wenn nur ein Tag als Planungshorizont betrachtet würde.

[1] Im Rahmen der Distributionsplanung entspricht eine Periode üblicherweise einem Tag.

Aufgrund dieser Schwierigkeiten geht die vorliegende Arbeit von einer getrennten Durchführung der strategischen und der operativen Planung aus und beschäftigt sich mit der Schnittstelle zwischen beiden Planungsebenen. Das Ziel ist dabei nicht, einen Algorithmus zu konzipieren, der unmittelbar eine Lösung für das MPWLRP erzeugt, sondern ein Verfahren zu entwickeln, das für eine Distributionsstruktur mit gegebenen Lagerstandorten und Liefergebieten die Kosten der Tourenauslieferung über den gesamten Planungszeitraum ermittelt. Denn ein solches Verfahren ermöglicht den Vergleich alternativer Zuordnungen von Kunden zu potentiellen Lagerstandorten. Insbesondere läßt sich bei gegebenen Liefergebieten für jeden Kunden die Auswirkung einer veränderten Lager-Zuordnung auf die Kosten berechnen und damit das Lager mit den niedrigsten Belieferungskosten ermitteln. Dieses ist eine wichtige Voraussetzung, um eine Anfangszuordnung von Kunden zu Lagern durch die sukzessive Veränderung einzelner Lager-Kunden-Zuordnungen zu verbessern und schließlich die kostenminimalen Liefergebiete herzuleiten. Aufgrund der Vielzahl der im Laufe eines solchen Austauschverfahrens auszuführenden Kostenbewertungen besteht die Notwendigkeit einer sehr schnellen Kostenermittlung. Daher soll auf eine aufwendige Tourenplanung verzichtet werden und die Berechnung der an einem Lager anfallenden Auslieferungskosten mittels Approximation erfolgen.

Die einfache Kostenbewertung einer Distributionsstruktur mit gegebenen Lagerstandorten und kostenminimalen Liefergebieten ermöglicht darüber hinaus die Bewertung alternativer Lagerkonfigurationen. So läßt sich beispielsweise untersuchen, wie sich die Auslieferungskosten verändern, wenn einer gegebenen Lagerkonfiguration ein beliebiger Lagerstandort hinzugefügt oder weggenommen wird. Dies ist eine wichtige Voraussetzung zur Anwendung einiger gebräuchlicher Verfahren zur Standortplanung, wie beispielsweise die klassischen Add-/Drop-Verfahren oder auch die modernen Local-Search-Verfahren. Ein Verfahren zur approximativen Kostenbewertung für die Belieferungen von Kunden mit gegebenen Lagerstandorten und Liefergebieten läßt sich daher nicht nur für die Optimierung der Lager-Kunden-Zuordnung nutzen, sondern eröffnet darüber hinaus die Möglichkeit, mit Hilfe von Standardverfahren der Standortplanung das MPWLRP zu lösen.

Die vorliegende Arbeit gliedert sich wie folgt:

Das *Kapitel 2* enthält zunächst eine Einführung in das untersuchte Themengebiet. Nach einer kurzen Beschreibung der Inhalte und Ziele der Distributionsplanung (Kapitel 2.1) werden die Komponenten eines Distributionssystems - die Produktion, die Nachfrage, die Lagerung, der Transport und der Informationsfluß - im Detail dargestellt (Kapitel 2.2). Besondere Aufmerksamkeit gilt dabei der Strukturierung dieser Komponenten im Hinblick auf eine computergestützte Distributionsplanung. Die Beziehungen der Komponenten zueinander bestimmen ein

Distributionsnetz. Kapitel 2.3 zeigt und erklärt ein typisches Distributionsnetz eines Unternehmens der Konsumgüterbranche. Welche Entscheidungsprobleme bei der Gestaltung eines Distributionsnetzes und der Steuerung des Materialflusses im Netz auftreten können, beschreibt Kapitel 2.4. Ebenso wird die Abhängigkeit einzelner Teilprobleme untereinander erkennbar. So veranschaulichen Beispiele, welche Fehler bei der Planung der Lagerstandorte und der Lager-Kunden-Zuordnung auftreten können, wenn vereinfacht angenommen wird, die Kunden würden einzeln in Stichfahrten und nicht in Touren beliefert. Die Rahmenbedingungen der in dieser Arbeit betrachteten Planungsaufgabe des MPWLRPs sowie die Anforderungen an ein zu entwickelndes Lösungsverfahren erläutert Kapitel 2.5. Die Umsetzung der Aufgabe in ein mathematisches Modell ist Thema des Kapitels 2.6.

In der Literatur sind Untersuchungen zum MPWLRP kaum zu finden. Meist wird anstelle eines mehrperiodigen Planungshorizonts lediglich eine Planungsperiode betrachtet. Das *Kapitel 3* gibt einen Überblick über Lösungsverfahren für die einperiodige und die mehrperiodige Aufgabenstellung. Zunächst werden im Kapitel 3.1 exakte Verfahren beschrieben, die eine optimale Lösung nur für Probleme mit sehr kleinem, der betrieblichen Praxis fernem Umfang liefern können. Kapitel 3.2 stellt anschließend heuristische Verfahren vor, die teils erhebliche Einschränkungen hinsichtlich der Anwendbarkeit aufweisen, teils die Interdependenzen der Standort-, Zuordnungs- und Tourenplanung entweder gar nicht oder nur in geringem Maße berücksichtigen, so daß lediglich eine unbefriedigende Lösungsqualität zu erwarten ist. Somit liegt kein geeignetes Verfahren zur Lösung des MPWLRPs vor.

Am tauglichsten erscheinen die approximativen Simultanverfahren, bei denen die in die Planung eingehenden Tourenlängen lediglich näherungsweise ermittelt werden. Das *Kapitel 4* beschäftigt sich daher mit einem Verfahren von DAGANZO [1984b], das die minimale Länge der erforderlichen Touren bestimmt, um Kunden an gegebenen Standorten von einem gegebenen Depotstandort bei einem Planungshorizont von einer Periode zu beliefern. Als Restriktion ist zu beachten, daß in keiner Tour eine vorgegebene Kundenanzahl überschritten werden darf. Das Verfahren kann dabei vollständig auf eine Lösung des schwierigen, kombinatorischen Problems verzichten, die Kundenaufträge zu Touren zu kombinieren. Statt dessen wird versucht, eine für den optimalen Tourenplan typische Tour aus spezifischen Größen der zu beliefernden Kunden und des Liefergebiets abzuleiten. Ist der Verlauf der typischen Tour bekannt, so läßt sich die Länge dieser Tour und daraus die Länge aller erforderlichen Auslieferfertouren approximieren.

Das von DAGANZO entwickelte Verfahren kommt dem in dieser Arbeit gesuchten Approximationsverfahren zur Kostenbewertung einer Distributionsstruktur mit gegebenen Lagerstandorten und Liefergebieten bei einem mehrperiodigem Planungshorizont recht nahe. Dennoch bestehen zwei wesentliche Unterschiede in der betrachteten Aufgabenstellung. Einerseits ist die Restriktion, daß die Touren eine maximale Kundenanzahl nicht überschreiten dürfen, für Unternehmen der Konsumgüterbranche gewöhnlich nicht relevant. Statt dessen werden die Touren meist durch das Fassungsvermögen der Auslieferfahrzeuge und die Arbeitszeit des Fahrpersonals beschränkt. Andererseits betrachtet DAGANZO lediglich eine Planungsperiode und ein Auslieferungsdepot.

Im *Kapitel 5* wird daher zunächst ein Approximationsverfahren entwickelt, das die minimalen Tourlängen von einem Depot zu gegebenen Kundenstandorten mit bekannten Auftragsgrößen einer Periode auch dann bestimmt, wenn Tourrestriktionen durch die Fahrzeugkapazität und eine maximale Fahrzeit bestehen. Die Idee, die minimalen Auslieferentfernungen aller Touren aus einer für den optimalen Tourenplan typischen Tour herzuleiten, entspricht dabei der des Verfahrens von DAGANZO.

Im *Kapitel 6* wird das entwickelte Verfahren für den Einsatz in der Distributionsplanung in zwei Schritten erweitert. Im Kapitel 6.1 wird zunächst der Planungshorizont von einer Periode auf mehrere erweitert, so daß die minimalen Entfernungen der Auslieferfahrten von einem Depot zu gegebenen Kundenstandorten mit bekannten Auftragsgrößen über einen längeren Planungszeitraum approximiert werden können. Analog zum Ein-Perioden-Verfahren ist das Ziel des Lösungsverfahrens, eine Tour zu entwickeln, die für die Touren der optimalen Tourenpläne aller Perioden typisch ist. Das Kapitel 6.2 beschäftigt sich mit dem Mehr-Depot-Mehr-Perioden-Fall, der sich von dem Ein-Depot-Mehr-Perioden-Fall aus Kapitel 6.1 dadurch unterscheidet, daß die Kundenaufträge mehrerer Perioden von mehreren Depots erfüllt werden können. Für jeden Kunden ist somit eine Entscheidung zu treffen, von welchem der Depots er über den gesamten Planungszeitraum beliefert werden soll, um die Summe der an allen Depots anfallenden Tourlängen zu minimieren. Das Ergebnis sind somit die Liefergebiete der einzelnen Depots. Im Rahmen der Distributionsplanung ist der Güterfluß zum Kunden nicht von den Auslieferungsdepots, sondern von den Produktionsstätten an zu optimieren. Wie die Transportkosten von den Werken zu den Depots und die in den Depots anfallenden Lagerkosten in das Mehr-Depot-Mehr-Perioden-Verfahren integriert werden können, wird im Kapitel 6.3 gezeigt.

Die entwickelten Verfahren aus den Kapiteln 5 und 6 werden im *Kapitel 7* auf reale Daten eines Unternehmens der Konsumgüterbranche angewendet, um ihre Funktionsfähigkeit und Ergebnisqualität zu überprüfen.

Kapitel 8 beschließt diese Arbeit mit einer Zusammenfassung der erzielten Resultate und Hinweisen auf weitere Untersuchungs- und Verbesserungsmöglichkeiten.

2 Aufgabenstellung

Dieses Kapitel erläutert die Problemstellung der Distributionsplanung. Nach einer Beschreibung der Inhalte und Ziele werden die einzelnen Komponenten eines Distributionssystems erklärt und die auftretenden Entscheidungsprobleme in allgemeiner Form dargestellt. Daran schließt sich die Eingrenzung auf die in dieser Arbeit betrachtete Aufgabenstellung an, die im letzten Teil des Kapitels als mathematisches Modell formuliert wird.

2.1 Gegenstand der Distributionsplanung

Die Marktsituation eines Unternehmens der Konsumgüterindustrie ist in Deutschland durch einen intensiven Wettbewerb und eine Vielzahl von Kunden geprägt, die meist nur kleine Auftragsmengen nachfragen und sich flächendeckend über das gesamte Land verteilen. Im Zusammenhang mit der Belieferung der Kunden, die in der Regel Händler, aber auch Konsumenten sind, stellt sich die Frage, wie die produzierten Waren von den Werkstandorten des Konsumgüterunternehmens zu den Kunden gelangen sollen. Ist eine Direktbelieferung ab Werk sinnvoll, oder soll die Auslieferung über Lager erfolgen? Wo sollen diese Lager errichtet werden? Welche Lagerkapazitäten sind bereitzustellen? Mit welchem Transportmittel sollen die Auslieferungstransporte ausgeführt werden? Soll ein eigener Fuhrpark die Waren ausliefern? Wie setzt sich der Fuhrpark zusammen?

Die Distributionsplanung beschäftigt sich mit diesen Fragen und allen logistischen Aktivitäten, die im Zusammenhang mit dem Warenfluß industrieller Produkte vom Zeitpunkt ihrer Fertigstellung bis zu ihrer Abnahme beim unmittelbaren Nachfrager stehen[1]. Die Distributionsplanung, die in der Literatur auch als Warenverteilungsplanung, physische Distribution, Distributionslogistik und Marketing-Logistik bezeichnet wird, ist damit das Bindeglied zwischen der Produktionslogistik eines Unternehmens und der Beschaffungslogistik seiner Kunden[2].

Das Ziel der Planung ist die Gestaltung und Steuerung einer Distributionsstruktur, die einerseits so wenig Kosten verursacht wie nötig, andererseits aber auch den Kunden ein Höchstmaß an Lieferservice bietet. Empirische Untersuchungen auf Absatzmärkten von Industrie- und Handelsunternehmen zeigen den hohen Stellenwert des Lieferservices für die Kaufentscheidung[3]. Er ist nach der Produktqualität vielfach die bedeutendste Einflußgröße, so daß die Distributionslogistik gerade auch vor dem Hintergrund eines intensiven Wettbewerbs auf den

---

1 Vgl. FLEISCHMANN [1979, S. 293]

2 Vgl. PFOHL [1996, S. 203]

3 Vgl. PFOHL [1996, S. 56 ff.]

Märkten als ein wichtiges Instrument der Marketingpolitik einsetzbar ist[1]. Der Lieferservice setzt sich im wesentlichen aus folgenden Einzelkomponenten zusammen[2]:

- *durchschnittliche Lieferzeit*: Hierunter wird die Zeitspanne zwischen Auftragserteilung und dem Erhalt der Ware beim Kunden verstanden.
- *Lieferzuverlässigkeit*: Das ist der Grad an Sicherheit, mit dem die Lieferzeit eingehalten wird. Wesentlich für die Lieferzuverlässigkeit ist die Lieferbereitschaft[3], die angibt, inwieweit der Lieferant in der Lage ist, einen Auftrag zu erfüllen.
- *Lieferungsbeschaffenheit*: Hierunter wird einerseits die Unversehrtheit der gelieferten Waren verstanden, andererseits die korrekte Ausführung des Auftrages in gewünschter Art und Menge.
- *Lieferflexibilität*: Das ist die Fähigkeit des Auslieferungssystems, auf spezifische Wünsche des Nachfragers bezüglich Auftrags- und Liefermodalitäten eingehen zu können.

Im Konsumgüterbereich mit preislich und qualitativ homogenen und damit in den Augen der Nachfrager substituierbaren Produkten[4] bestehen für den Anbieter hinsichtlich der Lieferzeit, der Lieferungsbeschaffenheit und der Lieferflexibilität kaum Möglichkeiten, sich Wettbewerbsvorteile zu verschaffen, weil die Marktsituation bereits ein sehr hohes Serviceniveau vorschreibt. Hingegen kann von einer hohen Lieferbereitschaft eine große akquisitorische Wirkung ausgehen[5]. Ob eine Veränderung der Lieferbereitschaft aber wirtschaftlich ist, hängt von den dann anfallenden Logistikkosten und den zu erwartenden Umsatzerlösen ab. Während es für Unternehmen mit einer auf Logistikprozesse ausgerichteten Kosten- und Leistungsrechnung relativ einfach ist, die Auswirkungen eines veränderten Lieferservices auf die Kosten zu quantifizieren, bestehen in der Regel große Schwierigkeiten, die Konsequenzen auf die Erlöse abzuschätzen, weil die Reaktionen der Kunden auf solche Maßnahmen kaum vorhersehbar sind. In der Literatur ist ein Zusammenhang zwischen Lieferservice und Erlösen bzw. Kosten zu finden, der typisch für Logistiksysteme ist und hier in Abbildung 2.1 wiedergegeben wird[6].

---

1 Vgl. PFOHL [1996, S. 204]

2 Vgl. PFOHL [1996, S. 35 ff.]

3 Unterschiedliche Formeln zu Berechnung der Lieferbereitschaft beschreibt PFOHL [1996, S. 38].

4 Vgl. TEMPELMEIER [1980, S. 12] oder PFOHL [1996, S. 64]

5 Vgl. EISELE [1976, S. 6]

6 Vgl. PFOHL [1996, S. 41]

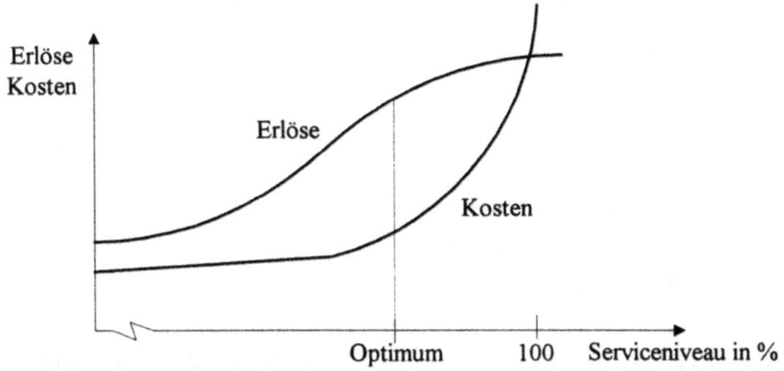

Abbildung 2.1: Auswirkungen des Lieferservices auf Erlöse und Kosten

Es ist deutlich zu erkennen, daß die Verbesserung eines schon sehr hohen Serviceniveaus um wenige Prozentpunkte mit einem weit überproportionalen Kostenanstieg verbunden ist. Gleichzeitig wachsen die Erlöse nur stark unterproportional. Der größte Gewinn läßt sich somit keineswegs bei einem maximalen Lieferservice realisieren.

2.2 Komponenten eines Distributionssystems

Für Anbieter von Konsumgütern stimmen die Nachfrage, die sich in Form von Kundenaufträgen ausdrückt, und das Angebot, das aus der Produktion von Waren herrührt, zeitlich wie räumlich nicht überein. Zum Ausgleich dieser Zeit- und Raumdifferenzen ist es erforderlich, Lager- und Transportvorgänge einzurichten und durch Prozesse der Informationsverarbeitung zu steuern und zu kontrollieren[1]. Die typischen Komponenten eines Distributionssystems - die Produktion, die Nachfrage, die Lagerung, der Transport und der Informationsfluß - sollen im folgenden mit ihren Eigenschaften und ihrer Bedeutung für die Distributionsplanung beschrieben werden.

2.2.1 Die Produktion

Die Produktion wird durch die Standorte der Werke, deren Produktionsprogramme, Kapazitäten und Kosten charakterisiert. Diese Angaben sind für die Distributionsplanung Vorgaben. Weil die Produktionsprogramme häufig mehrere hundert Produkte umfassen, ist es oft unpraktikabel und wenig sinnvoll, jedes Produkt im Rahmen der Distributionsplanung einzeln zu

[1] Vgl. TEMPELMEIER [1983, S. 1]

berücksichtigen. Statt dessen können die Produkte zu Produktgruppen nach folgenden Kriterien zusammengefaßt werden[1]:

- Absatz- und Umsatzanteile
- Handelsmarken
- Kundenanforderungen an die Lieferbereitschaft
- Anforderungen an die Lagerung und den Transport
- Produktionsprogramme

Bei der Zusammenfassung zu Produktgruppen ist darauf zu achten, daß die für die logistischen Abläufe wichtigen Produkteigenschaften nicht verloren gehen. So sind beispielsweise die wirtschaftlichen Eigenschaften (Preis, Deckungsbeitrag) zu beachten, die über Bestandhaltungs- und Fehlmengenkosten die Lagerhaltungspolitik beeinflussen, und auch die technischen Eigenschaften (Volumen, Gewicht, Verderblichkeit, Zerbrechlichkeit, materielle Konsistenz), die sowohl die Lagerungs- als auch Transportprozesse bestimmen[2].

2.2.2 Die Nachfrage

Die im Kapitel 2.1 beschriebenen Schwierigkeiten, die Auswirkungen eines veränderten Lieferservices zu bewerten, führen dazu, im Rahmen der Distributionsplanung von einem vorgegebenen Serviceniveau auszugehen. Die Nachfrage tritt unter dieser Annahme bei der Gestaltung von Distributionssystemen lediglich als zu erfüllende Forderung auf. Sie ist durch folgende Charakteristika gekennzeichnet[3]:

- zeitliche Verteilung der Nachfrage
- räumliche Verteilung der Nachfrage
- Lieferzeiten
- Kundenstruktur
- Sendungsstruktur

Die zeitliche Verteilung der Nachfrage spiegelt die täglichen Nachfrageschwankungen und unterschiedlichen Belieferungshäufigkeiten der Kunden im Zeitablauf wider. Als Kunden können dabei sowohl Händler als auch Konsumenten auftreten. Die räumliche Verteilung der Nachfrage gibt Auskunft über die geographische Lage der Kunden und zeigt, wo sich nachfra-

---

1 Vgl. DANDL [1984, S. 15]

2 Vgl. KIPSHAGEN [1983, S. 25]

3 Vgl. PARASCHIS [1989, S. 11 ff.] oder KIPSHAGEN [1983, S. 18 ff.]

geschwache und nachfragestarke Regionen befinden. Auch die Lieferzeit charakterisiert die Nachfrage. Einige Kunden erwarten, innerhalb von 24 Stunden beliefert zu werden. Andere können ihre Waren auch erst 48 oder 72 Stunden nach der Auftragserteilung erhalten. Die Kundenstruktur beschreibt die Zusammensetzung der Kunden eines Unternehmens bezüglich der Höhe der Nachfragemenge bei einem Auftrag. Die Sendungsstruktur berücksichtigt neben der Auftragsgröße die Bestellhäufigkeit. Die Kunden- und Sendungsstrukturen geben somit für ein Unternehmen darüber Auskunft, welches Verhältnis von Klein- zu Großkunden und von Klein- zu Großaufträgen besteht.

In der Distributionsplanung ist es üblich, Nachfragedaten eines repräsentativen Zeitraums aus der Vergangenheit zu benutzen. Um damit die zeitliche Verteilung der Nachfrage treffend wiederzugeben, ist bei saisonalen Nachfrageschwankungen ein Erhebungszeitraum von mindestens einem Jahr zu wählen. Entwickelt sich die Nachfrage nach einem langfristigen Trend, so muß die Datenbasis unter Umständen sogar mehrere Jahre umfassen[1]. Weil im Rahmen der Distributionsplanung ein Distributionssystem entwickelt wird, das künftigen Anforderungen entsprechen soll, ist es sinnvoll, die vergangenheitsorientierten Nachfragedaten zur Integration nicht enthaltener zukünftiger Entwicklungen entsprechend einer Prognose zu modifizieren[2]. Die Modifikationen können beispielsweise Anpassungen des Nachfrageverhaltens der Kunden für spezielle Produktgruppen, veränderte Belieferungshäufigkeiten oder die Gewinnung neuer Kunden betreffen.

Hersteller von Konsumgütern haben häufig eine sehr große Kundenanzahl[3]. Wenn sich darüber hinaus der Planungshorizont über einen weiten Zeitraum von möglicherweise mehreren Jahren erstreckt, so ist die Datenbasis sehr umfangreich und im Gebrauch äußerst schwerfällig. Zur Reduktion des Datenvolumens lassen sich die Nachfragedaten unter Inkaufnahme eines Informationsverlustes zeitlich und geographisch verdichten. Bei der zeitlichen Aggregation werden je Kunde die Nachfragemengen und Belieferungshäufigkeiten über den gesamten Planungszeitraum aufsummiert, um daraus die kundenspezifische mittlere Auftragsgröße zu ermitteln. Innerhalb der Distributionsplanung wird dann vereinfachend angenommen, die Nachfragemenge eines Kunden bei einem Auftrag würde stets der mittleren Auftragsgröße entsprechen. Weil bei dieser Aggregationsform die Information über den Lieferzeitpunkt eines Auftrages verloren geht, werden die eigentlich dynamischen Güterbewegungen durch eine statische Betrachtungsweise abgebildet. Die geographische Aggregation faßt mehrere Kunden zu einem Kundenort zusammen. In zahlreichen Publikationen ist der Vorschlag zu finden, als aggregierte

---

1 Vgl.KIPSHAGEN [1983, S. 20]

2 Vgl. PARASCHIS [1989, S. 12] oder KIPSHAGEN [1983, S. 21]

3 In der Literatur werden Fallstudien mit bis zu 120.000 Kunden beschrieben, vgl. z.B. FLEISCHMANN [1993, S. 40]

Kundenorte Postleitzahlen zu benutzen[1]. Dabei ist es in der Regel nicht einmal erforderlich, auf alle zur Verfügung stehenden Postleitzahlen zurückzugreifen. So berichtet beispielsweise FLEISCHMANN [1993, S. 37] von Distributionsstudien mit landesweiter Distribution in Deutschland, in denen für das Gebiet der alten Bundesländer eine Auswahl von 1.250 und für die neuen Länder 202 Postleitzahlen als potentielle Kundenorte vorgegeben wurden. Schwierigkeiten ergeben sich dann jedoch, wenn Entfernungen zwischen zwei Kunden in demselben Kundenort zu bestimmen sind. Zur Lösung dieses Problems wird vorgeschlagen, je Kundenort einen pauschalen Entfernungswert vorzugeben[2].

Bei der Aggregation der Nachfragedaten ist darauf zu achten, daß die vorhandenen Kunden- und Sendungsstrukturen des Unternehmens im wesentlichen erhalten bleiben. So kann die Aggregation verschiedener Sendungsgrößen und die anschließende Verwendung eines Durchschnittswertes zu erheblichen Fehlern bei der Kostenberechnung führen, wenn beispielsweise von der Sendungsgröße abhängige Kostenfunktionen mit nichtlinearem Verlauf im Distributionssystem auftreten[3]. Sollte die durchschnittliche Auftragsgröße in einem Kundenort die tatsächliche Sendungsstruktur nur unzureichend charakterisieren, was bei der Zusammenfassung von Groß- und Kleinkunden oder bereits für einen einzelnen Kunden bei stark saisonalem Nachfrageverlauf auftreten kann, so empfiehlt es sich, in diesem Kundenort Sendungsklassen zu definieren, in denen Kundenaufträge ähnlicher Größe aggregiert werden. Eine mittlere Sendungsgröße ist dann je Kundenort und Sendungsklasse zu bestimmen[4].

2.2.3 Die Lagerung

Die Lagerung dient in erster Linie dem Ausgleich zeitlicher Differenzen zwischen Produktion und Nachfrage, die für ein Unternehmen meist nur in bestimmten Grenzen planbar ist. Mit der Lagerung ist der Aufbau von Lagerbeständen verbunden, die wiederum Kapitalbindungskosten verursachen. Hinzu kommen Tätigkeiten, die in der Literatur meist als Materialhandhabung oder Handling bezeichnet werden[5], wie z.B.

---

1 Vgl. FLEISCHMANN [1979, S. 296], BEDNAR/STROHMEIER [1979, S. B91], PARASCHIS [1989, S. 13]. ELDREDGE [1982, S. 114] faßt Kunden in Verwaltungsbezirken (counties) zusammen.

2 Vgl. FLEISCHMANN [1994, S. 213 f.]

3 Vgl. PARASCHIS [1989, S. 13, S. 50]

4 Vgl. FLEISCHMANN [1993, S. 37]

5 Vgl. z.B. TEMPELMEIER [1980, S. 9]

- Entladen der Transportmittel
- Einlagern der Produkte
- Pflege der Produkte
- Kommissionierung[1] von Kundenaufträgen
- Verpackung
- Beladen der Transportmittel

Nur bei einer vollständigen Synchronisation von Angebot und Nachfrage können die Lagerung und die damit verbundenen Arbeiten vermieden werden[2]. Der in einem Lager unterbrochene Warenstrom vom Werk zum Kunden bringt aber auch zahlreiche Vorteile mit sich[3]:

Durch die Pufferfunktion des Lagers - in der Literatur wird auch der Begriff Depot als Synonym für ein Lager verwendet - ist die Produktion von der Nachfrage weitgehend abgekoppelt, so daß nicht auftragsspezifisch produziert werden muß, sondern die Möglichkeit besteht, bei der Herstellung fertigungswirtschaftliche Gesichtspunkte (z.B. Losgrößen) zu berücksichtigen. Darüber hinaus kann in Zeiten mit schwacher Nachfrage für Zeiten mit besonders intensiver Nachfrage vorproduziert werden, so daß eine kontinuierliche Auslastung der Produktionskapazitäten trotz saisonaler Nachfrageschwankungen möglich ist. Selbst ein Produktionsausfall bringt nicht sofort eine Lieferunfähigkeit mit sich. Die Lagerung erlaubt auch eine Spezialisierung der Produktion in verschiedenen Werken eines Unternehmens, weil die Sortimentierung der Waren erst in den Lagern erfolgt. Die Spezialisierung der Produktion ist oft mit einer Reduktion der Produktionskosten verbunden, da beispielsweise kostenintensive Maschinen nur an wenigen Produktionsstandorten vorzuhalten sind. Lagerbestände dienen auch der Spekulation. In Erwartung steigender Preise kann ein Unternehmer für bestimmte Produkte Lagerbestände aufbauen, die erst dann zum Kauf angeboten werden, wenn die Preiserhöhung erfolgt.

Ein wichtiger Vorteil der Lagerung ergibt sich dadurch, daß anstelle vieler kleiner Transportströme vom Werk zu den Kunden über einen großen Teil der Auslieferstrecken gebündelte Transporte bis zum Lager verlaufen können. Aufgrund degressiver Kostenverläufe, die oftmals gerade für den Transport gelten[4], besteht die Gelegenheit, erhebliche Kosten einzusparen[5]. Die

---

1 Als Kommissionierung wird die Zusammenstellung von artikelorientiert gelagerten Gütern zu auftragsorientierten Sendungen bezeichnet (Vgl. STADTLER [1994, S. 192])

2 Vgl. PFOHL [1996, S. 93]

3 Vgl. PFOHL [1996, S. 93 f.]

4 Vgl. PARASCHIS [1989, S. 17 ff.]

5 Die Ausnutzung von Größendegressionseffekten wird in der englischsprachigen Literatur mit economies of scale bezeichnet.

größere Nähe der Waren zu den Kunden bietet darüber hinaus die Möglichkeit, schneller auf Kundenwünsche reagieren zu können, so daß durch die Lagerung ein verbesserter Lieferservice angeboten werden kann.

Um die vielen Vorteile zu nutzen, die mit der Errichtung eines Lagers verbunden sind, ohne die Nachteile einer teuren Bestandsführung in Kauf nehmen zu müssen, werden bei der Auslieferung zum Kunden seit einigen Jahren verstärkt bestandslose Lager eingesetzt, sogenannte Umschlagpunkte oder Transshipment Points[1]. An einem Umschlagpunkt wird die Ware üblicherweise von großen Transportmitteln angeliefert und sofort ohne Ein- und Auslagerung auf kleinere Transportmittel zur Auslieferung umgeladen. Weil Umschlagpunkte keine Warenbestände halten, übernehmen die Bestandsführung übergeordnete Zentrallager, von denen aus die Umschlagpunkte auch beliefert werden. Dieses Vorgehen erlaubt, Kostendegressionen auszunutzen, die einerseits durch einen höheren Automatisierungsgrad und geringere Sicherheitsbestände in den meist wenigen Zentrallagern entstehen, andererseits die gebündelten Transporte zum Umschlagpunkt mit sich bringen[2]. Der Bündelungseffekt im Transport ist jedoch nicht so ausgeprägt wie bei der Belieferung eines bestandsführenden Lagers von einem Zentrallager, weil Umschlagpunkte zur Erfüllung der Kundenaufträge öfter - in der Regel täglich - angefahren werden müssen. Dieses führt zu einem niedrigeren Auslastungsgrad der Transportmittel und damit zu geringeren Kosteneinsparungen[3].

2.2.4 Der Transport

Im Rahmen der Distributionsplanung sind innerbetriebliche und außerbetriebliche Transporte zu unterscheiden. Als innerbetrieblichen Transport bezeichnet man den Transport zwischen verschiedenen Bereichen eines Lagerhauses, der damit zu den im Lager auftretenden Lagerprozessen gehört. Die außerbetrieblichen Transporte fallen zwischen Produktionsstätten und Lagern, zwischen den Lagern und zu den Kunden an. Für die Distributionsplanung ist die Gestaltung der außerbetrieblichen Transporte aufgrund der anfallenden Kosten von großer Bedeutung. Eine Untersuchung von mehr als 1.000 Unternehmen unterschiedlicher Branchen in 12 europäischen Ländern zeigt, daß die Transportkosten an den gesamten Distributionskosten, die sich aus Kosten für den Transport, die Lagerhaltung, das Lagerhaus und die Administration zusammensetzen, einen Anteil von 30% besitzen. Betrachtet man nur die Lebensmittelindustrie, erhöht sich dieser Anteil auf 35%[4].

---

1 Vgl. FLEISCHMANN [1993, S. 33]

2 Vgl. PARASCHIS [1989, S. 16]

3 Vgl. PARASCHIS [1989, Fußnote S. 16]

4 Vgl. PFOHL [1996, S. 53]

Für die Transportaufgabe stehen unterschiedliche Transportmittel zur Wahl, die zur Erfüllung dieser Aufgabe nach quantitativen und qualitativen Kriterien beurteilt werden können, wie z.B. Kosten, Sicherheit, Geschwindigkeit oder Erreichbarkeit der Kunden[1]. Als Transportmittel kommen grundsätzlich das Schiff, das Flugzeug, die Eisenbahn oder der Lastkraftwagen (Lkw) in Frage. Das Schiff hat den Vorteil, große Massen billig transportieren zu können. Die Stärke des Flugzeugs ist die hohe Geschwindigkeit über große Entfernungen. Beide Transportmittel spielen bei der Distribution von Konsumgütern in Deutschland keine Rolle. Statt dessen konkurrieren dort Bahn und Lkw miteinander[2]. Zum ausschließlichen Transport mit der Bahn ist ein Gleisanschluß sowohl am Abgangs- als auch am Zielort notwendig. Im Nahverkehr, der insbesondere bei der Kundenbelieferung von einem Auslieferungslager vorliegt, kann eine Transportaufgabe aber in der Regel nicht alleine mit der Bahn erfüllt werden, weil das Schienennetz nicht dicht genug ist und die Kunden nur selten über einen Gleisanschluß verfügen. Ein Umladen der Waren von der Bahn auf den Lkw auf den meist kurzen Strecken der Auslieferung erscheint nicht sinnvoll, so daß im Nahverkehr die ausschließliche Nutzung des Lkw gewöhnlich am schnellsten und billigsten ist. Im Fernverkehr kann die Bahn den Vorteil einer höheren durchschnittlichen Fahrgeschwindigkeiten gegenüber dem Lkw nutzen. Dieser Zeitvorteil kann jedoch durch Übergänge von Zug zu Zug oder vom Zug zum Lkw verloren gehen[3].

Beim kombinierten Verkehr lassen sich zwei Grundformen unterscheiden[4]. Beim Huckepackverkehr transportiert ein Transportmittel ein anderes. Am weitesten entwickelt ist diese Transportart beim Verladen von Straßenfahrzeugen auf die Schiene. Aufgrund zusätzlicher Umladekosten ist der Huckepackverkehr in der Regel aber erst ab einer Entfernung von 500 km wirtschaftlich. Daneben gibt es den Behälterverkehr, wo zum Transport der Güter insbesondere Container eingesetzt werden, die von einem Transportmittel auf ein anderes umgeladen werden können. Der Containerverkehr ist in erster Linie durch die Kombinationen Straße mit Schiene sowie Schiene oder Straße mit Überseeschiff geprägt. Zur Unterstützung der Umladetätigkeiten wurden in Zentren mit hohem Güteraufkommen Umschlagplätze, sogenannte Terminals, errichtet, die über die notwendigen Hilfsmittel verfügen, um einen schnellen und reibungslosen Containerumschlag zu ermöglichen.

Wichtige Einflußgrößen für die Berechnung der Transportkosten sind die beim Transport zurückzulegenden Entfernungen und die dabei entstehenden Fahrzeiten. Im Rahmen der computergestützten Distributionsplanung bestehen zur Bestimmung der Entfernung zwischen

[1] Vgl. KIPSHAGEN [1983, S. 84]

[2] Vgl. KIPSHAGEN [1983, S. 83]

[3] Vgl. PFOHL [1996, S. 164]

[4] Vgl. PFOHL [1996, S. 166 ff.]

zwei Orten zwei Möglichkeiten. Entweder erfolgt die Entfernungsberechnung mit geographischen Koordinaten aus der Luftlinienentfernung multipliziert mit einem Umwegfaktor, oder es wird ein Netz erhoben, das als Knoten Orte und wichtige Kreuzungen und als Kanten deren direkte Verbindung mit zugehöriger Entfernung enthält[1]. Aus den Kantenentfernungen können dann mittels Kürzeste-Wege-Verfahren[2] die Entfernungen zwischen beliebigen Orten im Netz ermittelt werden. Die Fahrzeiten lassen sich entweder aus den berechneten Entfernungen über Durchschnittsgeschwindigkeiten herleiten, oder im Netz dadurch ermitteln, daß für jede Kante neben der Entfernung auch die Fahrzeit erfaßt wird. Die über das Netz ermittelten Daten liefern im Vergleich zur Berechnung aus Koordinaten eine größere Genauigkeit, wofür jedoch auch ein höherer Entwicklungsaufwand betrieben werden muß.

Im Rahmen der Distributionsplanung ist die größere Genauigkeit in der Regel nicht unbedingt erforderlich. Denn die Transportkosten sind auch von der Transportmenge abhängig. Die einer Distributionsplanung zugrunde liegenden Nachfragedaten stellen aber nur ein typisches zukünftiges Bedarfsmuster dar. Welche Gestalt die Nachfragestruktur und damit das gesamte Mengengerüst im Distributionsnetz tatsächlich haben wird, wenn die entsprechend den Planungsergebnissen umgesetzten Maßnahmen realisiert werden, läßt sich nur vermuten. Darüber hinaus ist der Transport nur eine Komponente der Distributionslogistik, der oft gerade im Bereich der Konsumgüterbranche sehr schwierig abzubilden ist. Denn aufgrund der kleinen Nachfragemengen der Kunden ist es für ein Auslieferfahrzeug am wirtschaftlichsten, mehrere Kundenaufträge innerhalb einer Auslieferungstour zu kombinieren. Weil die Tourenplanung aber ein sehr komplexes Problem darstellt, werden die Transportleistungen im Rahmen von Distributionsstudien meist nicht exakt bestimmt, sondern oft nur abgeschätzt. Angesichts all dieser Ungenauigkeiten erscheint es vertretbar, in der computergestützten Distributionsplanung Entfernungen über geographische Koordinaten zu ermitteln.

In der Literatur sind Untersuchungen zu finden, die sich mit der Abschätzung von Straßenentfernungen mit Hilfe von mathematischen Funktionen beschäftigen[3]. Hier soll nur das gebräuchlichste und einfachste Vorgehen beschrieben werden, bei dem die Entfernung $\widetilde{le}_{qr}$ zwischen zwei Orten q und r mit den Koordinaten (x_q, y_q) und (x_r, y_r) unter Anwendung der euklidischen Norm aus der Luftlinienentfernung und einem empirisch zu ermittelnden Straßenumwegfaktor u wie folgt abgeschätzt wird:

---

1 Vgl. FLEISCHMANN [1994, S. 213 f.]

2 Vgl. z.B. DOMSCHKE [1989, Kap. 4]

3 Vgl. z.B. LOVE/MORRIS [1972], LOVE/MORRIS [1979], BERENS/KÖRLING [1983], BERENS/KÖRLING [1985], LOVE/MORRIS [1988], BERENS/KÖRLING [1988], BRIMBERG/LOVE [1993]

$$\tilde{le}_{qr} = u \cdot \sqrt{(x_q - x_r)^2 + (y_q - y_r)^2}$$

Sei nun le_{qr} die tatsächliche Entfernung zwischen den Orten q und r, dann wird die Summe der absoluten Abweichungen zwischen der tatsächlichen und der geschätzten Entfernung für h Orte mit

$$AD = \sum_{q=1}^{h-1} \sum_{r=q+1}^{h} \left| le_{qr} - \tilde{le}_{qr} \right|$$

berechnet. Dabei sei angenommen, daß die Entfernungen symmetrisch sind, d.h. es soll gelten

$$le_{qr} = le_{rq} \qquad \forall\, r,q$$

BERENS/KÖRLING haben alle Straßenentfernungen zwischen 117 Städten, die sich über das gesamte Gebiet der alten Bundesländer in der Bundesrepublik Deutschland verteilen, mit den nach obiger Gleichung abgeschätzten Entfernungen für unterschiedliche Umwegfaktoren verglichen. Das Minimum der Summe der absoluten Abweichungen AD konnte für den Umwegfaktor u = 1,338 ermittelt werden[1]. Um insgesamt bessere Näherungen zu erhalten, besteht die Möglichkeit, für Verbindungen mit zu niedrigem Schätzwert in Anlehnung an ein Straßennetz Zwischenknoten zu definieren, über die der tatsächliche Transport verläuft. Auf diese Weise lassen sich Abschätzungen für Entfernungen verbessern, bei denen auf dem Weg zwischen zwei Orten natürliche Hindernisse (z.B. Flüsse) auftreten. Zwischenknoten werden dann an passierbaren Stellen (z.B. Brücken) definiert.

Eine Erweiterung dieses Vorgehens stellt die Methode der gebietspaarspezifischen Umwegfaktoren dar[2], bei der in Abhängigkeit von der Start- und Zielregion eines Transports ein spezifischer Umwegfaktor angewendet wird. Grundlage dieses Verfahrens ist die Aufteilung des gesamten Distributionsgebietes in nicht notwendigerweise zusammenhängende Teilgebiete nach dem Kriterium ähnlicher Umwegfaktoren. Für die bereits genannten 117 Orte in den alten Bundesländern der Bundesrepublik Deutschland hat sich eine Aufteilung in 28 Teilregionen als effizient erwiesen. Nach der Herleitung von spezifischen Umwegfaktoren innerhalb jeder Teilregion und zu allen übrigen Teilregionen - bei 28 Teilgebieten sind somit 406 Umwegfaktoren zu bestimmen - konnte durch die Anwendung gebietspaarspezifischer Umwegfaktoren gegenüber dem Einsatz des besten konstanten Umwegfaktors die Summe der absoluten Abweichungen zwischen tatsächlichen und geschätzten Entfernungen AD um 25,9% gesenkt werden.

---

1 Vgl. BERENS/KÖRLING [1985, S. 56]

2 Vgl. BERENS/KÖRLING [1983, S. 69 ff.]

2.2.5 Der Informationsfluß

Die Grundlage des Informationsflusses in einem Distributionssystem sind die Kundenaufträge. Alle mit der Erteilung eines Kundenauftrags verbundenen betrieblichen Prozesse werden als Auftragsabwicklung bezeichnet und lassen sich grob wie folgt beschreiben[1]:

Ein Kunde übergibt seine Bestellung persönlich an einen Außendienstmitarbeiter oder per Brief, Telefon, Telefax oder elektronischer Datenverarbeitung an ein dezentrales Verkaufsbüro oder direkt an die Zentrale des Lieferanten. Abhängig von der Form müssen die Angaben des übermittelten Auftrags den unternehmensinternen Anforderungen angepaßt werden. Dieses bedeutet beispielsweise, den Namen eines Produktes in eine Artikelnummer umzuwandeln oder zusätzliche Informationen zu ergänzen. Bevor der Auftrag in das Logistiksystem eingeplant werden kann, muß überprüft werden, ob die bestellten Güter im Lager verfügbar sind. Sollte dieses nicht der Fall sein, so kann die fehlende Lieferfähigkeit Maßnahmen zur Bestandsdisposition in Gang setzen. Der aufbereitete Auftrag wird in interne Bearbeitungspapiere umgesetzt, die Vorgaben für den Lager- und Transportbereich sind. Im Lager folgt die Kommissionierung der Kundenaufträge, die anschließend zu versandfähigen Einheiten zusammengefaßt und verpackt werden. Grundlage dieser Zusammenfassungen ist die Fuhrparkdisposition, die festlegt, welches Fahrzeug zur Belieferung welcher Kundenaufträge in einer gemeinsamen Auslieferungstour eingesetzt wird. Das Erstellen der Rechnung schließt die Auftragsabwicklung ab. Der mit der Auftragsabwicklung verbundene Informationsfluß läßt sich in drei Klassen einteilen[2]:

- Der dem Güterfluß *vorauseilende Informationsfluß* dient zur Vorbereitung aller in den Güterfluß involvierten Stellen, um einen optimalen Warenstrom zu gewährleisten. Dadurch können beispielsweise optimale Auslieferungstouren zusammengestellt werden, bevor die Bereitstellung der Aufträge aus dem Lager erfolgt.
- Der den Güterfluß *begleitende Informationsfluß* versorgt alle in den Güterfluß involvierten Stellen mit Informationen über die operative Ausführung von Transport-, Umschlag- und Lagertätigkeiten. Dazu gehören sowohl Hinweise über die Handhabung eines Gutes als auch Angaben, aus denen die Verfolgung des Güterstroms durch das logistische Netz möglich ist.
- Der dem Güterfluß *nacheilende Informationsfluß* besteht aus Informationen, die erst nach der Realisierung des Güterflusses fließen können, wie etwa die Rechnung oder die Produktbewertung durch den Kunden.

---

1 Vgl. PFOHL [1996, S. 76 ff.]

2 Vgl. PFOHL [1996, S. 75 f.]

Die Gestaltung der mit der Auftragsabwicklung auftretenden Informationsströme hat einen bedeutenden Einfluß auf die Lieferzeit, die nicht nur die Zeitspanne der physischen Bewegung zwischen Liefer- und Empfangsort umfaßt, sondern den gesamten Zeitraum zwischen Auftragserteilung und Erhalt der Ware beim Kunden. Nach empirischen Untersuchungen nehmen die Kosten der Auftragsabwicklung in Deutschland im Vergleich zu den USA einen auffällig hohen Anteil an den Distributionskosten ein (Deutschland: 16,9%, USA: 5,5%)[1]. Der Einsatz eines intelligenten Informationssystems bietet daher neben Möglichkeiten zur Verbesserung des Lieferservices durch verkürzte Lieferzeiten auch erhebliche Potentiale zur Kostensenkung.

2.3 Distributionsnetze als Modelle für Distributionssysteme

Ein Distributionssystem kann durch ein Netzwerk abgebildet werden, dessen Knoten Werke, Lager und Kunden und dessen Kanten Transportwege repräsentieren. Produktions- und Lagerkapazitäten sowie Bedarfsmengen lassen sich durch Knotengewichte darstellen, Transportentfernungen, -kosten, -zeiten, und -kapazitäten durch Kantenbewertungen. Abhängig von der Anzahl der Lagerstufen (0, 1 oder 2) spricht man von einem ein-, zwei- oder dreistufigen Distributionsnetz[2]. Prinzipiell sind Distributionsstrukturen mit weiteren Zwischenlagerstufen denkbar. In der betrieblichen Praxis sind solche Strukturen aber nur selten zu finden[3]. Ein für die Konsumgüterindustrie typisches Distributionsnetz ist in Abbildung 2.2 dargestellt[4], wobei aus Gründen der Übersichtlichkeit auf knoten- und kantenspezifische Angaben verzichtet wird.

Die erste Distributionsstufe enthält die *Produktionsstätten*, die oftmals jeweils nur ein Teilsortiment produzieren. Wenn ein Unternehmen auch Handelswaren vertreibt, sind auf der ersten Ebene auch die zugehörigen Lieferanten aufzuführen. Die *Zentrallager* (ZL) dienen der Zusammenführung und Lagerung des gesamten Sortiments an einem Ort. Über die lange Strecke bis zu den *Regionallagern* (RL) kann ein gebündelter Transport in großen Lastzügen erfolgen, wodurch erhebliche Transportkostenvorteile entstehen. Von dort werden die *Kunden* meist in Touren beliefert. Je größer die Anzahl der eingerichteten Regionallager ist, um so geringer ist die durchschnittliche Entfernung zu den Kunden, wodurch in der Regel ein verbesserter Lieferservice aufgrund verkürzter Auslieferungszeiten entsteht. Andererseits erhöhen sich mit zunehmender Anzahl vollsortimentierter Regionallager auch die Kosten für

---

1 Vgl. DARR [1992, S. 7]

2 Vgl. FLEISCHMANN [1979, S. 294]

3 Vgl. TEMPELMEIER [1983, S. 13]

4 Vgl. FLEISCHMANN [1993, S. 32]

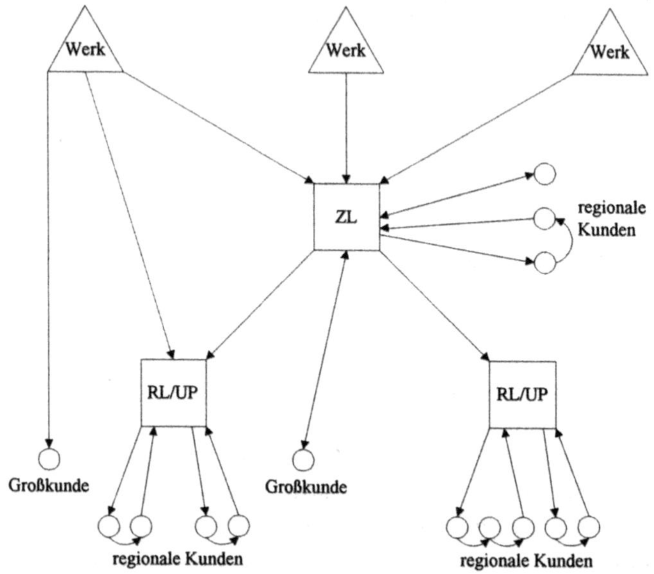

Abbildung 2.2: Distributionsnetz eines Unternehmens der Konsumgüterbranche

die Bestandshaltung. Deshalb werden in den Regionallagern häufig nur Produkte gelagert, für die erfahrungsgemäß eine hohe Nachfrage besteht. Die Versorgung mit den übrigen Produkten erfolgt von den übergeordneten Zentrallagern. Anstelle von Regionallagern werden auch *Umschlagpunkte* (UP) eingerichtet, die keinen Bestand halten und nur dazu dienen, die Waren des ankommenden großen Lastzugs in kleinere Auslieferungsfahrzeuge umzuladen (vgl. Kapitel 2.2.3).

Neben den Distributionswegen, die eine Distributionsstufe mit der untergeordneten unmittelbar verbinden (Werke → Zentrallager → Regionallager oder Umschlagpunkte → Kunden), treten auch Transportrelationen auf, bei denen Distributionsstufen ausgelassen werden:

So kann die Belieferung der Regionallager auch direkt vom Werk erfolgen. Weil der Transport dann an den Zentrallagern vorbei führt, lassen sich Lagerkosten und aufgrund der meist kürzeren Entfernung auch Transportkosten einsparen. Andererseits ist bei diesem Transport eine schlechtere Fahrzeugauslastung möglich, weil die Regionallager in einer im Vergleich zu den Zentrallagern größeren Anzahl auftreten und dadurch ein geringeres Bedarfsvolumen aufweisen. Die direkte Belieferung der Umschlagpunkte von teilsortimentierten Werken aus ist mit großen organisatorischen Schwierigkeiten verbunden. Sobald alle Lastzüge aus den Werken am Umschlagpunkt eingetroffen sind, müssen die Güter entsprechend den Kundenaufträgen kommissioniert und in die Auslieferfahrzeuge umgeladen werden. Sollte sich aber auch nur ein Lastzug auf dem Weg zum Umschlagpunkt aufgrund eines Staus, Unfalls oder anderer Störungen verspäten, müssen alle Auslieferfahrzeuge warten, die Kundenaufträge mit dem verspätet eintreffenden Teilsortiment befördern sollen. Fällt eine Anlieferung vollständig aus, ist das Unternehmen bezüglich des fehlenden Teilsortiments sogar lieferunfähig.

Zentrallager beliefern gewöhnlich nicht nur die Regionallager, sondern auch die Kunden in der näheren Umgebung und übernehmen damit zusätzlich die Funktion eines Regionallagers. Neben der Belieferung im Regionalbereich kann aber ebenso der Transport zu überregionalen Kunden vorteilhaft sein, wenn ein entsprechendes Nachfragevolumen vorliegt. Dieses gilt natürlich insbesondere auch für die Direktbelieferung von Kunden ab Werk. Um den Auftrag eines Direktbelieferungskunden bei teilsortimentierten Werken aber ausliefern zu können, werden unter Umständen mehrere Fahrzeuge benötigt, was bei diesen für ein Unternehmen besonders wichtigen Kunden als schlechter Lieferservice empfunden werden kann.

Aus Gründen der Übersichtlichkeit wurde in Abbildung 2.2 darauf verzichtet, den Informationsfluß darzustellen, was hier verbal kurz nachgeholt werden soll. Bei zentraler Auftragsabwicklung verlaufen Informationsströme vom Kunden zum Werk und dann dem Güterfluß vorauseilend, ihn begleitend oder nacheilend über alle Distributionsstufen zurück zum Kunden. Im Falle teilsortimentierter Werke sind die Zentrallager oder Regionallager die geeignete Stelle, um Kundenaufträge entgegenzunehmen. Von dort aus bestehen Informationsflüsse zu den Standorten der übergeordneten Distributionsstufen, um die Nachversorgung der Güter sicherzustellen, und entlang des Güterstromes bis zu den Kunden. Die fehlende Möglichkeit, im Netz zwischen dem Güterfluß vorauseilenden, ihn begleitenden oder ihm nacheilenden Informationsflüssen unterscheiden zu können, verdeutlicht, daß die Darstellungen von Distributionsstrukturen im Distributionsnetz statisch sind. Die Berücksichtigung zeitlicher Abläufe ist nicht möglich.

Ein typisches Netz eines Konsumgüterunternehmens in Deutschland besteht aus 1-8 Werken, 0-5 Zentrallagern, 5-40 Regionallagern oder Umschlagpunkten und 2.000 bis 100.000 Kunden[1].

---

[1] Vgl. FLEISCHMANN [1993, S. 32]

2.4 Entscheidungsprobleme der Distributionsplanung

Um ein optimales Distributionsnetz zu gestalten und die darin auftretenden Warenflüsse zu steuern, sind eine Vielzahl interdependenter Teilprobleme mit unterschiedlichem Zeithorizont zu lösen. Die wesentlichen Planungsaufgaben der Distributionsplanung beinhalten[1]

- die Strukturierung des Distributionsnetzes, d.h. die Bestimmung der Anzahl der Lagerstufen, Anzahl der Lager je Stufe, deren geographische Lage, Kapazität und Funktion (z.B. mit oder ohne Bestandshaltung) sowie die Festlegung des Informationsflusses.
- die Zuordnungen im Distributionsnetz, d.h. die Entscheidung, von welcher Stelle ein Kunde oder Lager beliefert wird. Aus organisatorischen Gründen werden meist überschneidungsfreie Liefergebiete gefordert, so daß ein Kunde nur von *einem* Regionallager, ein Regionallager nur von *einem* Zentrallager aus beliefert werden soll.
- die Gestaltung des Transportsystems, d.h. die Festlegung, in welchem Umfang der Transport selbst oder von einem Dienstleister durchgeführt werden soll. Im Falle eigener Transporte ist die Zusammensetzung des Fuhrparks bezüglich Art und Anzahl der benötigten Transportmittel zu bestimmen.
- die Entscheidungen über die Bestandsstrategie und die Art der Bevorratung, d.h. die Bestimmung der Lagersortimentierung, der Lagerhaltungspolitik und der technischen Lagerausstattung.
- die Tourenplanung, d.h. die Entscheidung, wie bei der Auslieferung die gerade vorliegenden Kundenaufträge zu Touren kombiniert werden können.

Die ersten drei Planungsaufgaben dienen der Gestaltung des Distributionsnetzes. Durch die letzten beiden Entscheidungsbereiche wird der Warenstrom im Netz gesteuert. Der Planungshorizont nimmt dabei von Punkt zu Punkt ab. Während die Strukturierung des Distributionsnetzes zu den strategischen Entscheidungen gehört, zählt die Tourenbildung zur operativen Planung.

Um ein optimales Distributionssystem zu entwickeln, müssen alle Entscheidungsprobleme simultan berücksichtigt werden. Eine sinnvolle Gestaltung des Distributionsnetzes ist somit nur erreichbar, wenn alle Einflüsse, die mit der Steuerung des Warenstroms im Netz zusammenhängen, in die Planung einbezogen werden. So muß die Standortoptimierung der Lager und die zugehörige Zuordnungsplanung der Kunden zu den Lagern beispielsweise die Tourenplanung in Betracht ziehen. Wie unterschiedlich die Ergebnisse ausfallen können, wenn für die Ausliefe-

---

[1] Vgl. FLEISCHMANN [1979, S. 294 f.]

rung zum Kunden nicht Touren, sondern Stichfahrten angenommen werden, soll an zwei einfachen Beispielen aufgezeigt werden.

Beispiel 1:
Gegeben sind vier Kunden, deren Standorte in einem Quadrat angeordnet sind, und deren Nachfragemenge in jeder Periode des Planungszeitraums identisch ist (vgl. Abbildung 2.3, Lager werden durch Quadrate, Kunden durch Kreise symbolisiert). Es steht ein Fahrzeug zur Verfügung mit ausreichender Ladekapazität, um in jeder Periode alle Kunden gemeinsam auf einer einzigen Tour beliefern zu können. Eine Zeitrestriktion existiert nicht. Die Transportkosten sind entfernungsproportional, die Kosten für die Errichtung und Betreibung eines Lagers sind an jedem Punkt der Ebene identisch. Die Standortplanung bei angenommener Kundenbelieferung in Stichfahrten liefert dann den Mittelpunkt des Quadrates als optimalen Lagerstandort. Nimmt man hingegen an, daß die Kunden in einer Tour beliefert werden, so ist jeder Punkt der kürzesten Rundreise, welche die vier Kunden verbindet, optimaler Lagerstandort[1].

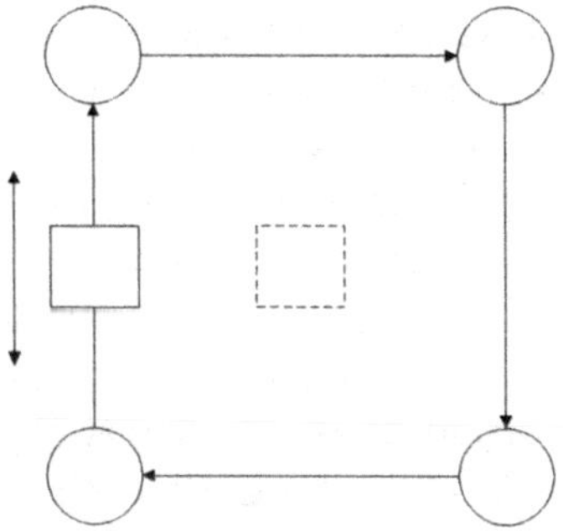

Abbildung 2.3: Optimale Lagerstandorte bei Auslieferung in Stichfahrten (gestricheltes Quadrat) oder in Touren (durchgezogenes Quadrat)

Beispiel 2:
Gegeben sind fünf Kunden, die in jeder Periode des Planungszeitraums dieselbe Nachfragemenge haben und von einem von zwei Lagern aus kostenminimal beliefert werden sollen (vgl. Abbildung 2.4, Lager werden wiederum durch Quadrate, Kunden durch Kreise symbolisiert). Es steht je Lager ein Fahrzeug zur Verfügung mit ausreichender Ladekapazität, um in jeder Periode alle Kunden gemeinsam auf einer einzigen Tour beliefern zu können. Eine Zeitrestriktion existiert nicht. Die Transportkosten sind entfernungsproportional, Lagerkosten brauchen nicht berücksichtigt zu werden. Die Zuordnungsplanung der Kunden zu den Lagern erfolgt bei

[1] Vgl. SALHI/RAND [1989, S. 151]

angenommener Kundenbelieferung in Stichfahrten auf Basis der kürzesten Lagerentfernung, so daß im untersuchten Beispielfall Kunde 2 dem Lager 2 zugeordnet wird. Unterstellt man hingegen eine Tourenauslieferung, so ist der Kunde 2 am günstigsten in einer gemeinsamen Tour mit den Kunden 1 und 3 vom Lager 1 zu beliefern[1].

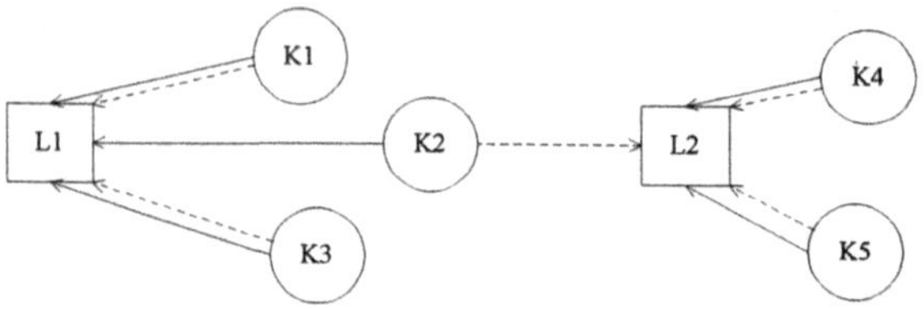

Abbildung 2.4: Optimale Zuordnung der Kunden zu Lagern bei Auslieferung in Stichfahrten (gestrichelte Linien) oder in Touren (durchgezogenen Linien)

Die beiden Beispiele zeigen, daß erhebliche Fehler auftreten können, wenn die Standort- und Zuordnungsplanung auf einer Einzelbelieferung der Kunden basiert, obwohl tatsächlich Touren gefahren werden. Im Fall der Tourenauslieferung ist die Planung jedoch wesentlich komplizierter. Denn während bei der Einzelbelieferung für jeden Kunden isoliert eine Entscheidung über das günstigste Auslieferlager getroffen werden kann, müssen bei der Tourenauslieferung erst Kunden zu gemeinsamen Touren kombiniert werden. Eine sinnvolle Tourenbildung ist aber nur durchführbar, wenn die Liefergebiete und Lagerstandorte bekannt sind. Damit wird die starke Abhängigkeit in der Planung der Lagerstandorte, Liefergebiete und Auslieferttouren erkennbar. Die Schwierigkeit einer Planung, die diese Interdependenzen berücksichtigt, wird offenbar, wenn man sich vergegenwärtigt, daß die Herleitung eines Tourenplans, der die Auslieferentfernungen minimiert, bereits bei gegebenem Lagerstandort und gegebenem Liefergebiet eine außerordentlich schwierig zu lösende Aufgabe darstellt.

In den letzten Jahren ist bei vielen produzierenden Unternehmen der Trend zu beobachten, logistische Leistungen nicht selbst zu erbringen, sondern einem externen Logistikdienstleister zu übergeben. Die Ursache dieser Entwicklung ist die in vielen Unternehmen erkennbare Konzentration auf das Kerngeschäft, so daß Aufgaben wie etwa der Transport aber auch die Lagerung von Waren und damit verbundene Tätigkeiten an Dienstleister vergeben werden[2]. Anstatt beim Bau von Lagerhäusern Investitionsrisiken einzugehen und sich mit steigenden Serviceanforderungen des Marktes zu belasten, kann ein Unternehmen durch den Einsatz eines Logistikdienstleister die Möglichkeit nutzen, Leistungen von erfahrenen Experten in Anspruch zu nehmen und sich flexibel verändernden Marktsituationen anzupassen. Der Nachteil des

1 Vgl. MATTHÄUS [1978, S. 202]

2 Vgl. ABERLE [1994, S. 90]

fehlenden direkten Kontakts zwischen Lieferant und Kunde sowie mögliche Schwierigkeiten mit der Einbindung fremdbezogener Leistungen in den Distributionsprozeß verlieren aufgrund verbesserter Informations- und Kommunikationstechnologien zunehmend an Bedeutung[1]. Seit einigen Jahren läßt sich sogar beobachten, daß eine steigende Anzahl an Unternehmen nicht mehr nur einzelne Logistikaufgaben wie die Lagerung oder den Transport, sondern die gesamte Distribution vom Werk bis zum Kunden einschließlich aller administrativen Tätigkeiten in die Hände eines Dienstleisters übergeben[2].

Die Preisgestaltung für Anbieter von Transportleistungen im Bereich der Güterbeförderung wurde in Deutschland bis zu Beginn der 90er Jahre durch das Güterkraftverkehrsgesetz reguliert. Dieses Gesetz sollte einen ruinösen Wettbewerb innerhalb des gewerblichen Güterkraftverkehrs verhindern und damit die Verkehrssicherheit fördern. Die Peisbildung im Güterfernverkehr wurde durch den Güterfernverkehrstarif (GFT) geregelt. Die vorgeschriebenen Kosten pro Sendung waren abhängig von dem Sendungsgewicht, der Entfernung zwischen dem Versand- und dem Empfangsort der Sendung und der Güterart. Der gültige Tarif ließ sich somit aus den Kosten einer Einzelbelieferung ermitteln. Seit dem 1.1.1994 gilt diese Tarifbindung nicht mehr. Zwar berechnen auch heute noch viele Anbieter von Transportleistungen ihre Preise nach dem GFT, es ist jedoch eine zunehmende Tendenz festzustellen, die Tarife über die tatsächlich anfallenden Kosten zu kalkulieren. Weil die Auslieferung aber, so weit es möglich ist, in Touren erfolgt, ist die Berücksichtigung der Tourenplanung innerhalb der Gestaltung des Distributionsnetzes von zunehmender Bedeutung.

Neben den geschilderten Abhängigkeiten zwischen der Standortplanung der Lager, der Zuordnungsplanung zur Festlegung der Liefergebiete und der Tourenplanung treten zwischen den fünf anfangs beschriebenen Entscheidungsproblemen der Distributionsplanung zahlreiche weitere Interdependenzen auf. So bestehen beispielsweise Beziehungen zwischen der Anzahl der Lagerstufen und den Lagerstandorten, der Lageranzahl und den Lagerkapazitäten, der Lagerhaltungspolitik und den Liefergebieten und der Tourenplanung und der Größe und Zusammensetzung des Fuhrparks[3]. Weil darüber hinaus die Distributionslogistik mit ihren Einflüssen auf den Lieferservice als Bestandteil der Marketingpolitik verstanden wird, ist die physische Distribution mit anderen Marketinginstrumenten zu koordinieren, zu denen somit ebenfalls Interdependenzen zu beachten sind. Die Erweiterung des Produktprogramms im Zuge einer veränderten Produktpolitik bewirkt das Anwachsen der Lagerbestände. Die Neugestaltung eines Produkts oder der Verpackung unter verkaufsfördernden Gesichtspunkten kann ohne Berücksichtigung logistischer Aspekte zu erheblichen Kostensteigerungen in den Berei-

1 Vgl. PARASCHIS [1989, S. 14 f.]

2 Vgl. FLEISCHMANN [1993, S. 33]

3 Vgl. TEMPELMEIER [1983, S. 18]

chen Handhabung, Lagerhaltung, Transport und Verpackung führen. Dieses wirkt sich wiederum auf die Preisbildung aus, die von den anfallenden Kosten beeinflußt wird. Ein großes logistisches Einsparungspotential eröffnet sich hingegen, wenn innerhalb der Distributionspolitik die Entscheidung fällt, andere Absatzkanäle zu wählen und anstelle vieler Einzelhändler nur noch wenige Großhändler zu beliefern[1].

Die Vielzahl interdependenter Entscheidungsprobleme zeigt, wie vielschichtig und komplex Distributionsplanung ist. Der Wunsch, eine Lösung unter simultaner Berücksichtigung aller Planungsaufgaben zu erzeugen, scheint angesichts der Komplexität bereits vieler Teilprobleme kaum realisierbar.

2.5 Abgrenzung und Zielsetzung

Die Aufgabenstellung dieser Arbeit orientiert sich an der Situation, die sich üblicherweise einem Unternehmen der Konsumgüterbranche bei der Distributionsplanung stellt. Angesichts der im Kapitel 2.4 beschriebenen großen Vielfalt und Komplexität der Distributionsplanung sollen nur einige der dort genannten Entscheidungsprobleme untersucht werden. Weil jedoch Zusammenhänge zu den übrigen, nicht betrachteten Entscheidungsproblemen bestehen, ist es erforderlich, einige eigentlich zu optimierende Größen dieser Probleme als Daten vorzugeben. Ihre Optimierung ist Gegenstand einer nachgeschalteten Planung, die hier jedoch nicht betrachtet wird. Dieses Vorgehen der Dekomposition der Aufgabenstellung in einzelne Teilaufgaben, die aufeinander aufbauend in einer entwickelten Entscheidungshierarchie gelöst werden, ist im Rahmen der Distributionsplanung üblich[2].

Folgende Rahmenbedingungen kennzeichnen die zu untersuchende Planungssituation:

- Vorgegebenes Lieferserviceniveau, indem von Kunden mit bekannten Standorten, Nachfragemengen und Belieferungsterminen ausgegangen wird.
- Nachfrageschwankungen im Zeitablauf, so daß ein Planungszeitraum von mehreren Tagen zu berücksichtigen ist.
- Zweistufige Distributionsstruktur, so daß Werke, Lager und Kunden im Distributionsnetz auftreten.
- Jeder Kunde soll über den gesamten Planungszeitraum von genau einem Lager aus beliefert werden, um eine eindeutige Verantwortlichkeit im Unternehmen für jeden Kunden sicherzustellen.

---

1 Vgl. PFOHL [1996, S. 208 ff.]

2 Vgl. TEMPELMEIER [1983, S. 19ff]

- Unkapazitierte Werke und Lagerstandorte; der kapazitätsfreie Fall ist für die Anwendung von größter Bedeutung, weil sich nur so als wichtiges Ergebnis für die längerfristige Strukturplanung bestimmen läßt, wie groß Kapazitäten sein sollen und welche Einsparungen mit einer Kapazitätserweiterung verbunden sind[1].
- Belieferung der Kunden nur ab Lager in Touren mit einem homogenen Fuhrpark unter Berücksichtigung von Mengen- und Zeitrestriktionen. Die Touren beginnen und enden an demselben Lagerstandort. Bei der Auslieferung werden keine Zeitfenster der Kunden berücksichtigt[2].
- Unter dem Gesichtspunkt der Warendistribution ist keine Unterscheidung der hergestellten Produkte erforderlich.
- Fixe und durchsatzproportionale Lagerkosten.
- Lineare Transportkosten in Abhängigkeit der Transportmenge für jede Werk-Lager-Relation bzw. in Abhängigkeit der Tourenlänge für die Transporte vom Lager zum Kunden.

Für Anbieter in der Konsumgüterindustrie bestehen aufgrund der Marktsituation in der Regel kaum Möglichkeiten, auf die Liefertermine der Kunden Einfluß zu nehmen, so daß von einem vorgegeben Lieferserviceniveau ausgegangen wird. Weil dadurch die Erlöse fixiert sind, kann das Ziel der Distributionsplanung dann nur die Entwicklung eines Distributionssystems sein, das die anfallenden Kosten minimiert.

Der innerhalb dieser Arbeit gesetzte Schwerpunkt der Planung betrifft die Gestaltung eines kostenminimalen Distributionsnetzes. Der Fokus ist somit auf die strategischen Entscheidungsprobleme der physischen Distribution gerichtet. Dazu gehören insbesondere die Festlegung der optimalen Lageranzahl und der Lagerstandorte sowie zur Bestimmung der Lagereinzugsgebiete die Zuordnung von Kunden zu Lagern. Diese Zuordnungsplanung soll unter besonderer Berücksichtigung der Tourenauslieferung erfolgen, so daß in die Gestaltung des Distributionsnetzes Aspekte der Steuerung des Warenflusses eingehen. Ausgeklammert werden hingegen Entscheidungen über die optimale Anzahl der Distributionsstufen, die Bestimmung eines geeigneten Informationsflusses[3], die Herleitung der optimalen Größe und Zusammensetzung des Fuhrparks[4] und die Planung der Lagerbestände[5]. Aufgrund des vorgegebenen Lieferser-

---

1 Vgl. FLEISCHMANN [1979, S. 297]

2 Tourenplanung mit Zeitfenstern betrachten z.B. DESROSIERS/DUMAS/SOLOMON/SOUMIS [1995, S. 80 ff.], GIETZ [1994] oder DESROCHERS/LENSTRA/SAVELSBERGH/SOUMIS [1988]

3 Zur Integration der Auftragsabwicklung in die Planung der Warenverteilung siehe z.B. DARR [1992]

4 Mit der gemeinsamen Fuhrpark- und Tourenplanung (in der englischsprachigen Literatur als fleet size and mix vehicle routing problem bekannt) beschäftigen sich z.B. DESROCHERS/VERHOOG [1991] oder VAN ROY [1989]

5 Die Distributionsplanung unter Berücksichtigung von Aspekten der Lagerbestandshaltung untersuchen z.B. FEDERGRUEN/SIMCHI-LEVI [1995, S. 336 ff.] oder BURNS et al. [1985]

viceniveaus kann auf eine Optimierung der Zuordnung von Kundenaufträgen zu Lieferterminen verzichtet werden[1].

Die Einbeziehung der Tourenauslieferung in Entscheidungen über Lagerstandorte und deren Liefergebiete ist ganz wesentlich. Dieses haben bereits die beiden Beispiele im Kapitel 2.4 veranschaulicht, bei denen zur Standort- und Zuordnungsplanung anstelle von Ausliefertouren vereinfacht Stichfahrten angenommen wurden. Die Tourenplanung gehört zu den operativen, kurzfristigen Entscheidungsproblemen der Distributionsplanung. Bei Konsumgüterunternehmen beträgt der zeitliche Planungshorizont in der Regel einen Tag. Im Gegensatz dazu umfassen die Planungsdaten der strategischen, langfristigen Standort- und Zuordnungsplanungen gewöhnlich einen Zeitraum von einem Jahr. Aufgrund dieser unterschiedlichen Planungszeiträume ergeben sich erhebliche Schwierigkeiten, die drei Teilprobleme simultan zu berücksichtigen. Denn die Warendistribution eines Konsumgüterunternehmens unterliegt täglich variierenden Anforderungen, die insbesondere dadurch entstehen, daß nicht jeder Kunde jeden Tag beliefert werden muß. Folglich variieren die Tourenverläufe von Tag zu Tag und damit auch die optimalen Lagerstandorte und Liefergebiete. Gesucht sind jedoch die Standorte und Liefergebiete, die über den gesamten Planungszeitraum die geringsten Distributionskosten verursachen.

Eine Lösung dieses Problems läßt sich beispielsweise erzielen, wenn es gelingt, für eine Distributionsstruktur mit gegebenen Lagerstandorten und Liefergebieten die Kosten der Tourenauslieferung über den gesamten Planungszeitraum zu bestimmen. Denn auf der Grundlage einer solchen Kostenbewertung können für gegebene Lagerstandorte alternative Lager-Kunden-Zuordnungen verglichen werden. Insbesondere läßt sich für jeden Kunden die Auswirkung einer veränderten Lager-Zuordnung auf die Kosten bestimmen und somit das Lager ermitteln, von dem aus die niedrigsten Belieferungskosten entstehen. Eine Anfangszuordnung von Kunden zu Lagern kann folglich durch die sukzessive Veränderung einzelner Lager-Kunden-Zuordnungen verbessert werden, bis die kostenminimale Lager-Kunden-Zuordnung erreicht ist. Diese Zuordnung ist die Basis für die Bewertung einer speziellen Lagerkonfiguration.

Im Rahmen von Distributionsstudien, insbesondere der betrieblichen Praxis, ist es nun üblich, eine Reihe möglicher Distributionsstrukturen zu entwickeln, zu bewerten und die kostengünstigste als beste Lösung auszugeben[2]. Ein wichtiger Grund für ein solch vergleichendes Vorgehen, das auf den Einsatz von Standortverfahren vollkommen verzichtet, ist, daß kein Optimierungsverfahren existiert, das die Anzahl der Distributionsstufen oder die Funktion und

---

1 Mit der Zuordnung von Kundenaufträgen zu Liefertagen im Zuge einer kostenminimalen Tourenplanung beschäftigt sich z.B. BALL [1988]

2 Vgl. z.B. FLEISCHMANN [1979, S. 307]

Ausstattung der Lager optimiert[1]. Der Entscheidungsträger muß daher ohnehin Strukturalternativen bewerten und miteinander vergleichen.

Dennoch kann ein Verfahren, das eine Distributionsstruktur mit gegebenen Lagerstandorten und Liefergebieten bewertet, auch für Standardverfahren der Standortoptimierung genutzt werden. So ist beispielsweise eine solche Kostenbewertung ein wichtiger Bestandteil des im Rahmen von Standortplanungen sehr gebräuchlichen Drop-Verfahrens von FELDMAN/LEHRER/RAY [1966, S.674 ff.]. Dort wird ausgehend von zahlreichen potentiellen Standorten, an denen sich jeweils ein Lager befindet, sukzessive dasjenige Lager gestrichen, durch dessen Wegfall die sich aus Lager- und Transportkosten zusammensetzenden Gesamtkosten am stärksten fallen. Das Verfahren bricht ab, sobald keine Kostenreduktion mehr möglich ist. Um im Verfahrensablauf einen Lagerstandort zu streichen, sind eine Vielzahl von Lagerkonfigurationen zu bewerten. Gerade bei umfangreichen Aufgabenstellungen mit vielen Kunden kann das Drop-Verfahren daher nur dann in akzeptabler Zeit Ergebnisse liefern, wenn ein sehr schnelles Bewertungsverfahren eingesetzt wird.

Das Ziel dieser Arbeit ist es, ein solches Bewertungsverfahren zu entwickeln, das bei einer Distributionsstruktur mit vorgegebenen Lagerstandorten die Liefergebiete optimiert und auf der Basis dieser Lager-Kunden-Zuordnung die Kosten für die im Planungszeitraum anfallenden Ausliefertouren innerhalb kürzester Zeit bestimmt. Dabei sollen auch Aufgabenstellungen mit einem Problemumfang betrachtet werden können, wie man ihn in der betrieblichen Praxis vorfindet. Auf eine Standortplanung soll im Rahmen dieser Arbeit verzichtet werden.

2.6 Modellformulierung

Die im letzten Kapitel dargestellte Aufgabenstellung soll im folgenden durch ein mathematisches Modell beschrieben werden. Der Zweck einer solchen Modellformulierung besteht einerseits darin, eine Problemstellung formal exakt wiederzugeben, andererseits können aufgrund spezieller Strukturen des zu lösenden Problems oftmals Ansätze zum Entwurf von Lösungsverfahren abgeleitet werden[2]. In der Literatur ist zu der in dieser Arbeit zu untersuchenden Aufgabenstellung keine Modellformulierung zu finden. Es gibt jedoch verwandte Probleme. Diese sollen hier zunächst kurz dargestellt werden, um darauf aufbauend ein passendes Modell zu entwickeln.

---

1 Vgl. FLEISCHMANN [1979, S. 299]

2 Vgl. DETHLOFF [1994, S. 37]

Die beschriebene Aufgabenstellung gehört zur Gruppe der Standortplanungsprobleme, die Gegenstand vieler Publikationen ist. Eine der am häufigsten untersuchten Aufgabenstellungen dieser Gruppe ist das Warehouse Location-Problem (WLP)[1]. In seiner Grundform sind Kunden mit bekannter, über alle betrachteten Perioden konstanter Nachfragemenge und potentielle Lagerstandorte vorgegeben, von denen aus die Kunden in Stichfahrten beliefert werden können. Das Ziel der Planung ist es, aus den potentiellen Standorten jene Lager auszuwählen und die zugehörigen Liefergebiete zu bestimmen, für die bei vollständiger Befriedigung der Kundennachfrage die Summe der anfallenden fixen und variablen Lagerkosten sowie der Transportkosten vom Lager zum Kunden minimal ist. Kosten für den Transport zwischen Werken und Lagern bleiben bei der Planung unberücksichtigt.

Dieses Grundmodell ist in mehrfacher Hinsicht erweitert worden. Erweiterungen betreffen beispielsweise die Berücksichtigung von Lagerkapazitäten, mehreren Distributionsstufen, mehreren Produkten, mehreren unterschiedlichen Perioden, stochastischer Nachfrage[2] und nichtlinearen Kostenfunktionen für die Lagerung und den Transport[3]. In der Literatur ist auch eine Variante des WLPs zu finden, in der die Kunden nicht in Stichfahrten, sondern in Touren beliefert werden. Diese Aufgabenstellung wird als Warehouse Location Routing-Problem (WLRP) bezeichnet[4]. Das WLRP umfaßt somit neben der Standort- und Zuordnungsplanung auch die Tourenplanung. Für den Spezialfall, daß von *einem* vorgegebenen Lager *ein* Fahrzeug ohne Beachtung von Mengen- und Zeitrestriktionen alle Kunden beliefern soll, entspricht das WLRP dann dem bekannten Traveling Salesman-Problem (TSP)[5], für das eine umfangreiche Literatur existiert[6].

Trotz der berücksichtigten Tourenauslieferung und einer möglichen Erweiterung auf zwei Distributionsstufen kann das Modell zum WLRP noch nicht die Aufgabenstellung dieser Arbeit exakt abbilden. Denn im WLRP wird wie beim WLP davon ausgegangen, daß jeder Kunde in jeder Periode mit derselben kundenspezifischen Nachfragemenge beliefert wird. Strenggenommen ist der Planungshorizont des WLRPs damit nur *eine* Periode, von der angenommen wird, sie würde sich stets wiederholen. In der Regel ist dieses gleichmäßige Nachfrageverhalten bei Unternehmen der Konsumgüterindustrie nicht vorzufinden. Einerseits treten über das Jahr gesehen meist erhebliche Nachfrageschwankungen auf. So erleben beispielsweise Schokoladehersteller zum Oster- und Weihnachtsfest einen kräftigen Nachfrageanstieg, Produzenten von

1 Vgl. DOMSCHKE/DREXL [1990, S. 33]
2 Vgl. z.B. AIKENS [1985]
3 Vgl. z.B. FELDMAN/LEHRER/RAY [1966]
4 Vgl. die Publikationen zu den im Kapitel 3 beschriebenen Ansätzen, z.B. PERL/DASKIN [1985]
5 Vgl. LAPORTE/NOBERT/TAILLEFER [1988, S. 162]
6 Vgl. z.B. DOMSCHKE [1990, Kapitel 3]

Erfrischungsgetränken oder Speiseeis müssen sich im Sommer auf eine größere Nachfrage einstellen. Andererseits muß nicht jeder Kunde jeden Tag beliefert werden. Während ein Nahrungsmittelhersteller einen Kunden mit Bedarf für Frischwaren täglich beliefert, kann die Auslieferung für einen anderen Kunden mit ausschließlicher Nachfrage für haltbare Produkte seltener erfolgen.

Im folgenden wird eine Modellformulierung eines zweistufigen WLRPs dargestellt, die sich an PERL/DASKIN [1985, S. 384 f.] orientiert. Anschließend folgt die Erweiterung durch Berücksichtigung mehrerer Perioden. Beide Modelle sind für den Ein-Produkt-Fall formuliert. Das bedeutet nicht, daß tatsächlich nur *ein* Produkt betrachtet wird. Unter dem Gesichtspunkt der Warendistribution ist nur keine Unterscheidung der Produkte erforderlich. Diese Annahme stellt bei zweistufigen Distributionsstrukturen meist keine wesentliche Einschränkung in der Abbildung der Realität dar. Weil jeder Kunde nur von einem Lager aus beliefert werden soll, ist eine Zusammenführung der Waren im Lager erforderlich. Wenn dann alle Werke das gesamte Sortiment ohne Kapazitätsbeschränkungen produzieren können, wird jedes in Stichfahrten zu beliefernde Lager vom nächstgelegenen Werk vollständig versorgt. Folglich kann wegen der eindeutigen Zuordnung von Kunden zu Lagern und von Lagern zu Werken auf eine Produktdifferenzierung verzichtet werden. Schwierigkeiten können hingegen auftreten, wenn die Werke nur ein Teilsortiment produzieren. Denn erst aus der Produktzusammensetzung der Nachfrage, die von einem Lager zu befriedigenden ist, läßt sich bestimmen, welches Werk mit welchen Mengen ein Lager versorgt. Aber selbst in einem solchen Fall kann für die Durchsatzmenge eines jeden Lagers oft von einem bekannten Produkt-Mix ausgegangen werden, so daß sich entsprechend diesem Produktverhältnis sowohl die Transportmengen und daraus die Transportkosten zwischen den Werken und Lagern als auch die durchgesetzten Mengen je Lager mit den zugehörigen Lagerkosten ohne Unterscheidung der Produkte berechnen lassen.

Der Ein-Perioden-Fall (WLRP)

<u>Gegeben</u> sind für den Betrachtungszeitraum einer Periode

- w^{max} Werkstandorte, die ein Produkt herstellen.
- l^{max} potentielle Standorte mit zugehörigen fixen und variablen Kosten, an denen Lager errichtet werden können. Die Lagerbelieferung ab Werk erfolgt in Stichfahrten.
- Standorte und Nachfragemengen von k^{max} Kunden.
- f^{max} identische Fahrzeuge, die von den Lagern aus die Kunden in Touren beliefern

<u>Gesucht</u> sind die optimale Lageranzahl sowie die zugehörigen Standorte und Liefergebiete, um die im Rahmen der Kundenbelieferung anfallenden Lager- und Transportkosten vom Zeitpunkt der Produktfertigstellung in den Werken bis zur Abnahme beim Kunden zu minimieren.

Indexmengen:

K : $\{k \mid 1 \le k \le k^{max}\}$ Menge aller Kunden

L : $\{l \mid 1 \le l \le l^{max}\}$ Menge aller potentiellen Lagerstandorte

W : $\{w \mid 1 \le w \le w^{max}\}$ Menge aller Werke

F : $\{f \mid 1 \le f \le f^{max}\}$ Menge aller Fahrzeuge zur Kundenbelieferung

P : $\{p \mid 1 \le p \le k^{max} + l^{max}\}$ Menge aller Kunden und potentiellen Lager

Parameter:

$tkwl_{wl}$: Transportkosten je Mengeneinheit von Werk w zum Lager l
fk_l : Fixkosten des Lagers l
vk_l : variable Kosten je Durchsatzmengeneinheit des Lagers l
d_l : maximale Durchsatzmenge des Lagers l
le_{gh} : Entfernung zwischen zwei Knoten g und h der Indexmenge P in km
me_{max} : Kapazität der Fahrzeuge für die Kundenbelieferung in Mengeneinheiten
dg : durchschnittliche Fahrgeschwindigkeit auf einer Tour zur Kundenbelieferung
ze_{max} : maximale Fahrdauer einer Tour zur Kundenbelieferung in Zeiteinheiten
tkle : Transportkosten je km einer Tour zur Kundenbelieferung
tkze : Transportkosten je Zeiteinheit einer Tour zur Kundenbelieferung
mek_k : tägliche Nachfragemenge des Kunden k in Mengeneinheiten
ad_p : Ablieferungsdauer der Nachfragemenge im Knoten $p \in P$ in Zeiteinheiten. Für jedes Lager ist die Ablieferungsdauer auf Null gesetzt.

Variablen:

$$x_{ghf} = \begin{cases} 1, & \text{wenn mit Fahrzeug f direkt von Knoten g zum Knoten h gefahren wird} \\ 0, & \text{sonst} \end{cases}$$

$$y_{kl} = \begin{cases} 1, & \text{wenn Kunde k vom Lager l beliefert wird} \\ 0, & \text{sonst} \end{cases}$$

$$z_l = \begin{cases} 1, & \text{wenn am Standort l ein Lager genutzt wird} \\ 0, & \text{sonst} \end{cases}$$

$mewl_{wl}$ = Transportmenge vom Werk w zum Lager l in Mengeneinheiten

ZF: Die Gesamtkosten, die sich aus den Transportkosten vom Werk zum Lager, den fixen und variablen Lagerkosten sowie den Transportkosten zur Kundenbelieferung zusammensetzen, sind zu minimieren. Kosten, die aufgrund der Ablieferungsdauer ad_k bei den Kunden entstehen, sind nicht aufgeführt, weil diese nicht beeinflußbar und daher entscheidungsneutral sind:

$$\sum_{w \in W}\sum_{l \in L} tkwl_{wl} \cdot mewl_{wl} + \sum_{l \in L} fk_l \cdot z_l + \sum_{l \in L} vk_l \cdot \left(\sum_{k \in K} mek_k \cdot y_{kl}\right) +$$

$$\sum_{f \in F}\sum_{g \in P}\sum_{h \in P}\left(tkle + \frac{tkze}{dg}\right) \cdot le_{gh} \cdot x_{ghf} \rightarrow \min$$

NB: Jeder Kunde hat nur einen Nachfolger und wird auf genau einer Tour beliefert:

$$\sum_{h \in P}\sum_{f \in F} x_{khf} = 1 \qquad \forall k \in K \tag{2.1}$$

Jede Tour ist durch die Fahrzeugkapazität beschränkt:

$$\sum_{k \in K}\sum_{h \in P} mek_k \cdot x_{khf} \leq me_{max} \qquad \forall f \in F \tag{2.2}$$

Jede Tour ist durch eine maximale Tourdauer beschränkt:

$$\sum_{g \in P}\sum_{h \in P}\left(\frac{le_{gh}}{dg} + ad_h\right) \cdot x_{ghf} \leq ze_{max} \qquad \forall f \in F \tag{2.3}$$

Jede Knotenmenge aus P ohne Lager ist mit einem Lager verbunden:

$$\sum_{g \in V}\sum_{h \in \overline{V}}\sum_{f \in F} x_{ghf} \geq 1 \qquad \forall (V, \overline{V}) \text{ mit } L \subseteq V \subset P \tag{2.4}$$

Jeder angefahrene Knoten auf einer Tour wird auch wieder verlassen:

$$\sum_{g \in P} x_{hgf} - \sum_{g \in P} x_{ghf} = 0 \qquad \forall h \in P, \forall f \in F \tag{2.5}$$

Jedes Fahrzeug kann ein Depot höchstens einmal verlassen:

$$\sum_{l \in L}\sum_{k \in K} x_{lkf} \leq 1 \qquad \forall f \in F \tag{2.6}$$

Die Belieferungsmenge eines Lagers entspricht der Absatzmenge:

$$\sum_{w \in W} mewl_{wl} - \sum_{k \in K} mek_k \cdot y_{kl} = 0 \qquad \forall l \in L \tag{2.7}$$

Die Durchsatzmenge jedes Lagers ist durch eine obere Schranke begrenzt:

$$\sum_{w \in W} mewl_{wl} - d_l \cdot z_l \leq 0 \qquad \forall l \in L \tag{2.8}$$

Ein Kunde muß einem Lager dann zugeordnet sein, wenn eine Tour von dem Lager ausgeht, die den Kunden beliefert:

$$\sum_{h \in P} x_{khf} + \sum_{h \in P} x_{lhf} - y_{kl} \leq 1 \qquad \forall k \in K, \forall l \in L, \forall f \in F \tag{2.9}$$

Definitionsbereiche der Variablen:

$$x_{ghf} \in \{0,1\} \qquad \forall g,h \in P, \forall f \in F \qquad (2.10)$$

$$y_{kl} \in \{0,1\} \qquad \forall k \in K, \forall l \in L$$

$$z_l \in \{0,1\} \qquad \forall l \in L$$

$$mewl_{wl} \geq 0 \qquad \forall w \in W, \forall l \in L$$

Das dargestellte Modell beschreibt eine gemischt-ganzzahlige Aufgabe. Dabei beschränken die Nebenbedingungen (2.8) die Durchsatzmengen jedes Lagers. Für die Distributionsplanung sind kapazitätsfreie Lager von größerer Bedeutung (vgl. Kapitel 2.5). Dieser Fall läßt sich im Modell dadurch darstellen, daß in (2.8) für die maximale Durchsatzmenge d_l jedes Lagers l die Summe der Nachfragemengen aller Kunden eingesetzt wird.

Der Mehr-Perioden-Fall (MPWLRP)

Die Aufgabenstellung soll nun dadurch erweitert werden, daß mehrere unterschiedliche Perioden betrachtet werden. Für einen Zeitraum von t^{max} Perioden sind die optimale Lageranzahl sowie die zugehörigen Standorte und Liefergebiete gesucht, um die im Rahmen der Kundenbelieferung über alle Perioden anfallenden Lager- und Transportkosten zu minimieren. Dabei ist zu berücksichtigen, daß jeder Kunde zu von ihm fest vorgegebenen Lieferterminen über den gesamten Planungszeitraum nur von einem Lager aus beliefert werden soll. Diese Aufgabenstellung wird im weiteren als mehrperiodiges Warehouse Location Routing-Problem (MPWLRP) bezeichnet. Zusätzlich oder in Veränderung zu vorher gelten folgende Bezeichnungen:

Indexmengen:

T : $\{t \mid 1 \leq t \leq t^{max}\}$ Menge aller Perioden

$K_t \subseteq K$: Menge aller Kunden, die in Periode t bestellen

$P_t = L \cup K_t$: Menge aller potentiellen Lager und Kunden der Periode t

Parameter:

mek_{kt} : Nachfragemenge des Kunden $k \in K_t$ in Periode t in Mengeneinheiten

ad_{pt} : Ablieferungsdauer der Nachfragemenge in Periode t im Knoten $p \in P_t$ in Zeiteinheiten. Für jedes Lager ist die Ablieferungsdauer auf Null gesetzt.

Variablen:

$$x_{ghft} = \begin{cases} 1, & \text{wenn in Periode t mit Fahrzeug f direkt von Knoten g zu h gefahren wird} \\ 0, & \text{sonst} \end{cases}$$

$$y_{kl} = \begin{cases} 1, & \text{wenn Kunde k vom Lager l beliefert wird} \\ 0, & \text{sonst} \end{cases}$$

$$z_l = \begin{cases} 1, & \text{wenn am Standort l ein Lager genutzt wird} \\ 0, & \text{sonst} \end{cases}$$

$mewl_{wlt}$ = Transportmenge vom Werk w zum Lager l in Periode t

ZF: Die Gesamtkosten, die sich aus den Transportkosten vom Werk zum Lager, den fixen und variablen Lagerkosten sowie den Transportkosten zur Kundenbelieferung über alle Perioden zusammensetzen, sind zu minimieren. Wiederum werden die entscheidungsneutralen Kosten, die durch die Ablieferungsdauer ad_{kt} entstehen, nicht aufgeführt:

$$\sum_{w\in W}\sum_{l\in L}\sum_{t\in T} tkwl_{wl} \cdot mewl_{wlt} + \sum_{l\in L} fk_l \cdot z_l + \sum_{l\in L} vk_l \cdot \left(\sum_{t\in T}\sum_{k\in K_t} mek_{kt} \cdot y_{kl}\right) +$$

$$\sum_{t\in T}\sum_{f\in F}\sum_{g\in P_t}\sum_{h\in P_t}\left(tkle + \frac{tkze}{dg}\right) \cdot le_{gh} \cdot x_{ghft} \rightarrow \min$$

NB: Jeder Kunde, der in einer Periode bestellt, hat je Periode nur einen Nachfolger und wird auf genau einer Tour beliefert:

$$\sum_{h\in P_t}\sum_{f\in F} x_{khft} = 1 \qquad \forall t \in T, \forall k \in K_t \qquad (2.11)$$

Jede Tour ist durch die Fahrzeugkapazität beschränkt:

$$\sum_{k\in K_t}\sum_{h\in P_t} mek_{kt} \cdot x_{khft} \le me_{max} \qquad \forall t \in T, \forall f \in F \qquad (2.12)$$

Jede Tour ist durch eine maximale Tourdauer beschränkt:

$$\sum_{g\in P_t}\sum_{h\in P_t}\left(\frac{le_{gh}}{dg} + ad_{ht}\right) \cdot x_{ghft} \le ze_{max} \qquad \forall t \in T, \forall f \in F \qquad (2.13)$$

Jede Knotenmenge aus P_t ohne Lager ist mit einem Lager verbunden:

$$\sum_{g\in V}\sum_{h\in \overline{V}}\sum_{f\in F} x_{ghft} \ge 1 \qquad \forall t \in T, \forall (V, \overline{V}) \text{ mit } L \subseteq V \subset P_t \qquad (2.14)$$

Jeder angefahrene Knoten auf einer Tour wird auch wieder verlassen:

$$\sum_{g\in P_t} x_{hgft} - \sum_{g\in P_t} x_{ghft} = 0 \qquad \forall t \in T, \forall h \in P_t, \forall f \in F \qquad (2.15)$$

Jedes Fahrzeug kann ein Depot höchstens einmal verlassen:

$$\sum_{l \in L} \sum_{k \in K_t} x_{lkft} \leq 1 \qquad \forall t \in T, \forall f \in F \qquad (2.16)$$

Die Belieferungsmenge eines Lagers entspricht der Absatzmenge in jeder Periode:

$$\sum_{w \in W} mewl_{wlt} - \sum_{k \in K_t} mek_{kt} \cdot y_{kl} = 0 \qquad \forall t \in T, \forall l \in L \qquad (2.17)$$

Die Durchsatzmenge jedes Lagers ist in jeder Periode durch eine obere Schranke begrenzt:

$$\sum_{w \in W} mewl_{wlt} - d_l \cdot z_l \leq 0 \qquad \forall t \in T, \forall l \in L \qquad (2.18)$$

Ein Kunde muß einem Lager dann zugeordnet sein, wenn eine Tour von dem Lager ausgeht, die den Kunden beliefert:

$$\sum_{h \in P_t} x_{khft} + \sum_{h \in P_t} x_{lhft} - y_{kl} \leq 1 \qquad \forall t \in T, \forall k \in K_t, \forall l \in L, \forall f \in F \qquad (2.19)$$

Jeder Kunde wird über alle Perioden nur von einem Lager beliefert:

$$\sum_{l \in L} y_{kl} = 1 \qquad \forall k \in K \qquad (2.20)$$

Definitionsbereiche der Variablen:

$$x_{ghft} \in \{0,1\} \qquad \forall t \in T, \forall g, h \in P_t, \forall f \in F \qquad (2.21)$$

$$y_{kl} \in \{0,1\} \qquad \forall k \in K, \forall l \in L$$

$$z_l \in \{0,1\} \qquad \forall l \in L$$

$$mewl_{wlt} \geq 0 \qquad \forall w \in W, \forall l \in L, \forall t \in T$$

In dem dargestellten Modell wird die Durchsatzmenge jedes Lagers durch die Nebenbedingungen (2.18) beschränkt. Um daraus wie im Ein-Perioden-Fall eine Aufgabe mit kapazitätsfreien Lagern zu generieren, muß in (2.18) für die maximale Durchsatzmenge d_l jedes Lagers l die Summe der maximalen Nachfragemengen aller Kunden über alle Perioden eingesetzt werden.

Um zu zeigen, wie komplex das beschriebene mehrperiodige Warehouse Location Routing-Problem mit zwei Distributionsstufen ist, wird in der Tabelle 2.1 dargestellt, wie viele Variablen und Nebenbedingungen bei unterschiedlicher Anzahl an Inputgrößen auftreten. Dabei wird angenommen, daß in jeder Periode 30% aller Kunden eine Bestellung aufgeben:

	Inputgrößen					Modellgrößen	
Beispiel	Anzahl Perioden (t^{max})	Anzahl Kunden (k^{max})	Anzahl Lager (l^{max})	Anzahl Werke (w^{max})	Anzahl Fahrzeuge (f^{max})	Anzahl Variablen	Anzahl Nebenbedingungen
1	1	10	3	1	3	144	224
2	2	10	3	1	3	255	405
3	10	50	5	2	10	40.355	378.125
4	24	600	10	1	100	8,665 E+07	3,678 E+055
5	250	2.000	10	3	200	1,861 E+10	1,037 E+183

Tabelle 2.1: Umfang des MPWLRPs bei unterschiedlicher Anzahl an Inputgrößen

Die Tabelle 2.1 zeigt eindrucksvoll, wie stark das Modell mit zunehmender Anzahl an Perioden, Kunden, Lagern, Werken und Fahrzeugen wächst. Die Hauptursache für den immensen Anstieg der Nebenbedingungen ist in den Ungleichungen (2.14) zu finden, die sicherstellen, daß alle Touren stets mit einem Lager verbunden sind und folglich keine Kurzzyklen entstehen, die ausschließlich Kunden verbinden. Sei k_t^{max} die Anzahl der Kunden, die in Periode t bestellen, dann errechnet sich über den Ausdruck $t^{max} \cdot \left(2^{k_t^{max}} - 1\right)$ die Anzahl der Nebenbedingungen (2.14), die demnach exponentiell wächst. Betrachtet man etwa das Beispiel 5 der Tabelle 2.1, das hier für eine typische zweistufige Distributionsstruktur eines Konsumgüterunternehmens in Deutschland mit einem Betrachtungszeitraum von einem Jahr steht[1], so sind von den 1,037 E+183 Nebenbedingungen lediglich 1,894 E+10 nicht mit den Nebenbedingungen (2.14) verbunden.

HANSEN et al.[2] modifizieren die zu Beginn dieses Kapitels beschriebene Modellformulierung von PERL/DASKIN für das WLRP, indem Variablen definiert werden, die insbesondere die Nebenbedingungen zum Ausschluß von Kurzzyklen vereinfachen. Mit Hilfe dieser Modifikationen kann die Anzahl der Nebenbedingungen zwar reduziert werden, die Anzahl der Variablen steigt dafür jedoch an. Weil es das Ziel dieses Kapitels ist, die zu untersuchende Aufgabenstellung formal zu beschreiben und dieses mit der dargestellten Modellformulierung geschehen ist, wird darauf verzichtet, detaillierter auf das Modell von HANSEN et al. einzugehen und statt dessen auf die Originalquelle verwiesen.

1 Vgl. S. 21

2 Vgl. HANSEN/HEGEDAHL/HJORTKJÆR/OBEL [1994, S. 114 ff.]

3 Lösungsverfahren in der Literatur

Am Ende des letzten Kapitels wurde gezeigt, welchen Umfang das mathematische Modell bei unterschiedlichen Distributionskonfigurationen für die im Rahmen dieser Arbeit zu untersuchende Aufgabenstellung des MPWLRPs hat. Angesichts der großen Anzahl an Entscheidungsgrößen (Variablen) und zu berücksichtigenden Einschränkungen in der Lösungssuche (Nebenbedingungen) erscheint es fraglich, ob es überhaupt ein Verfahren gibt, das für Probleme mit einem Umfang, wie er in der betrieblichen Praxis auftritt, eine optimale Lösung in vertretbarer Zeit liefern kann.

Die Komplexitätstheorie, die wesentlich durch COOK [1971] und KARP [1972] geprägt wurde, beschäftigt sich mit der Frage, wie schwierig es ist, für einen Problemtyp eine existierende Lösung zu finden. Als Kriterium für die Schwierigkeit dient dabei der funktionale Zusammenhang zwischen der Problemgröße und der Anzahl notwendiger Rechenoperationen, die ein Rechner im ungünstigsten Fall benötigt, um mit dem bestmöglichen Algorithmus eine Lösung zu erzeugen. Optimierungsaufgaben, für die nicht zu erwarten ist, daß die Anzahl der auszuführenden Rechenoperationen eine polynomiale Funktion der Problemgröße ist, werden NP-schwierig genannt. Zu dieser Gruppe gehören beispielsweise Probleme der Tourenplanung[1] und auch WLPe[2]. Weil beide Aufgabenstellungen jedoch nur als Teilprobleme innerhalb des MPWLRPs auftreten, ist auch das MPWLRP NP-schwierig und somit kaum zu erwarten, daß dafür jemals ein Optimierungsverfahren entwickelt werden kann, das auch im ungünstigsten Fall in polynomialer Zeit eine Lösung findet.

Untersuchungen zum MPWLRP sind trotz der großen Bedeutung für die betriebliche Praxis in der Literatur bislang kaum zu finden. Infolgedessen existieren auch kaum Lösungsverfahren. Gleichwohl sind Algorithmen bekannt, die sich mit dem einperiodigen WLRP beschäftigen. Einen Überblick über Methoden, die sich mit der ein- oder der mehrperiodigen Problemstellung beschäftigen, soll in diesem Kapitel gegeben werden. Der erste Teil (Kapitel 3.1) betrachtet exakte Verfahren, die aufgrund der beschriebenen Komplexität des Gesamtproblems in ihrer Anwendung auf kleine Problemstellungen beschränkt sind. Der zweite Teil (Kapitel 3.2) behandelt Heuristiken, die eine optimale Lösung nicht garantieren können, aber bei erheblich reduziertem Rechenaufwand versuchen, dem Optimum möglichst nahe zu kommen. Heuristiken sind für praktische Aufgabenstellungen mit großem Problemumfang von außerordentlicher Wichtigkeit. Kapitel 3.3 faßt die Eigenschaften und Lösungsmöglichkeiten der beschriebenen Verfahren zusammen.

---

1 Vgl. z.B. LENSTRA/RINNOOY KAN [1981, S. 222]

2 Vgl. z.B. CORNUEJOLS/SRIDHARAN/THIZY [1991, S. 289]

3.1 Exakte Verfahren

In der Literatur sind nur wenige exakte Verfahren zum WLRP zu finden. Die wichtigsten Arbeiten zur Forschung in diesem Bereich gehen von LAPORTE aus, der seit Anfang der 80er Jahre in zahlreichen Veröffentlichungen zu modifizierten Aufgabenstellungen des WLRPs exakte Verfahren vorgestellt hat.

Zunächst haben LAPORTE/NOBERT [1981] das Problem untersucht, in einer einstufigen Distributionsstruktur *den* kostenminimalen Depotstandort zur Tourenbelieferung von k^{max} Kunden mit f^{max} Fahrzeugen zu ermitteln. Zur Problemlösung wurde ein Branch-and-Bound-Verfahren benutzt, mit dessen Hilfe Aufgabenstellungen mit bis zu 50 Knoten in angemessener Zeit gelöst werden konnten. Das Problem wird aber zunehmend schwieriger zu lösen, je größer die Anzahl zu betrachtender Knoten wird und je restriktiver die Nebenbedingungen für die Tourenbildung sind.

Als Erweiterung dazu untersuchte LAPORTE [1988, S.186 ff.] ein asymmetrisches zweistufiges WLRP, bei dem mehrere optimale Depotstandorte gesucht werden. Die Idee eines Lösungsvorgehens besteht darin, das Grundproblem durch eine geeignete Graphentransformation in ein Traveling Salesman-Problem (TSP) zu überführen und dieses mit Hilfe eines bekannten exakten Verfahrens zu lösen. Für den transformierten Graphen gilt dann, daß jede zulässige Lösung gleichzeitig eine zulässige Lösung des Ausgangsproblems ist. Das Prinzip einer solchen Vorgehensweise ist aus der Literatur bekannt und wird beispielsweise angewendet, um das M-TSP zu lösen[1]. Das Verfahren von LAPORTE soll in seinen Grundzügen kurz dargestellt werden:

Der transformierte Graph des Grundproblems besteht zum einen aus paarweise disjunkten Knotenmengen für die Kunden, die potentiellen Lager, die Werke sowie die Fahrzeuge an jedem Lager und Werk. Zum anderen gibt es Verbindungen zwischen den Knoten, die entweder die Möglichkeit eines Transportes ausdrücken sollen (z.B. zwischen einem Werk und einem Lager, einem Lager und einem Kunden oder zwischen den Kunden), oder aber dazu dienen, das Gesamtproblem in ein TSP zu überführen (z.B. Verbindungen zwischen den Werken oder Fahrzeugen). Solche Zusammenhänge werden durch Pfeile symbolisiert, an denen Kosten definiert werden können, um einen Mengenfluß zu bewerten oder durch Zuweisung des Kostenwertes ∞ nicht zuzulassen. Beispielhaft soll eine zulässige Lösung eines zweistufigen WLRPs im transformierten Graphen dargestellt werden, der aus folgenden Komponenten besteht (vgl. Abbildung 3.1):

---

[1] Vgl. z.B. EILON/WATSON-GANDY/CHRISTOFIDES [1971, S. 184 ff.]

- 2 Werke (W1, W2) mit jeweils 2 Fahrzeugen zur Lagerbelieferung
- 3 potentielle Lager (L1-L3) mit jeweils 3 Fahrzeugen zur Kundenbelieferung in Touren
- 10 Kunden (K1-K10)

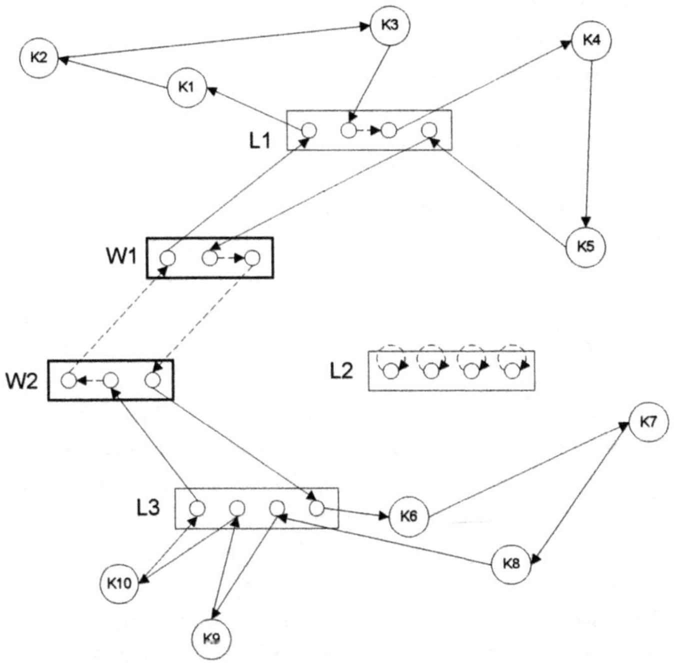

Abbildung 3.1: Beispiel für eine Lösung zum WLRP im transformierten Graphen des Verfahrens von LAPORTE

In Abbildung 3.1 ist jedes Werk durch ein fett umrandetes Rechteck und jedes Lager durch ein normal umrandetes Rechteck dargestellt, die jeweils einen Punkt für den Standort und die zur Verfügung stehenden Fahrzeuge enthalten. Die großen Kreise repräsentieren die Kunden. Fahrten zwischen Werken und Lagern sowie Touren zur Kundenbelieferung ab Lager werden durch eine durchgezogene Linie angezeigt. Die gestrichelten Pfeile zwischen den Werken und ebenso zwischen den Punkten eines Werkes oder Lagers drücken keinen tatsächlichen Transport aus, sondern dienen dazu, eine Rundreise durch all jene Knoten zu erzeugen, die zur Lösung gehören. Es ist zu erkennen, daß das Lager L2 in der Lösung nicht enthalten ist. Ebenso verdeutlichen die gestrichelten Pfeile innerhalb der Rechtecke, daß in beiden Werken und dem Lager L1 jeweils ein Fahrzeug für die Auslieferung nicht gebraucht wird.

Definiert man nun x_{gh} als binäre Variable, die angibt, ob der Pfeil vom Knoten g zum Knoten h zu einer Lösung gehört oder nicht, so kann das Ausgangsproblem als ein TSP mit folgenden Nebenbedingungen formuliert werden:

1. Jeder Knoten der Werke und Kunden muß genau einmal, jeder Knoten der Lager darf höchstens einmal besucht werden.
2. Es dürfen keine Kurzzyklen entstehen.
3. Jedes Fahrzeug startet und beendet seine Fahrt an demselben Werk bzw. Lager.
4. Bei den Auslieferungstouren sind Mengen- und Zeitrestriktionen zu berücksichtigen.

Der Lösungsalgorithmus von LAPORTE ist ein Branch-and-Bound-Verfahren, bei dem im ersten Knoten des Lösungsbaums alle Nebenbedingungen bis auf die 1. relaxiert werden, und somit nur noch ein lineares Zuordnungsproblem zu lösen ist. Danach und in jedem weiteren Knoten des Baums wird überprüft, ob die nicht berücksichtigten Nebenbedingungen 2. - 4. in der erhaltenen Lösung verletzt sind. Ist das der Fall, so dient die Lösung des relaxierten Problems als untere Schranke für das Ausgangsproblem (Bounding), und der Lösungsbaum verzweigt in Teilprobleme, in denen die Variable x_{gh} für spezielle Knoten g und h auf 0 oder 1 fixiert wird (Branching). Das Ziel ist dabei, die Gültigkeit der Nebenbedingungen wieder herzustellen. Das Vorgehen des Verzweigens entspricht dem von Subtour-Eliminationsverfahren für das TSP[1]. Die optimale Lösung kann aus dem Lösungsbaum ermittelt werden, indem man in dem Baum das Astende mit dem niedrigsten Zielfunktionswert sucht.

LAPORTE hat die Anwendungsmöglichkeiten des beschriebenen Verfahrens in verschiedener Hinsicht erweitert[2]. So ist es möglich, für die Belieferung der Lager von den Werken aus anstelle von Stichfahrten Touren zu berücksichtigen. Außerdem kann der Algorithmus im Falle einstufiger Distributionsstrukturen auch für die Mehr-Depot-Tourenplanung eingesetzt werden. Ebenso lassen sich durch Anpassungsmaßnahmen WLRPe mit einem Zeithorizont von mehreren Perioden lösen[3].

LAPORTE ist es gelungen, mit diesem Algorithmus das Optimum für Probleme mit bis zu 80 Knoten zu finden. Im Mehr-Perioden-Fall bedeutet dieses beispielsweise, ein Werk mit zwei Fahrzeugen und zwei potentielle Lagerstandorte mit jeweils zwei Fahrzeugen bei der Belieferung von insgesamt elf Kunden über drei Perioden zu betrachten. Die Untersuchung einer Distributionsstruktur mit einem solchen Problemumfang ist freilich weit davon entfernt, den Anforderungen der betrieblichen Praxis zu genügen. Weil sich aber mit zunehmender Problem-

1 Vgl. z.B. DOMSCHKE [1990, S. 68 ff.]

2 Vgl. LAPORTE/NOBERT/TAILLEFER. [1988]

3 Vgl. LAPORTE/DEJAX [1989]

größe und steigender Anzahl potentieller Lager der Lösungsaufwand rapide erhöht, sind exakte Verfahren für die Anwendung praktischer Aufgabenstellungen nicht geeignet. Das Ziel dieser Arbeit ist es jedoch, einen Algorithmus zu entwickeln, der auch zur Lösung umfangreicher Aufgabenstellungen eingesetzt werden kann, weshalb auf eine detailliertere Betrachtung exakter Lösungsverfahren hier verzichtet wird.

3.2 Heuristische Verfahren

Die im letzten Kapitel dargestellten Schwierigkeiten, mit Hilfe von exakten Verfahren Aufgabenstellungen von größerem Problemumfang zu lösen, lassen die Frage aufkommen, ob es überhaupt Methoden gibt, die auch Probleme mit einer Vielzahl potentieller Lagerstandorte und mehreren tausend Kunden lösen können, wie sie beispielsweise in der betrieblichen Praxis auftreten. Dabei ist oft gerade bei Wirtschaftsunternehmen eine große Bereitschaft festzustellen, anstelle einer optimalen auch eine gute Lösung zu akzeptieren, da bei der Modellierung eines Problems in der Regel ohnehin nicht alle in der Realität auftretenden Zusammenhänge berücksichtigt werden können.

Diese Überlegungen führen zu einer Gruppe von Verfahren, die in der Literatur heuristische Verfahren oder Heuristiken genannt werden. Diese generieren nur einen Teil der zulässigen Lösungen, indem Vorgehensregeln verwendet werden, die im Hinblick auf die angestrebte Zielsetzung sinnvoll erscheinen[1]. Aufgrund dieser Vorgehensweise können Heuristiken im Gegensatz zu exakten Verfahren jedoch keine Sicherheit dafür bieten, eine optimale Lösung zu finden. Meist ist es sogar nicht einmal möglich, über die Güte einer Lösung Auskunft zu geben, weil das Optimum nicht bekannt ist und oft nicht einmal durch eine obere und untere Schranke sinnvoll eingegrenzt werden kann. Der wesentliche Vorteil von heuristischen Verfahren gegenüber exakten Algorithmen besteht aber darin, daß in der Regel die Programmierung bei geringerem Speicherplatzbedarf einfacher ist und der Rechenaufwand polynomial beschränkt ist. Darüber hinaus sind Heuristiken aufgrund ihrer klaren Vorgehensregeln gewöhnlich leichter verständlich und erfahren dadurch bei Praktikern eine größere Akzeptanz[2].

Wie bereits gezeigt wurde, setzt sich das hier zu lösende Gesamtproblem aus drei Teilproblemen zusammen:

- Standortplanung der Lager
- Zuordnung von Kunden zu Lagern und von Lagern zu Werken
- Tourenplanung für die Kundenbelieferung

---

1 Vgl. DOMSCHKE [1990, S. 15]

2 Vgl. GIETZ [1994, S. 25]

Weil es für jedes der Teilprobleme einzeln eine Vielzahl an Lösungsverfahren gibt, ist es naheliegend, auf diese Algorithmen zurückzugreifen und für ein heuristisches Verfahren zu nutzen. In der Literatur sind dabei Methoden zu finden, welche die Teilprobleme entweder nacheinander (Sequentielle Verfahren, Kapitel 3.2.1) oder im Rahmen eines Iterationsprozesses (Iterationsverfahren, Kapitel 3.2.2) lösen. Die besten Ergebnisse sind bei einer simultanen Betrachtung aller drei Teilprobleme zu erwarten. Weil es bislang aber nicht gelungen ist, im Rahmen einer Heuristik Vorgehensregeln zu entwickeln, die alle drei Teilprobleme simultan berücksichtigen, haben sich Ansätze herausgebildet, die auf eine Tourenplanung weitestgehend verzichten und statt dessen die mit der Tourenauslieferung zusammenhängenden Entfernungen und Kosten mit Hilfe von Approximationsformeln abschätzen. Durch diese Vereinfachung ist ein Simultanansatz möglich, dessen Lösungsqualität jedoch von der Approximationsgüte abhängt. Verfahren dieser Art werden als approximative Simultanverfahren im Kapitel 3.2.3 beschrieben.

3.2.1 Sequentielle Verfahren

Im Kapitel 2.6 wurde darauf verwiesen, daß sich das WLRP von dem WLP nur durch eine veränderte Art der Auslieferung zum Kunden unterscheidet. Anstelle einer Belieferung der Kunden in Touren unterstellt das WLP, daß zu jedem Kunden einzeln ein Fahrzeug fährt.

Im Gegensatz zum WLRP wurde das WLP in der Literatur intensiv untersucht, und dabei eine große Anzahl effizienter Lösungsverfahren entwickelt, die sich auch mit diversen Erweiterungen der ursprünglichen Aufgabenstellung beschäftigen[1]. Die Idee eines Lösungsvorgehens für das WLRP besteht nun darin, das Problem zunächst zu relaxieren, indem die Kunden in Stichfahrten beliefert werden, so daß die Aufgabenstellung in ein WLP transformiert wird. Ausgehend von dieser Vereinfachung können in einem ersten Schritt die optimalen Lagerstandorte und die optimale Zuordnung von Kunden zu Lagern sowie von Lagern zu Werken mit Hilfe eines Verfahrens zum WLP bestimmt werden. Als Resultat dieser Zuordnung ergibt sich für jedes Lager das zugehörige Liefergebiet, für das in einem zweiten Schritt dann separat eine Tourenplanung folgen kann. Aufgrund dieser schrittweisen Vorgehensweise werden Methoden dieser Art in der Literatur auch als *allocate first-route second-Verfahren* bezeichnet[2].

---

1 Vgl. S. 30

2 Vgl. z.B. BOOKBINDER/REECE [1988, S. 205]

Zur Optimierung der Lagerstandorte und Festlegung zugehöriger Liefergebiete werden auch Verfahren für das vereinfachte WLP, das sogenannte p-Median-Problem, eingesetzt. Der p-Median ist dabei jene p-elementige Knotenmenge $\bar{X}_p = \left\{\bar{x}_1, \bar{x}_2, \ldots, \bar{x}_p\right\}$ eines zusammenhängenden Graphen G = (V, E, le) mit der Knotenmenge V, der Kantenmenge E und der Kantenbewertung le[1], für die gilt[2]:

$$\sum_{k \in V} w_k \cdot le_{\bar{X}_p,k} \leq \sum_{k \in V} w_k \cdot le_{X_p,k} \qquad \forall X_p \subset V$$

wobei w_k : Gewichtung des Knoten/Kunden k, z.B. Nachfragemenge

le_{lk} : Entfernung zwischen den Knoten l und k

$$le_{X_p,k} = \min(le_{x_1k}, le_{x_2k}, \ldots, le_{x_pk}).$$

Gesucht ist also jene Standortkombination aus p Lagern, für welche die Summe der gewichteten Entfernungen zu allen zu beliefernden Kunden minimal ist.

Von der Anwendung eines sequentiellen Lösungsverfahrens für die Optimierung eines zweistufigen Distributionsnetzes bei der Auslieferung von Zeitungen in Dänemark berichten JACOBSEN/MADSEN [1980, S. 383 f.] bzw. MADSEN [1983, S. 298 f.], die ihr Verfahren ALA-SAV Heuristik nennen. Die Zeitungen sollen dabei von einer Druckerei über Umschlagpunkte zu den Verkaufsstellen transportiert werden. Für die Standortoptimierung der einzusetzenden Umschlagpunkte kommt eine Heuristik von COOPER [1964] zum Einsatz. Diese in der Literatur auch als Node Partitioning-Verfahren bekannte Methode dient zur Lösung von p-Median-Problemen und läßt sich wie folgt beschreiben:

1. Starte mit einer beliebigen p-elementigen Teilmenge der Menge der n potentiellen Umschlagpunkt-Standorte.
2. Ordne jede Verkaufsstelle dem nächstgelegenen der p vorläufigen Umschlagpunkte zu. Es ergibt sich dadurch eine Aufteilung aller Verkaufsstellen in p Liefergebiete.
3. Bestimme in jedem dieser Gebiete aus der Menge potentieller Standorte den Median als neuen Umschlagpunkt. Das ist jener Ort, für den die gewichteten Entfernungen zu den Verkaufsstellen des Liefergebietes minimal sind.
4. Wird Schritt 4 erstmals erreicht oder hat sich eine Verschiebung der Umschlagpunkt-Standorte ergeben, so gehe zu Schritt 2, sonst beende das Verfahren.

---

1 Auf graphentheoretische Definitionen und Grundlagen soll hier nicht weiter eingegangen werden. Statt dessen wird auf die Literatur verwiesen. Vgl. z.B. DOMSCHKE [1989, S. 3 ff.].

2 Vgl. ENGELE [1980, S. 73]

JACOBSEN/MADSEN bestimmen mit diesem Verfahren für eine vorgegebene Anzahl p an Umschlagpunkten die optimalen Standorte und zugehörigen Liefergebiete. Ausgehend von diesen Liefergebieten lassen sich dann in jedem Umschlagpunkt die Durchsatzmengen und damit die Transportanforderungen von der Druckerei ableiten. Die Belieferungen der Verkaufsstellen von den Umschlagpunkten und die der Umschlagpunkte von der Druckerei erfolgen in Touren, die mit der bekannten Savings-Heuristik von CLARKE/WRIGHT [1964] geplant werden. Diese Heuristik wird im Kapitel 7.2 noch eingehender beschrieben. Variiert man nun p innerhalb eines zu untersuchenden Intervalls und berechnet für jede Standortanzahl nach beschriebenem Vorgehen die entstehenden Gesamtkosten, die sich aus den Transportkosten für die Belieferung der Umschlagpunkte und Verkaufsstellen zusammensetzen, so kann das Optimum unmittelbar als Minimum der mit den einzelnen Varianten verbundenen Kosten ermittelt werden.

Ein ähnliches Vorgehen ist bei der CLUST-Heuristik von SRIVASTAVA/BENTON [1990, S. 430] bzw. SRIVASTAVA [1993, S. 500] zu finden, die jedoch nur eine einstufige Distribution untersuchen. Anstelle des Node Partitioning-Ansatzes benutzen sie ein Vorgehen, bei dem zunächst die p Liefergebiete als Cluster aus dem kürzesten spannenden Baum hergeleitet werden, der den zu beliefernden Kunden unterliegt. Die p optimalen Lagerstandorte entsprechen dann jenen potentiellen Orten, die den Clusterzentroiden am nächsten liegen. Die Berechnung der anfallenden Tourkosten für die Kundenbelieferung in jedem Cluster erfolgt mit Hilfe des Sweep-Algorithmus von GILLET/MILLER [1974].

Daß ein Vorgehen zur Standortoptimierung, das zur Vereinfachung bei der Kundenbelieferung anstelle von Touren Stichfahrten unterstellt, sehr schlechte Ergebnisse liefern kann, wurde schon im Kapitel 2.4 gezeigt. Untersuchungen von SALHI/RAND [1989] belegen diese Aussage eindrucksvoll. Sie vergleichen an einigen Standardbeispielen aus der Literatur das Verhalten von drei verschiedenen sequentiellen Verfahren für einstufige WLRPe, bei denen zur Standortoptimierung sowohl Heuristiken zur Lösung von p-Median-Problemen als auch von WLPen zum Einsatz kommen. Dabei zeigt sich, daß ein Verfahren, das gegenüber den anderen Methoden die Standortkombination mit der geringsten Summe aller Stichfahrten-Entfernungen bestimmt, nach Berechnung der Tourenentfernungen teilweise deutlich schlechtere Ergebnisse liefert als andere Verfahren mit höherer Summe der Stichfahrten-Entfernungen. Die Minimierung der Stichfahrten-Entfernungen bei der Standortoptimierung muß folglich nicht der Minimierung der Tourenentfernungen entsprechen.

Angesichts dieser Ergebnisse erscheint es wünschenswert, Touren in die Standortplanung zu integrieren. Eine Möglichkeit, dieses zu erreichen, besteht darin, zunächst Touren zu planen, und erst danach für die gebildeten Touren die Lagerstandorte zu optimieren. Weil zum Zeitpunkt der Tourenbildung die Depot-Zuordnung aber noch nicht bekannt ist, setzt ein solches Vorgehen voraus, daß die Touren unabhängig von der Lage eines Depotstandortes geplant werden können. Das ist beispielsweise dann der Fall, wenn die Touren lediglich durch eine Fahrzeugkapazität nicht aber durch eine maximale Tourdauer beschränkt sind. Denn der Zeitbedarf einer Tour hängt insbesondere von den Fahrzeiten zwischen dem Depot und dem ersten sowie letzten Kunden einer Tour ab. Im Falle einer vom Depotstandort unabhängigen Tourenbildung ist es möglich, die Kunden zunächst zu Gruppen zusammenzufassen, die jeweils eine Tour ohne Verbindung zu einem Lager repräsentieren. Danach folgt die Lager-Standortoptimierung, bei der jene Lagerkonfiguration gesucht ist, für welche die Kosten zur Realisierung der gebildeten Touren minimal ist. Methoden, die diesem Vorgehen folgen, werden in der Literatur auch als *route first-allocate second-Verfahren* bezeichnet[1].

In diese Verfahrensklasse gehört die SAV-DROP Heuristik von JACOBSEN/MADSEN [1980, S. 384 f.] bzw. MADSEN [1983, S. 299 f.], die in dem bereits genannten Anwendungsfall der Zeitungsdistribution in Dänemark zum Einsatz kommt. Als Restriktion für die Tourenbildung wird dabei sehr wohl die Tourdauer berücksichtigt, jedoch nur in der Weise, daß zwischen der Belieferung der ersten und der letzten Verkaufsstelle einer Tour nicht mehr als zwei Stunden Zeit vergehen dürfen, um den Wettbewerb der Händler untereinander nicht zu stark zu verzerren. Andererseits ist aber auch ein Zeitpunkt gesetzt, bis zu dem jede Verkaufsstelle ihre Zeitungen spätestens erhalten haben muß. Diese Nebenbedingung bewirkt, daß eine Tour, deren Fahrzeit zwischen erster und letzter Verkaufsstelle zwei Stunden nicht übersteigt, von einem Depotstandort aus zulässig von einem anderen unzulässig sein kann, weil im unzulässigen Fall die Lieferung aufgrund einer längeren Anfahrzeit mindestens eine Verkaufsstelle nicht mehr rechtzeitig erreicht. Die Tourenbildung kann somit bezüglich der Restriktion für die Tourdauer zwischen dem ersten und letzten Kunden einer Tour unabhängig vom Depotstandort erfolgen. Bezüglich des letzten Belieferungszeitpunktes einer Verkaufsstelle besteht hingegen eine Abhängigkeit vom Depotstandort.

JACOBSEN/MADSEN gruppieren im ersten Schritt ihrer SAV-DROP Heuristik die Verkaufsstellen zu Touren, indem sie die Savings-Heuristik einsetzen. Dabei dient die Druckerei als Depot, und als Restriktion wird nur berücksichtigt, daß die Tourdauer zwischen erster und letzter Verkaufsstelle zwei Stunden nicht übersteigt. Anschließend folgt die Standortoptimierung der Umschlagpunkte mit Hilfe des Drop-Verfahrens von FELDMAN/LEHRER/RAY [1966, S.674 ff.], das als Lösungsmethode für WLPe bekannt ist. Anstelle der einzelnen Verkaufsstellen treten nun aber die zuvor zu einer Tour zusammengefaßten Abnehmer als Nachfrager auf. Im Rahmen des Drop-Verfahrens kann eine Tour jedoch nur dann einem Umschlagpunkt zugeordnet werden, wenn alle Verkaufsstellen dieser Tour rechtzeitig ihre Lieferung erhalten können.

1 Vgl. z.B. BOOKBINDER/REECE [1988, S. 205]

Zur Gruppe der route first-allocate second-Verfahren gehört auch der Algorithmus von NAMBIAR/GELDERS/WASSENHOVE [1981 und 1989]. Ihr Anwendungsfall für die Standortoptimierung einer einstufigen Distributionsstruktur berücksichtigt bei der Tourenauslieferung neben einer Lkw-Kapazität auch eine maximale Tourdauer, die jedoch im Gegensatz zu JACOBSEN/MADSEN den gesamten Zeitraum vom Verlassen des Tourenfahrzeuges bis zu dessen Rückkehr am Depot umfaßt. Das Verfahren läßt sich durch folgende Vorgehensschritte beschreiben:

1. Aggregiere die Kunden zu Gruppen (Touren), indem der Zuordnungsteil des Cluster first-route second-Verfahrens zur Tourenplanung von FISHER/JAIKUMAR [1981] angewendet wird. Bei der Gruppierung ist darauf zu achten, daß die Nachfrage der zusammengefaßten Kunden die Lkw-Kapazität nicht übersteigt und der Lkw alle Kunden der Gruppe von *jedem* Depot aus innerhalb der vorgegebenen Restriktion für die Tourdauer erreicht.
2. Bestimme je Gruppe die kürzeste Rundreise.
3. Löse das WLP, bei dem anstelle der Einzelkunden die Kundengruppen als Ablieferungseinheiten auftreten.
4. Versuche, für jedes in Schritt 3 entstandene Liefergebiet den Tourenplan zu verbessern.

Die Möglichkeit, im 1. Schritt Kunden zu Touren zu aggregieren, ist insbesondere abhängig von der maximalen Tourdauer und der Größe des Distributionsgebietes. Wenn beispielsweise eine Distributionsplanung in Deutschland durchzuführen ist, in der sich die potentiellen Lagerstandorte über das gesamte Land verteilen und die Tourdauer auf einen Arbeitstag von 8 Stunden beschränkt ist, so ist kaum zu erwarten, daß bei der Kundenaggregation des beschriebenen Verfahrens tatsächlich Gruppen gebildet werden. Denn kaum ein Ort in Deutschland kann mit einem Lkw von jedem bei der Untersuchung betrachteten Lagerstandort in einer Fahrzeit für Hin- und Rückfahrt von 8 Stunden erreicht werden. Je weniger Kunden aber gruppiert werden können, um so höher ist der Aufwand der Tourenverbesserung im Schritt 4. Für den Fall, daß im 1. Schritt des Verfahrens von NAMBIAR/GELDERS/WASSENHOVE gar keine Gruppenbildung möglich ist, geht das Vorgehen in ein allocate first-route second-Verfahren über.

Alle bisher beschriebenen Verfahren sind für das WLRP, also den Ein-Perioden-Fall, konzipiert. Eine einfache Erweiterung auf den Mehr-Perioden-Fall (MPWLRP) ist jedoch für die allocate first-route second-Verfahren möglich. In dieser Verfahrensklasse werden für die Optimierung der Lagerstandorte und Liefergebiete bei der Kundenbelieferung Stichfahrten unterstellt, so daß sich auch im Mehr-Perioden-Fall die Transportkosten zur Belieferung eines Kunden von einem beliebigen Lager aus über den gesamten Planungszeitraum leicht berechnen lassen. Ergebnis der Standortoptimierung sind Lagerstandorte mit zugeordneten Kunden, für die anschließend jeweils eine Ein-Depot-Tourenplanungsprobleme über mehrere Perioden zu lösen sind. Eine Erweiterung der route first-allocate second-Verfahren läßt sich hingegen nicht so leicht realisieren. Zwar können zunächst in jeder Periode die Kunden zu Touren zusammengefaßt werden. Sobald aber im Rahmen der Standortoptimierung die gebildeten Touren den Lagern zugeordnet werden, ist nicht gewährleistet, daß auch jeder Kunde über alle Perioden von genau einem Lager beliefert wird.

Die Heuristik von LAPORTE/DEJAX [1989, S. 477 ff.] optimiert zweistufige Distributionsstrukturen für einen mehrperiodigen Planungshorizont. Die Aufgabenstellung unterscheidet sich jedoch von dem MPWLRP dadurch, daß ein an einem Standort vorzusehendes Lager nicht unbedingt über den gesamten Planungszeitraum genutzt werden muß, sondern auch zeitweilig geschlossen werden kann. Sei $T = \{t \mid 1 \le t \le t^{max}\}$ die Menge aller Perioden des Planungszeitraums, $L = \{l \mid 1 \le l \le l^{max}\}$ die Menge der potentiellen Lagerstandorte und S eine nichtleere Teilmenge von L, die eine spezielle Lagerkombination repräsentiert, dann umfaßt das Vorgehen von LAPORTE/DEJAX folgende Schritte:

1. Berechne für jede nichtleere Menge $S \subseteq L$ und jede Periode $t \in T$ die insgesamt anfallenden Lager- und Transportkosten, wobei
   - die Zuordnung von Kunden zu Lagern und von Lagern zu Werken auf Basis der nächsten Entfernung geschieht.
   - die Tourenkosten für die Belieferung der Kunden zur Reduktion des Rechenaufwands mit Hilfe einer Berechnungsformel von BEARDWOOD/HALTON/HAMMERSLEY [1959] approximiert werden.
2. Konstruiere einen Graphen entsprechend Abbildung 3.2, in dem jede Periode und jede der s^{max} Lagerkonfigurationen durch einen Knoten repräsentiert werden. Definiere Pfeile zwischen allen Knoten der Periode t und t+1 ($t = 0,\ldots,t^{max}$) und weise jedem Pfeil eine Kostenbewertung zu, die neben den anfallenden Lager- und Transportkosten in der Periode t auch Kosten für die Öffnung weiterer und Schließung bestehender Lager in der Periode t+1 berücksichtigt. Die Pfeile zwischen Periode 0 und 1 enthalten keine Lager- und Transportkosten.
3. Suche den kostenminimalen Pfad durch den Graphen von Periode 0 zur Periode $t^{max} + 1$.

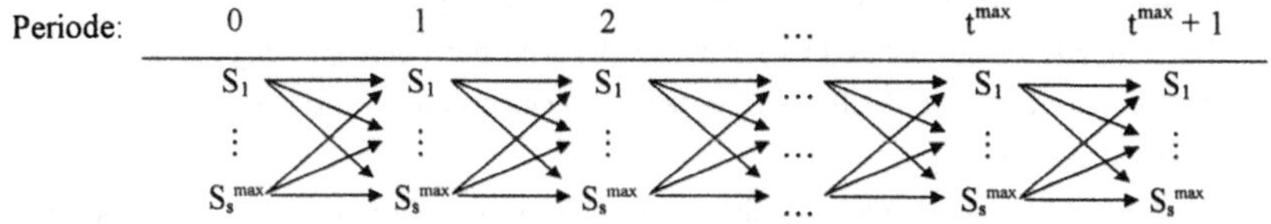

Abbildung 3.2: Graph zur Heuristik von LAPORTE/DEJAX

Die im Verfahrensschritt 1 anzuwendende Approximationsformel schätzt die Gesamtauslieferstrecke und die damit verbundenen Transportkosten für ein Depot und ein zugehöriges Liefergebiet aus der Liefergebietsfläche und der Anzahl zu beliefernder Kunden ab. Dadurch kann auf eine rechenintensive Tourenbildung vollständig verzichtet werden. Approximationsformeln spielen im Rahmen dieser Arbeit eine wichtige Rolle. Eine genauere Beschreibung folgt im Kapitel 3.2.3 und den Kapiteln 4 ff.

Bei dem Verfahren von LAPORTE/DEJAX sind für jeden Knoten im zu konstruierenden Graphen die anfallenden Distributionskosten vollständig zu bestimmen. Mit steigender Anzahl zu untersuchender Perioden und insbesondere potentieller Lagerstandorte nimmt der Umfang des Graphen jedoch rapide zu. Trotz der Anwendung einer Approximationsformel zur Berechnung der Tourenkosten ist die Nutzung dieser Heuristik für Aufgabenstellungen mit großem Problemumfang daher fraglich.

3.2.2 Iterationsverfahren

Die im letzten Kapitel beschriebenen Verfahren lösen das WLRP, indem die dem Problem zugrunde liegenden Teilprobleme der Lager-Standortplanung, der Lager-Kunden-Zuordnung und der Tourenplanung nacheinander gelöst werden. In diesem Kapitel werden Verfahren dargestellt, die versuchen, die zwischen den Teilproblemen bestehenden Interdependenzen stärker zu berücksichtigen, indem jedes Einzelproblem nicht nur einmal, sondern im Rahmen eines Iterationsprozesses mehrfach gelöst wird. In jeder Iteration soll dabei das Ergebnis verbessert werden. Ist das nicht mehr möglich, so bricht das Verfahren ab.

ENGELE [1980, S. 87 ff.] beschreibt ein solches Iterationsverfahren für eine zweistufige Distributionsstruktur. In die Optimierung geht der Lagervorlauf jedoch nicht ein, so daß strenggenommen nur ein Modell mit einer Transportstufe optimiert wird. Als Restriktion für die Tourenplanung ist ausschließlich eine Lkw-Kapazität zu beachten. Folgende Schritte umfaßt das Verfahren, mit dem für eine vorgegebene Anzahl p die p optimalen Lagerstandorte gesucht werden:

1. Bestimme einen p-Median als Anfangslösung für die p Lagerstandorte.
2. Führe für alle p Lagerstandorte simultan eine Mehr-Depot-Tourenplanung durch.
3. Ermittle innerhalb jedes Liefergebietes den Tourenmedian und die durch den Lagerstandort anfallenden Kosten.
4. Wird Schritt 4 erstmals erreicht oder hat sich mindestens ein Lagerstandort gegenüber der letzten Lösung verändert und sich dabei insgesamt eine Kostenreduktion ergeben, so gehe zu Schritt 2. Ansonsten beende das Verfahren.

Zur Bestimmung des p-Medians nutzt ENGELE einen Node Partitioning-Ansatz, der dem Verfahren von COOPER (vgl. Seite 44) sehr ähnlich ist. Im Gegensatz zu den Verfahren des Kapitels 3.2.1 wird die Zuordnung der Kunden zu den Lagern aus der Standortoptimierung hier jedoch nicht für die Tourenplanung übernommen. Statt dessen erfolgt im Schritt 2 für p gegebene Lagerstandorte eine Mehr-Depot-Tourenplanung, bei der simultan Touren konstruiert und die Kunden den Lagern zugeordnet werden. Als mögliche Lösungsmethode schlägt ENGELE den Mehr-Depot-Savings-Ansatz von MATTHÄUS [1978, S. 207 ff.] vor.

Die in Schritt 2 gebildeten Touren dienen im Schritt 3 dazu, für jedes der p Liefergebiete den Tourenmedian zu bestimmen. Der Tourenmedian ist dabei jener Ort, für den die Summe der (gewichteten) Entfernungen zu allen gegebenen Touren minimal ist.

Wenn sich bei der Herleitung der p Tourenmediane mindestens einer der p Lagerstandorte verschoben haben sollte, folgt erneut eine Mehr-Depot-Tourenplanung, an die sich eine neue Bestimmung der Tourenmediane anschließt, bis entweder ein Gleichgewicht hergestellt ist und sich keine Veränderung bei der Tourenplanung oder der Standortoptimierung mehr ergibt, oder sich die Gesamtkosten einer Lösung gegenüber der letzten Iteration erhöht haben.

Das beschriebene Vorgehen ermittelt die optimalen Lagerstandorte, zugehörigen Liefergebiete und damit zusammenhängende Kosten nur für eine zuvor vorgegebene Lageranzahl p. Weil die optimale Anzahl in der Regel aber nicht bekannt ist, muß das Verfahren für unterschiedliche Werte von p wiederholt werden. Das Kostenminimum dieser Varianten bestimmt die optimale Lagerkonfiguration.

Das Verfahren von PERL/DASKIN [1985] ist von der Struktur dem Algorithmus von ENGELE sehr ähnlich. PERL/DASKIN optimieren eine einstufige Distributionsstruktur bei ausschließlicher Betrachtung der Mengenrestriktionen für die Tourenplanung. Der Iterationsprozeß ist ebenfalls von den Verfahren zur Mehr-Depot-Tourenplanung und zur Standortoptimierung geprägt, die im Gegensatz zu ENGELE jedoch auf der Lösung des WLPs anstelle des Tourenmedian-Problems basiert. Dieses hat den Vorteil, daß die optimale Lageranzahl und die zugehörigen Standorte durch einmalige Anwendung des Algorithmus zu erkennen sind und sich nicht erst nach wiederholtem Einsatz des Verfahrens mit unterschiedlicher, vorzugebender Lageranzahl ermitteln läßt. Das Vorgehen ist wie folgt:

1. Setze die Gesamtkosten auf ∞ und führe eine Mehr-Depot-Tourenplanung mit allen potentiellen Lagerstandorten durch.
2. Löse das WLP, bei dem der gegebene Tourenplan kostenoptimal ausgeführt werden soll.
3. Berechne die Gesamtkosten. Ergibt sich gegenüber den Gesamtkosten der letzten Lösung eine Kostenreduktion, so gehe zu 4., sonst beende das Verfahren.
4. Führe für die ausgewählten Lagerstandorte eine Mehr-Depot-Tourenplanung durch, wobei neben Fahrzeug- auch Lagerkapazitäten und Lagerkosten zu berücksichtigen sind.
5. Berechne die Gesamtkosten. Ergibt sich gegenüber den Gesamtkosten der letzten Lösung eine Kostenreduktion, so gehe zu 2., sonst beende das Verfahren.

Schritt 1 dient dazu, einen Anfangstourenplan aufzustellen, der in Schritt 2 in die Standortoptimierung eingeht. Ergebnis des WLPs sind ausgewählte Lagerstandorte, für die im Schritt 4 versucht wird, eine verbesserte Kundenzuordnung mit kostenminimalem Tourenplan unter besonderer Berücksichtigung von Lagerkapazitäten und Lagerkosten zu erreichen. Die ermittelten Touren dienen dann wiederum als Vorgabe für eine neue Iteration, die mit der Standortoptimierung in Schritt 2 beginnt.

Die nach den Schritten 2 und 4 erhaltenen Lösungen sind bezogen auf das zu lösende Gesamtproblem zulässig, so daß eine Kostenbewertung für die ermittelte Struktur nach jedem der beiden Schritte möglich ist. Sollte sich dabei im Laufe des Vorgehens keine Kostenreduktion ergeben, ist das Verfahren beendet.

HANSEN et al. [1994] haben die beschriebene Ablaufstruktur des Verfahrens von PERL/DASKIN übernommen. Durch den Einsatz anderer Algorithmen bei der Mehr-Depot-Tourenplanung und der Standortplanung konnten HANSEN et al. für die von ihnen untersuchten Beispiele teilweise deutlich bessere Ergebnisse erzielen als mit dem Verfahren von PERL/DASKIN. Weil die Standortoptimierung darüber hinaus nicht wie bei PERL/DASKIN mit einem exakten Verfahren, sondern mit einer Heuristik erfolgte, konnte auch der Rechenaufwand reduziert werden.

Obwohl die Verfahren von PERL/DASKIN und HANSEN et al. für einstufige Distributionsmodelle konzipiert wurden, dürfte es keine Probleme bereiten, die Anwendung auf zweistufige Strukturen zu erweitern. Bei der Standortplanung im Schritt 2 muß lediglich auf Verfahren für zweistufige WLPe zurückgegriffen werden, bei der Mehr-Depot-Tourenplanung im Schritt 4 sind neben den Lagerkosten auch Vorlaufkosten für den Transport zwischen Werken und Lagern zu berücksichtigen. Eine Erweiterung, in die Tourenplanung neben Mengen- auch Zeitrestriktionen einzubeziehen, stößt hingegen auf dieselben Schwierigkeiten, wie sie schon für sequentielle route first-allocate second-Verfahren im Kapitel 3.2.1 beschrieben wurden. Denn bei der Standortplanung im Schritt 2 sollen vorgegebene Touren realisiert werden, deren jeweilige Dauer abhängig von dem Lagerstandort, von dem aus eine Tour gefahren wird, sehr unterschiedlich sein kann. So ist es möglich, daß eine im Schritt 1 oder 4 ermittelte Tour nur von einem einzigen Depot aus realisiert werden kann, weil die Zuordnung zu allen anderen Depots zu einer Überschreitung der maximalen Tourdauer führen würde. Nimmt man aus einer solchen Tour jedoch Kunden heraus, so kann sich die Möglichkeit einer anderen Depot-Zuordnung ergeben, die andere Tourenpläne und damit unter Umständen Kostenvorteile mit sich bringt. Durch die voreilige Festlegung zeitlich gut ausgelasteter Touren in den Schritten 1 und 4 beraubt sich das Verfahren somit eines erheblichen Optimierungspotentials. Eine Verfahrenserweiterung zur Lösung des MPWLRPs erscheint ebenfalls nicht möglich. Denn dafür wäre ein Mehr-Depot-Tourenplanungsalgorithmus mit einem Planungshorizont von mehreren Perioden erforderlich, bei dem die eindeutige Depot-Kunden-Zuordnung über den gesamten Planungszeitraum sichergestellt ist. Ein solches Lösungsverfahren ist dem Autor jedoch nicht bekannt.

3.2.3 Approximative Simultanverfahren

Die bisher vorgestellten Verfahren lösen das WLRP, indem sie das Gesamtproblem in Teilprobleme zerlegen und diese sequentiell oder im Rahmen eines Iterationsprozesses lösen. Aufgrund der Komplexität des Gesamtproblems sind solche Vorgehensweisen sicherlich zu rechtfertigen. Die besten Ergebnisse sind jedoch bei einem integrierten Ansatz zu erwarten, bei dem alle Teilprobleme simultan betrachtet werden. Dem Autor ist aber keine Heuristik mit einem Simultanansatz bekannt. Statt dessen gibt es Verfahren, die das Teilproblem der Tourenplanung vereinfachen, indem die Kosten für die Belieferung eines Kunden innerhalb einer Tour abgeschätzt werden. Gelingt es, für jede zulässige Lager-Kunden-Verbindung isoliert die Belieferungskosten innerhalb einer Tour zu bestimmen, kann das Gesamtproblem mit Hilfe von Standardverfahren für das WLP approximativ simultan gelöst werden.

FLEISCHMANN [1995, S. 9 f. oder 1979, S. 305 f.] versucht, die Kosten für die Belieferung eines beliebigen Kunden k innerhalb einer durch Mengen- und Zeitrestriktionen beschränkten Tour von einem Depot aus mit einer Funktion KK abzuschätzen, die von der Nachfragemenge mek_k des Kunden und dessen Depot-Entfernung le_{0k} abhängt. Es sollen folgende Parameterdefinitionen gelten:

dg : durchschnittliche Fahrgeschwindigkeit

ad : durchschnittliche Ablieferungsdauer der Nachfragemenge bei den Kunden

$\overline{le}$: durchschnittliche Entfernung zwischen zwei Kunden innerhalb einer Tour

me_{max} : Fahrzeugkapazität

ze_{max} : maximale Tourdauer

tkze : Transportkosten pro Zeiteinheit

tkle : Transportkosten pro Längeneinheit

Unter der idealisierten Annahme, daß der Kunde k in einer Tour mit n-1 anderen Kunden beliefert wird, die dieselbe Nachfragemenge mek_k wie k besitzen und auf einem Ring mit dem Radius le_{0k} um das Depot liegen, berechnen sich die zugehörigen Tourkosten TK wie folgt:

$$TK = \underbrace{2 \cdot le_{0k} \cdot \left(tkle + \frac{tkze}{dg} \right)}_{\substack{\text{Kosten für Anfahrt zum ersten} \\ \text{und Rückfahrt vom letzten} \\ \text{Kunden der Tour}}} + \underbrace{\left(n \cdot \overline{le} - \overline{le} \right) \cdot \left(tkle + \frac{tkze}{dg} \right)}_{\substack{\text{Kosten für die Fahrt} \\ \text{zwischen den n Kunden} \\ \text{der Tour}}} + \underbrace{n \cdot ad \cdot tkze}_{\substack{\text{Kosten für die} \\ \text{Ablieferung bei den} \\ \text{n Kunden der Tour}}} \tag{3.1}$$

Um den Anteil eines einzelnen Kunden an den Gesamtkosten zu ermitteln, wird TK durch n dividiert:

$$\frac{TK}{n} = \frac{1}{n} \cdot \left(2 \cdot le_{0k} - \overline{le} \right) \cdot \left(tkle + \frac{tkze}{dg} \right) + \overline{le} \cdot \left(tkle + \frac{tkze}{dg} \right) + ad \cdot tkze \tag{3.2}$$

Für die Nebenbedingungen einer Tour gilt:

$$2 \cdot \frac{le_{0k}}{dg} + n \cdot \left(ad + \frac{\overline{le}}{dg} \right) - \frac{\overline{le}}{dg} \leq ze_{max} \quad \text{und} \quad n \cdot mek_k \leq me_{max} \tag{3.3}$$

Ist es nun möglich, die zur Verfügung stehende Tourdauer und Fahrzeugkapazität so gut wie möglich auszunutzen, gilt also in den Nebenbedingungen die Gleichheit, so berechnet sich n wie folgt:

$$n = \min \left(\frac{ze_{max} - \left(2 \cdot le_{0k} - \overline{le} \right) / dg}{ad + \overline{le} / dg}, \frac{me_{max}}{mek_k} \right) \tag{3.4}$$

Indem der Ausdruck für n aus Gleichung (3.4) in Gleichung (3.2) eingesetzt wird, ergibt sich die gesuchte Formel:

$$KK(le_{0k}, mek_k) = \overline{le} \cdot \left(tkle + \frac{tkze}{dg} \right) + ad \cdot tkze +$$
$$\left(2 \cdot le_{0k} - \overline{le}\right) \cdot \left(tkle + \frac{tkze}{dg} \right) \cdot \max\left(\frac{ad + \overline{le} / dg}{ze_{max} - \left(2 \cdot le_{0k} - \overline{le}\right) / dg}, \frac{mek_k}{me_{max}} \right) \quad (3.5)$$

Aufgrund der Annahme, daß alle Kunden einer Tour auf einem Ring um das Depot liegen, wird das der Gleichung (3.5) zugrunde liegende Modell als Ring-Modell bezeichnet.

Zur Lösung des WLRPs wird für jedes Depot eine Kostenfunktion entsprechend der Gleichung (3.5) bestimmt, welche die depotspezifischen Daten für die Kostensätze, die Durchschnittsgeschwindigkeit und die mittlere Entfernung zwischen zwei Kunden enthält. Diese charakteristischen Größen sind vorhandenen Tourendaten zu entnehmen. Mit Hilfe der entwickelten Kostenfunktionen ist es möglich, für jeden Kunden die Kosten einer Belieferung innerhalb einer Tour von einem beliebigen Depot aus sehr schnell zu berechnen, indem die kundenspezifische Nachfragemenge und der Abstand zu einem Depot in die depotspezifischen Gleichungen eingesetzt werden. Das Vorgehen entspricht somit der Kostenbewertung bei Stichfahrten. Aufgrund dieser einfachen Berechnungsweise läßt sich auch das Depot leicht bestimmen, von dem aus die geringsten Auslieferungskosten entstehen und dem ein Kunde schließlich zugeordnet wird. Die isolierte Betrachtungsweise hat jedoch den Nachteil, die Zuordnung eines Kunden zu einem Depot nicht davon abhängig zu machen, wie schwierig es ist, diesen Kunden mit anderen dem Depot zugeordneten Kunden in einer gemeinsamen Tour zu beliefern. Bestehen beispielsweise keine Unterschiede zwischen den depotspezifischen Gleichungen (3.5), weil die Depotparameter identisch sind, so entspricht die Depot-Zuordnung der Kunden im Ring-Modell der Zuordnung auf Basis kürzester Depot-Entfernungen. Als Folge kann sich die Aufsplittung eines kompakten Gebietes, das sehr gut innerhalb einer Tour beliefert werden könnte, auf zwei Depots ergeben (vgl. z.B. Abbildung 2.4 auf Seite 23).

Die den Kostenfunktionen (3.5) zugrunde liegenden Annahmen, alle Kunden einer Tour haben dieselbe Nachfragemenge und denselben Abstand zu einem Depot, sind in der Regel selten anzutreffen. Welche Auswirkungen verschiedene Depot-Kunden-Entfernungen und Nachfragemengen auf die Kostenfunktionen haben können, soll an einem einfachen Beispiel demonstriert werden.

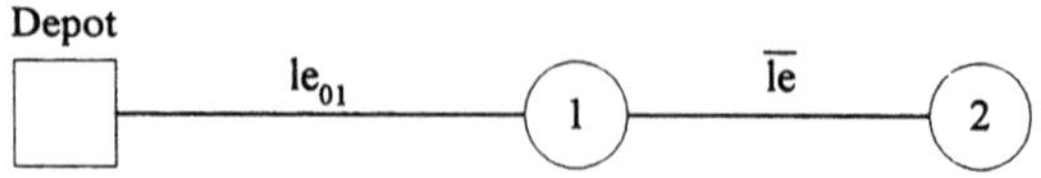

Abbildung 3.3: Beispiel für zwei Kunden mit unterschiedlicher Depot-Entfernung

Kunde	Depot-Entfernung	Szenario 1: mek	Szenario 2: mek	Szenario 3: mek
1	le_{01}	90	50	10
2	$le_{01} + \overline{le}$	10	50	90

Tabelle 3.1: Kundeneigenschaften

Betrachtet werden zwei Kunden, deren Lage Abbildung 3.3 zu entnehmen ist. Für drei unterschiedliche Nachfrageszenarien der beiden Kunden, die in Tabelle 3.1 dargestellt sind, soll die Tourlänge bestimmt werden. Bei der Tourenplanung ist eine Fahrzeugkapazität von me_{max} = 100 zu beachten. Zeitrestriktionen spielen zunächst keine Rolle. Da anstelle der Tourkosten nur die Tourlänge von Interesse sein soll (d.h. tkle = 1, tkze = 0), kann die Gleichung (3.5) wie folgt umgeschrieben werden:

$$KK(le_{0k}, mek_k) = \overline{le} + \left(2 \cdot le_{0k} - \overline{le}\right) \cdot \frac{mek_k}{me_{max}} \tag{3.6}$$

Für die gesamte Tourlänge TL der beiden Kunden ergibt sich damit:

$$TL = \overline{le} + \left(2 \cdot le_{01} - \overline{le}\right) \cdot \frac{mek_1}{me_{max}} + \overline{le} + \left(2 \cdot le_{02} - \overline{le}\right) \cdot \frac{mek_2}{me_{max}} \tag{3.7}$$

Weil $le_{02} = le_{01} + \overline{le}$, gilt

$$\begin{aligned} TL &= 2 \cdot \overline{le} + \left(2 \cdot le_{01} - \overline{le}\right) \cdot \frac{mek_1}{me_{max}} + \left(2 \cdot le_{01} + \overline{le}\right) \cdot \frac{mek_2}{me_{max}} \\ &= 2 \cdot le_{01} \cdot \frac{mek_1 + mek_2}{me_{max}} + \overline{le} \cdot \left(2 + \frac{mek_2 - mek_1}{me_{max}}\right) \end{aligned} \tag{3.8}$$

Wendet man nun Gleichung (3.8) an, um für die drei Szenarien die Tourlänge zu bestimmen, so ergeben sich folgende Werte:

$$\text{Szenario 1: } TL = 2 \cdot le_{01} \cdot \frac{90+10}{100} + \overline{le} \cdot \left(2 + \frac{10-90}{100}\right) = 2 \cdot le_{01} + 1{,}2 \cdot \overline{le}$$

$$\text{Szenario 2: } TL = 2 \cdot le_{01} \cdot \frac{50+50}{100} + \overline{le} \cdot \left(2 + \frac{50-50}{100}\right) = 2 \cdot le_{01} + 2 \cdot \overline{le}$$

$$\text{Szenario 3: } TL = 2 \cdot le_{01} \cdot \frac{10+90}{100} + \overline{le} \cdot \left(2 + \frac{90-10}{100}\right) = 2 \cdot le_{01} + 2{,}8 \cdot \overline{le}$$

Wie man leicht sieht, ist die tatsächliche Tourenlänge für das Beispiel in allen drei Szenarien $2 \cdot \left(le_{01} + \overline{le}\right) = 2 \cdot le_{01} + 2 \cdot \overline{le}$. Bezogen auf diese Vergleichsgröße sind die mit Gleichung (3.8) berechneten Tourenlängen im Szenario 1 zu kurz, im Szenario 2 richtig und im Szenario 3 zu lang. Die Abweichungen in den Szenarien 1 und 3 lassen sich mit der Gewichtung des kundenspezifischen Terms $2 \cdot le_{0k} - \overline{le}$ mit dem Faktor mek_k/me_{max} in der Gleichung (3.7) begründen. Im Szenario 1 ist der Gewichtungsfaktor des depotnahen Kunden 1 größer als der des entfernteren Kunden 2, so daß die berechnete Tourenlänge zu klein ausfällt. Hingegen übt im Szenario 3 der depotferne Kunde 2 einen größeren Einfluß aus, so daß eine zu lange Tourenlänge bestimmt wird. Lediglich im Szenario 2, wo eine Gleichgewichtung zwischen den beiden Kunden besteht, ergibt sich der korrekte Tourenwert, obwohl im Gegensatz zur Modellannahme der Depot-Kunden-Abstand der betrachteten Kunden nicht identisch ist.

In den drei untersuchten Beispielfällen haben sich die Gewichtungsfaktoren mek_k/me_{max}, die als 1/n aus der Gleichung (3.4) hervorgehen, für die Kunden der Tour zu eins addiert, weil die Fahrzeugkapazität durch die Nachfragemengen der beiden Kunden vollständig ausgeschöpft wurde. Wird die Fahrzeugkapazität hingegen nur zum Teil genutzt, so ist die Summe der Gewichtungsfaktoren kleiner als eins und es besteht die Tendenz, eine zu kurze Tourenlänge zu ermitteln. In Fällen, wo sowohl Mengen- als auch Zeitrestriktionen die Tourenplanung beeinflussen, können sich aber auch größere Werte als eins ergeben. Liegt beispielsweise der Standort des Kunden 2 in Abbildung 3.3 soweit vom Depot entfernt, daß im Szenario 1 nicht mehr die Mengen-, sondern eine Zeitrestriktion das mit Gleichung (3.4) hergeleitete n bestimmt und sich dadurch beim Kunden 2 für den Gewichtungsfaktor 1/n dann ebenfalls ein Wert von 0,9 berechnet, so ist die Tourenlänge

$$TL = 2 \cdot le_{01} \cdot (0{,}9 + 0{,}9) + \overline{le} \cdot (2 + 0{,}9 - 0{,}9) = 3{,}6 \cdot le_{01} + 2 \cdot \overline{le}$$

In diesem Fall ergibt sich also wiederum eine zu große Tourenlänge.

TÜSHAUS [1995, S.5] hat das beschriebene Vorgehen an einigen Beispielen getestet. Seine Untersuchungen haben ein gutes Approximationsverhalten für Probleme mit geringer Fahrzeugkapazität ergeben. Mit zunehmender Fahrzeugkapazität und damit steigender Anzahl Kunden pro Tour erhöhte sich jedoch die Abweichung gegenüber den mit einer Tourenplanung ermittelten Tourenlängen, was sicherlich mit den sehr unterschiedlichen Gewichtungsfaktoren 1/n bei einer großen Anzahl an Kunden innerhalb einer Tour zusammenhängt.

Zu dem Ansatz des Ring-Modells ist kritisch anzumerken, daß es zum Teil sehr schwierig ist, die in die Gleichung (3.5) zur Berechnung der kundenanteiligen Tourenkosten eingehenden Daten möglichst realitätsgetreu zu bestimmen. So setzt beispielsweise die Herleitung der durchschnittlichen Entfernung zwischen zwei Kunden $\overline{le}$ voraus, daß die Kunden eines Depots mit den zu fahrenden Touren bekannt sind. Im Mehr-Depot-Fall ist die Depot-Zuordnung der Kunden jedoch ein Bestandteil der Optimierung. Die erforderlichen Tourdaten des Ring-Modells sollten daher einem Tourenplan entnommen werden, der auf einer *zu erwartenden* Depot-Kunden-Zuordnung beruht.

Das beschriebene Vorgehen läßt sich in seinen Anwendungsmöglichkeiten leicht erweitern. Weil die Auslieferungskosten für jeden Kunden wie bei einer Stichfahrt isoliert berechnet werden, können die anfallenden Kosten auch über einen längeren Planungszeitraum als Summe der periodenspezifischen Kosten ohne Schwierigkeiten ermittelt werden. Darüber hinaus schafft die Vorgehensweise der isolierten Kostenberechnung die Voraussetzungen, zur Lösung des MPWLRPs unmittelbar ein Verfahren zum WLP einzusetzen, das die Depotstandorte mit zugehörigen Liefergebieten dann unter Berücksichtigung approximativer Tourenkosten simultan optimiert. Dabei können auch mehrstufige Distributionsstrukturen untersucht werden.

Eine andere Möglichkeit der approximativen Simultanoptimierung bietet die Regressionsanalyse[1]. Wie beim Ring-Modell soll dabei eine Funktion KK bestimmt werden, welche die Belieferungskosten für einen Kunden k innerhalb einer Tour in Abhängigkeit seiner Depot-Entfernung und seiner Nachfragemenge berechnet. Es wird angenommen, die Funktion $KK(le_{0k}, mek_k)$ sei ein Polynom, dessen Koeffizienten aus einer Stichprobe bekannter Touren f ($f = 1,\ldots,f^{max}$) mit Kosten TK_f und n_f Ablieferungen der Mengen mek_{kf} im Abstand le_{0kf} zum Depot ($k = 1,\ldots,n_f$) so hergeleitet werden, daß sie die Gleichungen

$$\sum_{k=1}^{n_f} KK\left(le_{0kf}, mek_{kf}\right) = TK_f \qquad \forall f = 1,\ldots,f^{max} \tag{3.9}$$

möglichst gut erfüllen. Im Gegensatz zum Ring-Modell dienen die bekannten Touren bei der Regressionsanalyse nicht dazu, einzelne Tourparameter herzuleiten, wie beispielsweise die

1 Vgl. z.B. das Vorgehen bei FLEISCHMANN [1979, S. 306]

mittlere Entfernung zwischen zwei Kunden, sondern ausschließlich die Gesamtkosten der Einzeltouren zu bestimmen.

TÜSHAUS [1995, S. 4] benutzt ein Polynom der Form

$$KK(le_{0k}, mek_k) = \sum_{p=1}^{P} \alpha_p (le_{0k})^p + \sum_{q=1}^{Q} \beta_q (mek_k)^q + \varepsilon, \tag{3.10}$$

wobei ε eine Zufallsvariable mit Erwartungswert Null ist.

Setzt man nun die Gleichung (3.10) mit den kundenspezifischen Werten le_{0kf} und mek_{kf} in (3.9) ein, so ergibt sich für jede Tour f

$$\begin{aligned} TK_f &= \sum_{k=1}^{n_f} \left(\sum_{p=1}^{P} \alpha_p (le_{0kf})^p + \sum_{q=1}^{Q} \beta_q (mek_{kf})^q + \varepsilon_f \right) \\ &= \sum_{p=1}^{P} \alpha_p \left(\sum_{k=1}^{n_f} (le_{0kf})^p \right) + \sum_{q=1}^{Q} \beta_q \left(\sum_{k=1}^{n_f} (mek_{kf})^q \right) + n_f \cdot \varepsilon_f \end{aligned} \tag{3.11}$$

Die mit Hilfe der Regressionsanalyse bestimmten Kostenfunktionen KK erlauben es, wie beim Ring-Modell für jeden Kunden die Belieferungskosten von jedem potentiellen Depot isoliert zu bestimmen. Folglich ist es wiederum möglich, einerseits die Anwendungsmöglichkeiten auf den Mehr-Perioden-Fall zu erweitern und andererseits ein Verfahren für das WLP einzusetzen, das die Depotstandorte mit zugehörigen Liefergebieten unter Berücksichtigung approximativer Tourenkosten simultan optimiert. Das Vorgehen ist somit ebenfalls geeignet, das MPWLRP zu lösen.

Für die von TÜSHAUS untersuchten Beispiele liefert die Regressionsanalyse meist bessere Ergebnisse als der Ansatz des Ring-Modells. Mit zunehmender Fahrzeugkapazität kann jedoch auch hier beobachtet werden, daß der Schätzfehler größer wird.

Schon in den 60er Jahren wurden Arbeiten veröffentlicht[1], in denen versucht wird, mit Hilfe von Regressionsanalysen eine Beziehung zwischen den an einem Depot anfallenden Kosten der Tourenauslieferung und der Summe der Abstände zwischen dem Depot und den zu beliefernden Kunden herzuleiten. Im Unterschied zu dem hier beschriebenen Ansatz zielen die Untersuchungen jedoch darauf ab, für ein Depot mit gegebenem Liefergebiet die Kosten *aller* auszuführenden Touren abzuschätzen. Die Frage, wie groß der Anteil eines einzelnen Kunden an den Tourkosten ist, wird dadurch allerdings nicht beantwortet. Diese kundenspezifische

---

1 Vgl. z.B. GRIFFITHS [1968] oder CHRISTOFIDES/EILON [1969]

Größe ist aber wesentlich für die Standortoptimierung und die Entscheidung, welchem Depot ein Kunde zuzuordnen ist. Einzelheiten zu diesen Verfahren werden im Kapitel 4.1 dargestellt.

Die beiden in diesem Kapitel bislang beschriebenen Simultanansätze haben den Nachteil, daß die Kostenfunktionen zur Kundenbelieferung Tourdaten benötigen, deren Ermittlung eine spezielle Zuordnung der Kunden zu den Depots voraussetzt. Denn nur aus einer solchen Zuordnung und den daraus gebildeten Tourenplänen ist es möglich, die für den Ansatz des Ring-Modells benötigte mittlere Entfernung zwischen zwei Kunden einer Tour oder die für die Regressionsanalyse notwendigen Tourkosten zu bestimmen. Andererseits ist die Depot-Kunden-Zuordnung ein Bestandteil der Optimierung, so daß es erforderlich ist, im Sinne einer guten Approximation diese Ergebnisse zu antizipieren.

KLOSE [1996, S.414 ff.] versucht, diesen Nachteil im Rahmen seines Verfahrens zu umgehen, indem die Kostenschätzungen für die Kundenbelieferungen nicht nach einmaliger Bestimmung feststehen, sondern im Zuge eines iterativen Prozesses abhängig von der jeweiligen Zuordnung und dem gebildeten Tourenplan angepaßt werden. Seine Methode dient zur Optimierung mehrstufiger Distributionsstrukturen unter Berücksichtigung von Lagerkapazitäten sowie Mengen- und Zeitrestriktionen bei der Tourenplanung für einen Planungshorizont von einer Periode. Die Verfahrensschritte sind wie folgt:

1. Bilde depotunabhängige Kundencluster H_f ($f = 1,\ldots,f^{max}$) unter Berücksichtigung von Mengen- und Zeitrestriktionen.
2. Sei K die Menge aller Kunden. Für eine nichtleere Menge $H \subseteq K$ bezeichne $TK_l(H)$ die minimalen Kosten für eine Tour über alle Kunden der Menge H, die am potentiellen Lager l startet und endet. Berechne die Kosten c_{kl} für die Belieferung eines Kunden $k \in H_f$ innerhalb des Clusters H_f mit dem Abstand le^l_{0k} zum Lager l mit Hilfe der Abschätzung

$$c_{kl} = \begin{cases} \infty, & \text{wenn } 2 \cdot le^l_{0k} / dg + ad_k > ze_{max} \\ TK_l\left(H^*_{fl}\right) / \left|H^*_{fl}\right|, & \text{sonst} \end{cases}$$

   Dabei wird wiederum mit dg die Durchschnittsgeschwindigkeit des Auslieferfahrzeugs, mit ad_k die Ablieferungsdauer beim Kunden k und mit ze_{max} die maximale Tourdauer bezeichnet. Es ist $H^*_{fl} = \left\{k \in H_f \mid 2 \cdot le^l_{0k} / dg + ad_k \le ze_{max}\right\}$ die Menge aller Kunden des Clusters H_f, die von dem Lager l ohne Verletzung der Zeitrestriktion in einer Stichfahrt beliefert werden können.

3. WLP unter Benutzung der berechneten c_{kl}.
4. Bestimme für jedes im Schritt 3 hergeleitete Liefergebiet eines Lagers den optimalen Tourenplan. Versuche anschließend, die Lösung zu verbessern, indem Kunden zwischen Touren ausgetauscht werden. Bei jedem Austausch zwischen Touren, die von unterschiedlichen Lagern aus gefahren werden, sind zur Beurteilung der Vorteilhaftigkeit neben den Tourrestriktionen und Tourkosten der Auslieferung auch Lagerkapazitäten, variable Lagerkosten und Transportkosten für die Belieferung eines Lagers zu berücksichtigen.
5. Berechne die Gesamtkosten für die ermittelte Lösung. Fahre mit Schritt 6 fort, falls Schritt 5 erstmals erreicht wird oder sich gegenüber der letzten Iteration eine Verbesserung der Lösung ergeben hat. Sonst beende das Verfahren.
6. Ausgehend von den in Schritt 4 geplanten Touren schätze die Belieferungskosten c_{kl} entsprechend der Berechnungsformel in Schritt 2 erneut ab. Gehe zu Schritt 3 zurück.

Um im Schritt 1 Cluster zu bilden, in denen jeweils Kunden einer Tour zusammengefaßt werden, benutzt KLOSE ein hierarchisches, agglomeratives Clustering-Verfahren. Dabei stellt zunächst jeder Kunde einen einzelnen Cluster dar. Anschließend werden sukzessive jene zwei Cluster miteinander verbunden, die den geringsten Abstand zueinander aufweisen. Die Berücksichtigung einer Mengenrestriktion in die Clusterbildung ist problemlos möglich, indem die Verbindung von zwei Clustern nur ermöglicht wird, wenn dadurch die Fahrzeugkapazität nicht überschritten wird. Wesentlich schwieriger ist es hingegen, die maximale Tourdauer in die Clusterbildung einzubeziehen. Denn ebenso wie bei den beschriebenen sequentiellen route first-allocate second-Verfahren und auch den Iterationsverfahren stellt sich die Frage, wie für die zu einem Cluster bzw. einer Tour zusammengefaßten Kunden ohne Kenntnis über das genaue Auslieferungsdepot sicherzustellen ist, daß einerseits bezüglich der Tourdauer eine gute Auslastung erzielt wird, andererseits aber auch die Durchführbarkeit ohne Verletzung der Zeitrestriktion gewährleistet ist.

Zur Lösung dieses Problems schlägt KLOSE vor, Cluster zu bilden, in denen die Zeit für die Traveling Salesman-Tour über alle Kunden des Clusters 90% der maximalen Tourdauer ze_{max} nicht übersteigt. Dieses Vorgehen garantiert zwar auch nicht, daß alle in einem Cluster gruppierten Kunden in einer Tour von allen potentiellen Lagern aus beliefert werden können. Es ist sogar nicht einmal sicher, ob eine auf diese Weise konstruierte Tour überhaupt von irgendeinem Lager durchgeführt werden kann. Im Gegensatz zu den route first-allocate second-Verfahren und Iterationsverfahren gehen die hergeleiteten Cluster hier aber auch nicht als zu realisierende Touren in die Standortoptimierung ein. Vielmehr steht jeder Cluster bei der Berechnung der Belieferungskosten eines Kunden von einem potentiellen Lager für eine Gruppe von Kunden, die zu einer gemeinsamen Tour gehören können. Indem in den Schritten 2 und 6 für jede Zuordnung eines Clusters zu einem Lager jene Kunden ausgeschlossen werden, deren Einzelbelieferung mit einer Überschreitung der Zeitrestriktion verbunden ist, lassen sich auf einfache Weise Touren zusammenstellen und damit zusammenhängend die kundenspezifischen Belieferungskosten ermitteln.

Die Standortoptimierung folgt im Schritt 3 mit Hilfe eines Verfahrens für das kapazitierte WLP, bei dem angenommen wird, jeder Kunde würde in einer Stichfahrt beliefert, bei der die im Schritt 2 bzw. Schritt 6 abgeschätzten, anteiligen Tourenkosten entstehen. Das Ergebnis der Standortoptimierung sind neben den optimalen Lagerstandorten auch die zugehörigen Liefergebiete, für die im Schritt 4 eine Tourenplanung durchgeführt wird. Damit liegt eine zulässige Lösung der Problemstellung vor, die anschließend durch den Austausch einzelner Kunden in den Auslieferungstouren unter besonderer Beachtung der Lagerkapazitäten, Lagerkosten und Vorlauftransporte zum Lager versucht wird zu verbessern. Im Verfahrensschritt 5 erfolgt für die ermittelte Lösung eine Gesamtkostenbewertung. Wenn die erste Iteration ausgeführt wird oder sich eine Verringerung der Gesamtkosten gegenüber der letzten Iteration ergeben hat, wird eine weitere Iteration durchgeführt, um das Ergebnis zu verbessern. Vor der nächsten Standortoptimierung werden dafür im 6. Schritt die Belieferungskosten der Kunden c_{kl} auf Basis des aktuellen Tourenplans erneut abgeschätzt. Diese Approximationen beruhen nun aber im Unterschied zu der Abschätzung im Schritt 2 auf Touren, die zumindest von einem Lager aus realisiert werden können.

Die beschriebene Methode hat gegenüber den Verfahren des Ring-Modells und der Regressionsanalyse den Vorteil, die Kostenschätzungen für die Kundenbelieferung abhängig von den einem Depot zugeordneten Kunden und den ermittelten Touren im Verlauf des Vorgehens anzupassen. Andererseits ist dadurch eine Erweiterung auf das MPWLRP mit erheblichen Schwierigkeiten verbunden. Denn zur Herleitung der c_{kl} in den Schritten 2 und 6 besteht dann die Notwendigkeit, die Transportkosten $TK_l(H_f)$ über alle betrachteten Perioden zu ermitteln. Zur Berechnung eines einzigen Wertes c_{kl} sind dann aber eine Vielzahl von Traveling Salesman-Problemen zu lösen. Darüber hinaus muß im Schritt 4 für jedes Depot und jede Periode ein Tourenplan aufgestellt werden. Dieser Schritt nimmt bei einer Distributionsplanung für mehrere tausend Kunden über einen Betrachtungszeitraum von beispielsweise einem Jahr für sich genommen schon sehr viel Rechenzeit in Anspruch. Selbst wenn man auf den Austausch von Kunden zwischen Touren derselben Periode zur Lösungsverbesserung verzichtet, weil es sehr schwierig ist, dabei eine eindeutige Depot-Kunden-Zuordnung über alle Perioden zu erhalten, erscheint der Schritt 4 im Rahmen eines iterativen Vorgehens zu aufwendig, um das MPWLRP für praktische Aufgabenstellungen lösen zu können.

3.3 Zusammenfassung

Das dieser Arbeit zugrunde liegende MPWLRP ist in der Literatur bislang kaum untersucht worden. Auch für das WLRP, bei dem der Planungshorizont nur eine Periode umfaßt, existieren nur wenige Lösungsalgorithmen, verglichen mit der Vielzahl an Ansätzen für den Spezialfall des WLPs. Dieses Mißverhältnis läßt sich gewiß nicht damit begründen, daß die Auslieferung in Stichfahrten für die Anwendung von größerer Bedeutung ist als die in Touren. Der wirkliche Grund ist wahrscheinlich, daß das WLP einfacher zu lösen ist.

Das MPWLRP und auch das WLRP setzen sich aus drei Teilproblemen zusammen: die Standortplanung der Lager, die Zuordnung von Kunden zu Lagern und bei zweistufigen Distributionsstrukturen von Lagern zu Werken sowie die Tourenplanung für die Kundenbelieferung. Die Aufgabenstellung ist dabei so komplex und schwierig, daß exakte Verfahren nur für Probleme mit kleinem, praxisfernem Umfang einsetzbar sind.

Als alternative Lösungsmethoden kommen heuristischen Verfahren in Betracht, die eine optimale Lösung nicht garantieren können, aber mit Hilfe sinnvoller Vorgehensregeln versuchen, dem Optimum sehr nahe zu kommen. Die einsetzbaren Heuristiken lassen sich in drei Gruppen unterteilen:

Bei den *sequentiellen Verfahren* werden die drei Teilprobleme nacheinander gelöst. Abhängig von der Reihenfolge lassen sich allocate first-route second-Verfahren und route first-allocate second-Verfahren unterscheiden. Bei den Methoden der ersten Gruppe werden zunächst die Lagerstandorte und zugehörige Liefergebiete mit Hilfe eines Algorithmus zum WLP optimiert, wobei eine Kundenbelieferung in Stichfahrten angenommen wird. Anschließend folgt in den einzelnen Liefergebieten eine Ein-Depot-Tourenplanung. In der zweiten Gruppe ist der Ablauf andersherum. Nach einer Zusammenfassung von Kunden zu Touren folgen die Optimierung der Lagerstandorte und die Zuordnung der gebildeten Touren zu den Lagern mit einem Algorithmus zum WLP.

Weil die Kunden im MPWLRP und WLRP tatsächlich in Touren beliefert werden, erscheint es sinnvoller, eine Entscheidung über Lagerstandorte nicht wie bei den allocate first-route second-Verfahren aufgrund einer Auslieferung in Stichfahrten, sondern wie bei den route first-allocate second-Verfahren aufgrund einer Tourenauslieferung zu treffen. Andererseits ist eine Tourenbildung vor der Standortoptimierung nur dann sinnvoll durchführbar, wenn die Gruppierung von Kunden zu Touren unabhängig von einer späteren Lager-Zuordnung erfolgen kann. Dieses ist jedoch nur möglich, wenn anders als bei dem in dieser Arbeit betrachteten MPWLRP keine Zeitrestriktionen die Tourenplanung beschränken.

Iterationsverfahren versuchen, die zwischen den Teilproblemen bestehenden Interdependenzen stärker zu berücksichtigen, indem die Einzelprobleme nicht nur einmal, sondern aufeinander aufbauend mehrmals gelöst werden. Nach einer Mehr-Depot-Tourenplanung mit Anfangsorten für die Lager, bei der gleichzeitig mit der Tourenbildung die Kundenzuordnung optimiert wird, folgt eine Lager-Standortplanung mit dem Ziel, den gebildeten Tourenplan kostenminimal zu erfüllen. Ausgehend von den optimierten Lagerstandorten schließt sich dann wiederum eine Mehr-Depot-Tourenplanung an. Die beiden Lösungsschritte werden so lange wiederholt, bis sich entweder keine Standort- oder Tourenveränderungen mehr ergeben, oder aber diese Veränderungen mit einer Erhöhung der Gesamtkosten verbunden sind.

Die Standortoptimierung der Lager innerhalb eines iterativen Verfahrens setzt die Zusammenfassung von Kunden zu Touren voraus. Dieses bedeutet, daß die Tourenbildung wie bei den sequentiellen route first-allocate second-Verfahren unabhängig von einer Lager-Zuordnung erfolgen muß. Entsprechend gilt auch für die Iterationsverfahren, daß die Anwendung auf Fälle beschränkt ist, in denen bei der Tourenplanung Zeitrestriktionen keine Rolle spielen.

In der Literatur gibt es keine Heuristik, die alle drei Teilprobleme des WLRPs gleichzeitig löst. Es existieren jedoch *approximative Simultanverfahren*, bei denen versucht wird, die Kosten zur Belieferung eines Kunden innerhalb der von einem Depot ausgehenden Touren aus spezifischen Tourdaten abzuschätzen. Nachdem für jede zulässige Depot-Kunden-Zuordnung ein solcher Kostenwert ermittelt wurde, können mit Hilfe eines Algorithmus zum WLP die optimalen Lagerstandorte und Liefergebiete unter Berücksichtigung der abgeschätzten Tourenkosten bestimmt werden.

Die große Schwierigkeit in dieser Verfahrensklasse besteht darin, die Belieferungskosten für einen Kunden von einem Lager aus abzuschätzen, ohne genau zu wissen, welche anderen Kunden zu demselben Liefergebiet gehören werden. Denn die Zuordnung von Kunden zu Lagern ist erst Ergebnis der Optimierung. Aber selbst wenn es gelingt, die optimalen Liefergebiete zu antizipieren, ist noch nicht der Verlauf der Touren in den Liefergebieten bekannt. Infolgedessen sind die spezifischen Tourdaten, die in die Herleitung der Kostenschätzungen eingehen, mit großer Unsicherheit behaftet, so daß es sinnvoll erscheint, nach erstmaliger Anwendung des Verfahrens für eine Aufgabenstellung die Tourdaten zu überprüfen. Sollte es notwendig sein, die Tourdaten anzupassen, ist die Optimierung mit den neu ermittelten Werten zu wiederholen.

Welche der beschriebenen Heuristiken die besten Ergebnisse liefert, ist aufgrund fehlender Vergleiche nicht anzugeben. Es ist jedoch zu vermuten, daß keines der Verfahren für jeden Problemfall vorzuziehen ist. Vielmehr wird die Lösungsqualität von der Dichte der zu beliefernden Kunden, der Verteilung der Sendungsgrößen, der Anzahl erforderlicher Lager, der

Kostenstruktur und anderen Faktoren abhängen. So gibt es beispielsweise Untersuchungen darüber, wie groß die Abweichungen eines sequentiellen allocate first-route second-Verfahrens zu einem exakten Verfahren bei unterschiedlichen Verhältnissen von Lager- zu Transportkosten sind[1]. Anhand von 30 betrachteten Beispielen wird deutlich, daß sich mit zunehmender Bedeutung der Lagerkosten die Ergebnisse der sequentiellen Heuristik der optimalen Lösung immer stärker annähern (vgl. Tabelle 3.2). Dieser Zusammenhang entspricht der Erwartung, weil innerhalb der Heuristik der Fehler der Transportkostenberechnung aufgrund unterstellter Stichfahrten bei der Kundenbelieferung mit zunehmendem Einfluß der Lagerkosten unbedeutender wird.

Verhältniswert Lager- : Transportkosten	Kostenabweichung zum Optimum in %
0,26	10,42
0,85	6,52
1,56	2,55

Tabelle 3.2: Ergebnisabweichungen einer sequentiellen Heuristik vom Optimum für 30 Beispiele mit unterschiedlichen Kostenstrukturen

Die meisten der beschriebenen Verfahren sind nur für die Lösung des WLRPs konzipiert. Eine Erweiterung auf den Mehr-Perioden-Fall (MPWLRP) ist aber teilweise möglich. Es stellt sich jedoch die Frage, wie sinnvoll die beim WLRP untersuchte Aufgabenstellung überhaupt ist. Schließlich geht es darum, Lager in ihrer Anzahl und ihren Standorten zu optimieren und somit eine strategische Entscheidung zu treffen. Kein Entscheidungsträger würde dann aber auf die Idee kommen, bei so weitreichenden Maßnahmen als Planungsgrundlage die Kundendaten eines einzelnen Tages heranzuziehen. Sicherlich ist es vorstellbar, einen repräsentativen Tag auszuwählen oder aus mehreren Tagen zu generieren. Wie dieses aber geschehen und dabei unterschiedlichen Belieferungshäufigkeiten der Kunden und Nachfrageschwankungen im Zeitablauf Rechnung getragen werden soll, ist bislang nicht untersucht[2]. Weil bereits kleinere Veränderungen im Tourenverlauf und der Tourenbildung Einfluß auf die Standortentscheidun-

---

1 Vgl. SRIVASTAVA [1993, S. 503 f.]

2 In der Literatur sind Ansätze für die Tourenplanung von einem Depot mit gegebenem Liefergebiet über einen mehrperiodigen Planungshorizont zu finden, bei denen eine Gewichtung der Kunden über die Anwendung spezifischer diskreter Wahrscheinlichkeitsverteilungen der Nachfrage erreicht wird. In eine solche Verteilung geht insbesondere die Wahrscheinlichkeit ein, daß ein Kunde in einer Periode nichts bestellt. Ziel ist es dann, eine Rundreise (A-Priori-Folge) über alle Kunden zu bestimmen, welche den Erwartungswert der Auslieferstrecken minimiert. Eine Erweiterung des Verfahrens für den Einsatz zur Distributionsplanung mit Standort- und Zuordnungsentscheidungen wird jedoch nicht beschrieben. Mit der A-Priori-Optimierung beschäftigen sich z.B. BERTSIMAS [1992] oder JAILLET/ODONI [1988]

gen haben können[1], erscheint es unverzichtbar, zur Planung einen Zeithorizont von mehreren Perioden zu benutzen.

Zur Lösung des MPWLRPs kommen von den beschriebenen Methoden nur einige sequentielle Verfahren und die approximativen Simultanverfahren in Frage, wobei jedoch zum Teil erhebliche Nachteile und Einschränkungen in der Anwendung zu berücksichtigen sind. Allocate first-route second-Verfahren unterstellen bei der Auslieferung zum Kunden Stichfahrten anstelle von Touren. Der Ansatz von LAPORTE/DEJAX ist für größere Aufgabenstellungen ungeeignet. Die beiden approximativen Simultanverfahren des Ring-Modells und der Regressionsanalyse benötigen Tourendaten, die erst Bestandteil des Optimierungsergebnisses sind. Schließlich ist das Verfahren von KLOSE aufgrund seines iterativen Vorgehens und einer periodengenauen Tourenplanung in jeder Iteration für Problemstellungen mit vielen Kunden und langem Planungszeitraum sehr aufwendig.

Ein geeignetes Lösungsverfahren für das MPWLRP liegt somit nicht vor. Am tauglichsten erscheinen die beiden approximativen Simultanverfahren des Ring-Modells und der Regressionsanalyse. Diese Methoden liefern als Ergebnis zwar keinen zu realisierenden Tourenplan, was derjenige, der über Distributionsstrukturen entscheidet, sicherlich nicht als Einschränkung empfinden wird. Dafür werden alle Teilproblem simultan berücksichtigt und Ergebnisse sehr schnell berechnet, wodurch im Rahmen einer Distributionsstudie eine große Anzahl möglicher Varianten untersucht und bewertet werden kann.

Im nächsten Kapitel folgt die Beschreibung eines Verfahrens, das zur Abschätzung der Auslieferentfernungen im Ein-Depot-Tourenplanungsproblem dient. Nach einigen Modifikationen und Erweiterungen wird daraus anschließend eine Methode entwickelt, die mehrstufige Distributionsstrukturen mit vorgegebenen Standorten bei einer Belieferung der Kunden in Touren und einem Planungshorizont von mehreren Perioden bewerten kann. Durch den wiederholten Einsatz dieses Verfahrens mit alternativen Lagerstandorten oder die Einbindung in ein Standardverfahren zur Standortoptimierung kann dann eine Entscheidung über die geeigneten Lagerstandorte und die zugehörigen Liefergebiete getroffen werden. Eine vollständige Lösung für das MPWLRP wird dadurch zwar nicht erzeugt, weil für die einzelnen Perioden kein Tourenplan vorliegt. Jedoch können die strategischen Entscheidungsprobleme des MPWLRPs zur Gestaltung eines Distributionssystems unter Berücksichtigung der Tourenauslieferung zum Kunden gelöst werden.

---

1 Vgl. HANSEN/HEGEDAHL/HJORTKJÆR/OBEL [1994, S. 120]

4 Das Verfahren von DAGANZO

Dieses Kapitel beschäftigt sich mit einem Verfahren von DAGANZO [1984b], das die Länge und damit auch die anfallenden Kosten der Ausliefertouren von einem Depot in einem gegebenen Liefergebiet für eine Periode abschätzt, ohne das aufwendige, kombinatorische Problem lösen zu müssen, welche Kunden in einer gemeinsamen Tour in welcher Reihenfolge beliefert werden sollen. Nachdem im Kapitel 4.1 die Verfahrensidee beschrieben wird, erklärt Kapitel 4.2 den Verfahrensablauf. Im Kapitel 4.3 werden einige Verfahren, die ebenso wie das Verfahren von DAGANZO die Auslieferentfernungen abschätzen, auf das Traveling Salesman-Problem angewendet und miteinander verglichen. Kapitel 4.4 enthält eine zusammenfassende Beurteilung des Verfahrens von DAGANZO.

4.1 Idee des Verfahrens

Bereits im Kapitel 3.2 traten Methoden auf, welche die Längen von Touren im Ein-Depot-Tourenplanungsproblem ohne Kenntnis der genauen Tourenverläufe abschätzen. Während mit den im Kapitel 3.2.3 beschriebenen Verfahren des Ring-Modells und der Regressionsanalyse kundenanteilige Tourenlängen ermittelt werden, schätzt die im Zusammenhang mit dem Verfahren von LAPORTE/DEJAX im Kapitel 3.2.1 eingesetzte Berechnungsformel von BEARDWOOD et al. [1959] die Länge einer einzelner Tour ab. Das Verfahren von DAGANZO bestimmt die minimale Länge *aller* von einem Depot ausgehenden Touren, die zur Belieferung gegebener Kundenstandorte erforderlich sind.

Approximationsformeln zur Tourenauslieferung wurden schon vor vielen Jahren veröffentlicht. Einen einfachen Zusammenhang zwischen der Länge TL_{ges} aller Ausliefertouren an einem Depot und den Depot-Entfernungen le_{0k} ($k = 1,\ldots,k^{max}$) der k^{max} zu beliefernden Kunden eines Liefergebietes stellt GRIFFITHS [1968] auf:

$$TL_{ges} = \alpha_1 \cdot \sum_{k=1}^{k^{max}} le_{0k} \tag{4.1}$$

wobei α_1 ein mittels Regressionsanalyse zu bestimmender Koeffizient ist.

WEBB [1968] untersucht die Gleichung (4.1) an Beispielen, in denen zwischen 21 und 32 Kunden in einem Liefergebiet bei unterschiedlichen Depotstandorten und Tourrestriktionen zu besuchen sind. Dabei ergeben sich für den linearen Zusammenhang zwischen der Länge aller Ausliefertouren TL_{ges} und der Summe der Depot-Kunden-Entfernungen le_{0k} Korrelationskoeffizienten zwischen 0,55 und 0,94. Darüber hinaus zeigt sich, daß der Depotstandort mit minimaler Summe der Depot-Kunden-Entfernungen nicht übereinstimmt mit dem Ort, wo die Länge aller Ausliefertouren minimal ist[1]. Insgesamt erweist sich die Gleichung (4.1) für viele der von WEBB untersuchten Beispiele nicht als geeignet, um TL_{ges} abzuschätzen und Standortentscheidungen darauf aufzubauen.

CHRISTOFIDES/EILON [1969] entwickeln anhand empirischer Untersuchungen ebenfalls eine Approximationsformel für die Tourenlängen von einem Depot aus. Sie generieren zahlreiche Testbeispiele mit unterschiedlicher Anzahl k^{max} an Kundenstandorten, die zufällig aus einer für alle Beispiele konstanten, quadratischen Liefergebietsfläche Fl_{ges} mit gleichverteilten Standorten ausgewählt werden. Jedes der Probleme lösen CHRISTOFIDES/EILON unter der Vorgabe von vier unterschiedlichen Depotstandorten innerhalb des quadratischen Liefergebietes und verschiedenen Werten n für die mittlere Anzahl an Kunden, die pro Tour beliefert werden können, mit einem tourenbildenden Verfahren. Diese Ergebnisse dienen im Rahmen einer Regressionsanalyse dazu, die Koeffizienten α und β für folgende Gleichung zu bestimmen:

$$TL_{ges} = \frac{\alpha}{n} \cdot \sum_{k=1}^{k^{max}} le_{0k} + \beta \cdot \sqrt{\sqrt{Fl_{ges}} \cdot \sum_{k=1}^{k^{max}} le_{0k}} \qquad (4.2)$$

Dabei ist wiederum TL_{ges} die Summe aller von einem Depot ausgehenden Tourenlängen und le_{0k} die Entfernung zwischen dem Kunden k und dem Depot. Abhängig von dem Depotstandort ergeben sich für α Werte zwischen 1,7 und 1,8 und für β Werte zwischen 1,02 und 1,1.

Von der Anwendung der Approximationsgleichung (4.2) im Rahmen einer Distributionsstudie in Belgien und den Niederlanden berichten STOKX/TILANUS [1991]. Ihre Regressionsanalysen ergeben für α die Werte 1,48 (Belgien) und 1,81 (Niederlande). Die Werte für β sind mit denen von CHRISTOFIDES/EILON nicht vergleichbar, weil STOKX/TILANUS den Ausdruck $\beta \cdot \sqrt[4]{Fl_{ges}}$ aus (4.2) zu einem Koeffizienten β zusammenfassen.

ENGELE [1980, S. 106 ff.] testet die Gleichung (4.2) an selbst generierten Beispielen. Seine Analysen bestätigen den recht stabilen Zusammenhang zwischen der Summe der Tourenlängen und den direkten Depot-Kunden-Entfernungen. Nach seinen Untersuchungen werden die Koeffizienten α und β aber nicht nur vom Depotstandort, sondern auch von dem Parameter n beeinflußt. Es ist ihm jedoch nicht möglich, eine funktionale Beziehung anzugeben, die diese Abhängigkeit sinnvoll widerspiegelt.

---

[1] Zu demselben Ergebnis kommen auch SALHI/RAND [1989] für andere Beispiele. Vgl. S. 46 f. in dieser Arbeit

Das innerhalb dieses Kapitels betrachtete Verfahren von DAGANZO [1984b] leitet ebenfalls eine Approximationsformel her, welche die Auslieferstrecken von einem Depot in einem Liefergebiet beliebiger Form abschätzt und der Gleichung (4.2) von CHRISTOFIDES/EILON ähnlich ist. Die Vorgehensweise zur Entwicklung der Formel basiert jedoch nicht darauf, zu einem vermuteten Zusammenhang zwischen Einflußgrößen der Tourenbildung und der Summe der Tourenlängen mittels Regressionsanalyse geeignete Koeffizienten zu finden. Statt dessen wird das Ziel verfolgt, eine repräsentative Tour für den gesamten Tourenplan im Liefergebiet zu entwickeln. Um zur Bildung der repräsentativen Tour nicht eine einzelne Tour oder konkrete Kunden, die der repräsentativen Tour angehören, auswählen zu müssen, wird vereinfachend versucht, die Fläche und Ausdehnung des Gebietes zu bestimmen, in dem sich die Kunden der repräsentativen Tour befinden. Ist bekannt, wie viele Kunden typischerweise zu diesem Tourgebiet gehören, so läßt sich unter bestimmten Voraussetzungen über die Kundenstandorte die Rundreiselänge über die Kunden im Tourgebiet abschätzen. Ist darüber hinaus der Abstand des Tourgebietes vom Depot bekannt, so kann schließlich die Länge der für den Tourenplan im Liefergebiet repräsentativen Tour ermittelt werden.

Der Quotient aus der Anzahl aller Kunden des Liefergebietes und der Anzahl an Kunden, die zur repräsentativen Tour gehören, bestimmt die insgesamt vom Depot ausgehende Tourenanzahl. Die Multiplikation der so ermittelten Tourenanzahl mit der Länge der repräsentativen Tour ergibt die gesuchte Auslieferstrecke zur Belieferung aller Kunden im Liefergebiet vom Depot aus.

Dem im Kapitel 2.5 formulierten Ziel dieser Arbeit, ein Approximationsverfahren zur Kostenbewertung einer Distributionsstruktur mit gegebenen Lagerstandorten und Liefergebieten bei einem mehrperiodigem Planungshorizont zu entwickeln, das zur Lösung des MPWLRPs eingesetzt werden kann, kommt das Verfahren von DAGANZO recht nahe. Jedoch approximiert DAGANZO nur die Tourenlängen in einem vorgegebenen Liefergebiet von *einem* Depot in *einer* Periode. Im Hinblick auf das MPWLRP sind daher Erweiterungen in zweifacher Hinsicht erforderlich. Einerseits müssen mehrere Perioden berücksichtigt werden können, so daß das Ziel des Verfahrens dann die Bestimmung einer repräsentativen Tour im Liefergebiet für eine Durchschnittsperiode ist. Andererseits treten im MPWLRP mehrere Depots auf. Für jeden Kunden ist somit eine Entscheidung über die günstigste Depot-Zuordnung zu treffen. Eine auf dem Verfahren von DAGANZO basierende Methode muß daher in der Lage sein, die Auswirkungen einer veränderten Depot-Kunden-Zuordnung auf die mit dem Liefergebiet eines Depots zusammenhängende repräsentative Tour bestimmen zu können. Erst wenn diese Verfahrenseigenschaft gewährleistet ist, läßt sich ausgehend von einer Anfangszuordnung der Kunden zu den Depots durch sukzessive Veränderungen der Depot-Kunden-Zuordnungen eine Lösungsverbesserung erreichen.

Im Kapitel 4.2 wird nun das Verfahren von DAGANZO in seiner Ursprungsform dargestellt. Nach einigen Modifikationen dieses Verfahrens im Kapitel 5 beschreibt das Kapitel 6 die Erweiterungen auf den Mehr-Perioden- und den Mehr-Depot-Fall, um dadurch ein Verfahren bereitzustellen, das zur Lösung des MPWLRPs eingesetzt werden kann.

4.2 Verfahrensbeschreibung

Die von DAGANZO [1984b] untersuchte Aufgabenstellung läßt sich wie folgt beschreiben: Gegeben ist ein Depot, von dem aus k^{max} Kunden mit bekannten Standorten in einem Liefergebiet beliebiger Form mit der Fläche Fl_{ges} innerhalb einer Periode besucht werden sollen. Die Kundenstandorte verteilen sich dabei so, daß eine zusammenhängende Teilfläche des Liefergebietes bestimmter Größe unabhängig von ihrer Lage stets nahezu dieselbe Kundenanzahl enthält und somit überall im Liefergebiet von einer identischen Kundendichte δ auszugehen ist. Zur Auslieferung stehen Fahrzeuge zur Verfügung, die bis zu n Kunden in einer Tour beliefern können, wobei n wesentlich kleiner sein soll als k^{max}. Bei bestmöglicher Ausschöpfung dieser Restriktion, was eine Voraussetzung ist, um einen Tourenplan mit minimaler Auslieferstrecke zu erzeugen, fährt dann entweder nur ein Fahrzeug weniger als n Kunden an oder keines, wenn k^{max} ein Vielfaches von n ist. Aus dem Quotienten k^{max}/n läßt sich die Anzahl notwendiger Touren berechnen. Es ist davon auszugehen, daß die Gebiete, in denen die Kunden einer Tour auftreten, sich nicht überschneiden. Das Ziel ist es, mit Hilfe einer Approximationsgleichung die minimalen Transportentfernungen zur Belieferung der k^{max} Kunden des Liefergebietes in Touren abzuschätzen.

Grundlage des Verfahrens von DAGANZO ist die Überlegung, daß sich eine Tour aus drei Bestandteilen zusammensetzt: die Fahrt vom Depot zum ersten Kunden einer Tour, die Rundreise über alle Kunden der Tour und die Rückfahrt zum Depot. Approximiert man nun das Tourgebiet, in dem sich alle Kunden einer Tour befinden, durch ein Rechteck, so läßt sich die Tourlänge TL mit Hilfe folgender Gleichung berechnen (vgl. Abbildung 4.1):

$$TL = 2 \cdot \left(\lambda - \frac{lg}{2} \right) + le^* \qquad (4.3)$$

Dabei gelten die Bezeichnungen

λ	: Entfernung zwischen dem Depot und dem Mittelpunkt des Tourgebietes
lg	: Längsseite des rechteckigen Tourgebietes
le*	: Länge der kürzesten Rundreise über alle Kunden im Tourgebiet

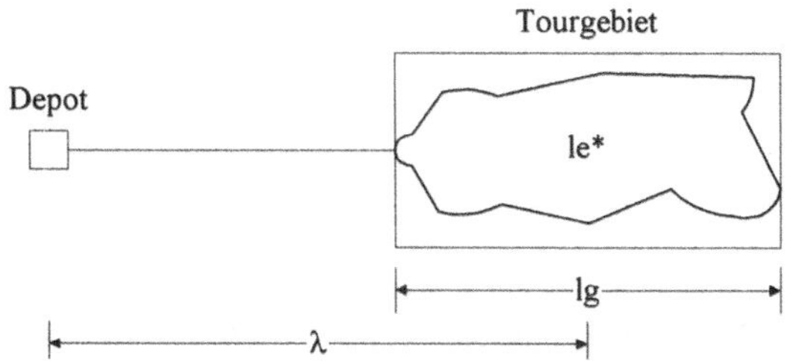

Abbildung 4.1: Parameter der Approximationsformel von DAGANZO

DAGANZO betrachtet ausschließlich rechteckige Tourgebiete, weil sich jedes beliebige Tourgebiet durch ein Rechteck approximieren läßt und kleinere Veränderungen der Gebietsform bei gleichverteilten Kundenstandorten keinen wesentlichen Einfluß auf die Länge der kürzesten Rundreise haben[1].

Das Ziel des Vorgehens von DAGANZO ist es, eine repräsentative Tour für den gesamten Tourenplan im Liefergebiet herzuleiten und deren Länge mit Hilfe der Gleichung (4.3) zu berechnen. Dazu sind die in Gleichung (4.3) eingehenden Größen λ, le* und lg der repräsentativen Tour zu bestimmen. Die Vorgehensweise zur Ermittlung dieser Parameter wird im folgenden beschrieben. Ist die Länge TL der repräsentativen Tour errechnet, so läßt sich die Auslieferstrecke zur Belieferung aller Kunden des Liefergebietes durch Multiplikation der bekannten Tourenzahl mit TL ermitteln.

4.2.1 Berechnung der Entfernung zwischen dem Depot und dem Mittelpunkt des repräsentativen Tourgebietes

Die Entfernung λ zwischen dem Depot und dem Mittelpunkt einer *einzelnen* Tour läßt sich durch die durchschnittliche Entfernung aller Kunden dieser Tour zum Depot approximieren. Gute Ergebnisse sind insbesondere dann zu erwarten, wenn sich die Kundenstandorte der Tour gleichmäßig um den Mittelpunkt des Tourgebietes verteilen. Gesucht ist nun jedoch die repräsentative Entfernung zwischen dem Depot und dem Mittelpunkt *aller* Tourgebiete. Weil aber davon auszugehen ist, daß bei der vorgegebenen Aufgabenstellung im optimalen Tourenplan die Anzahl zu besuchender Kunden bis auf höchstens eine Tour in allen Touren identisch ist, kann die Berechnungsweise des Parameters λ für eine einzelne Tour auf alle Touren übertragen werden. Als Näherung für die repräsentative Entfernung zwischen dem Depot und dem Mittel-

1 Vgl. EILON/WATSON-GANDY/CHRISTOFIDES [1971, S. 174]

punkt aller Tourgebiete kann somit der Durchschnitt aller k^{max} Depot-Kunden-Entfernungen le_{0k} benutzt werden. Es gilt also

$$\lambda = \frac{1}{k^{max}} \cdot \sum_{k=1}^{k^{max}} le_{0k} \tag{4.4}$$

4.2.2 Berechnung der Rundreiselänge im repräsentativen Tourgebiet

Zur Berechnung der Rundreiselänge le* innerhalb des repräsentativen Tourgebietes versucht DAGANZO, die durchschnittliche Entfernung $\overline{le}$ zwischen zwei Kunden der repräsentativen Tour herzuleiten. Die Multiplikation dieser Größe mit der Kundenanzahl im repräsentativen Tourgebiet ergibt le*. DAGANZO [1984a] ermittelt $\overline{le}$ wiederum über eine Approximationsformel, die auf folgenden Überlegungen basiert:

Betrachtet wird ein Streifen unendlicher Länge mit der Breite b, in dem sich gleichverteilte, zufällig gesetzte Kundenstandorte befinden. Unter der Annahme, daß die Kunden entsprechend der Reihenfolge besucht werden, in der sie entlang des Streifens auftreten (vgl. Abbildung 4.2), soll die zu erwartende Entfernung zwischen zwei Kundenstandorten bestimmt werden. Die Vorgehensweise zur Ermittlung dieser Größe beruht auf der Idee, zwei Zufallsvariablen zu definieren, die den Abstand zwischen zwei aufeinanderfolgenden Kunden entlang der Streifenbreite und der Streifenlänge modellieren. Sind die Wahrscheinlichkeitsverteilungen der beiden Zufallsvariablen bekannt, so läßt sich aus diesen mit Hilfe des Satzes von Pythagoras die zu erwartende euklidische Entfernung zwischen zwei Kundenstandorten bestimmen.

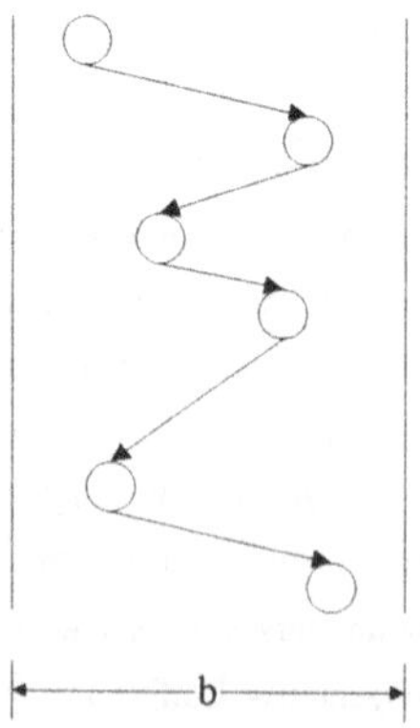

Abbildung 4.2: Belieferung von Kunden in einem Streifen der Breite b

Bezeichne X eine stetige Zufallsvariable, welche die Entfernung zwischen zwei aufeinanderfolgenden Kunden entlang der Streifenbreite modelliert. In Abbildung 4.2 entspricht dieses dem horizontalen Abstand zwischen zwei Kunden. Um Aussagen über die Wahrscheinlichkeitsverteilung von X treffen zu können, vergegenwärtigt man sich am besten, daß X dieselbe Verteilung besitzt wie eine Zufallsvariable, welche die Entfernung zwischen zwei zufällig ausgewählten Orten auf einer Strecke der Gesamtlänge b modelliert.

Seien Z_1 und Z_2 zwei stetige, gleichverteilte Zufallsvariablen, deren Ausprägungen jeweils angeben, an welcher Stelle im Intervall [0;b] ein Standort auftritt, dann besitzen die beiden Zufallsvariablen dieselbe Dichte f_Z und dieselbe Verteilungsfunktion F_Z.

$$f_Z(x) = \begin{cases} \frac{1}{b}, & \text{wenn } x \in [0;b] \\ 0, & \text{sonst} \end{cases} \qquad F_Z(x) = \begin{cases} 0, & \text{wenn } x < b \\ \frac{x}{b}, & \text{wenn } x \in [0;b] \\ 1, & \text{wenn } x > b \end{cases}$$

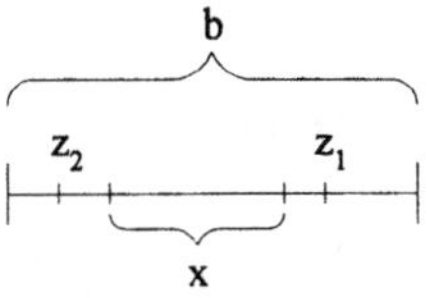

Abbildung 4.3: Beispiel für Ausprägungen der Zufallsvariablen Z_1 und Z_2

Es gilt nun $X = |Z_1 - Z_2|$. Weil Z_1 und Z_2 stochastisch unabhängige Zufallsvariablen sind und der Abstand zwischen den Ausprägungen z_1 und z_2 der Zufallsvariablen Z_1 und Z_2 nur dann größer als $x \in [0;b]$ ist, wenn entweder $z_1 \in [x;b]$ und $z_2 \in [0;z_1\text{-}x[$ oder umgekehrt $z_2 \in [x;b]$ und $z_1 \in [0;z_2\text{-}x[$ (vgl. Abbildung 4.3), gilt

$$\begin{aligned} P(X > x) &= P(|Z_1 - Z_2| > x) \\ &= \int_x^b \left\{ \int_0^{z_1 - x} f_Z(z_2) \cdot f_Z(z_1)\, dz_2 \right\} dz_1 + \int_x^b \left\{ \int_0^{z_2 - x} f_Z(z_1) \cdot f_Z(z_2)\, dz_1 \right\} dz_2 \\ &= \int_x^b F_Z(z_1 - x) \cdot f_Z(z_1)\, dz_1 + \int_x^b F_Z(z_2 - x) \cdot f_Z(z_2)\, dz_2 \\ &= \int_x^b \frac{z_1 - x}{b} \cdot \frac{1}{b}\, dz_1 + \int_x^b \frac{z_2 - x}{b} \cdot \frac{1}{b}\, dz_2 \end{aligned}$$

Nach Berechnung der beiden Integrale erhält man schließlich

$$P(X>x)=\left(1-\frac{x}{b}\right)^2 \qquad \forall x \in [0;b] \tag{4.5}$$

Aus (4.5) läßt sich die Verteilungsfunktion F_X der Zufallsvariablen X bestimmen:

$$F_X(x)=P(X \leq x)=1-P(X>x)$$
$$=\begin{cases} 0, & \text{wenn } x<0 \\ 1-\left(1-\frac{x}{b}\right)^2, & \text{wenn } x \in [0;b] \\ 1, & \text{wenn } x>b \end{cases}$$

Differentiation von F_X bezüglich x ergibt die Dichte f_X von X:

$$f_X(x)=\begin{cases} \frac{2}{b}\cdot\left(1-\frac{x}{b}\right), & \text{wenn } x \in [0;b] \\ 0, & \text{sonst} \end{cases}$$

Für den Erwartungswert von X gilt somit:

$$E(X)=\int_{-\infty}^{\infty} x \cdot f_X(x)\,dx=\frac{2}{b}\int_0^b x\,dx-\frac{2}{b^2}\cdot\int_0^b x^2\,dx=b-\frac{2b}{3}=\frac{b}{3} \tag{4.6}$$

Mit Hilfe der Gleichung (4.6) kann somit in einem Streifen der Breite b der mittlere Abstand zwischen zwei aufeinanderfolgenden Kundenstandorten entlang der Streifenbreite berechnet werden.

Bezeichne nun Y eine stetige Zufallsvariable, welche die Entfernung zwischen zwei aufeinanderfolgenden Kunden entlang der Streifenlänge modelliert. In Abbildung 4.2 entspricht dieses dem vertikalen Abstand zwischen zwei Kunden. Weil angenommen wird, daß die Kundenstandorte innerhalb des Streifens mit der Breite b gleichverteilt sind und darüber hinaus voneinander unabhängig und zufällig auftreten, bilden diese Standorte entlang der Streifenlänge einen Poisson-Prozeß mit der Rate δb, wobei δ die Kundendichte beschreibt. Die Kundenstandorte stellen innerhalb des Prozesses die Poisson-Ereignisse dar, so daß die Entfernung zwischen zwei aufeinanderfolgenden Kunden entlang der Streifenlänge dann exponentialverteilt ist mit dem Parameter δb. Für den Erwartungswert der Zufallsvariablen Y gilt dann

$$E(Y)=\frac{1}{\delta b} \tag{4.7}$$

Betrachtet man beispielsweise einen Streifen der Länge lg und der Breite b, in dem sich n gleichverteilte Kunden befinden, so ist der mittlere Abstand aufeinanderfolgender Kundenstandorte entlang der Streifenlänge

$$\frac{1}{\delta b} = \frac{lg \cdot b}{n} \cdot \frac{1}{b} = \frac{lg}{n}$$

Aus den Verteilungen der Entfernungen zwischen zwei aufeinanderfolgenden Kunden entlang der Streifenbreite b und entlang der Streifenlänge läßt sich nun die von b abhängige, zu erwartende euklidische Entfernung $\overline{le}_b$ ermitteln aus

$$\overline{le}_b = E\left(\sqrt{X^2 + Y^2}\right)$$

Zur Lösungsvereinfachung der bei der Berechnung von $\overline{le}_b$ auftretenden Integrale verwendet DAGANZO [1984a, S. 145] eine Approximation, so daß gilt

$$\overline{le}_b \cong \frac{b}{3} + \frac{1}{\delta b} \cdot \Psi(\delta b^2) \qquad \text{mit } \Psi(x) = \frac{2}{x^2} \cdot \left((1+x) \cdot \log(1+x) - x\right) \tag{4.8}$$

$\Psi(x)$ ist für alle $x > 0$ eine streng monoton fallende Funktion, deren Funktionswerte im Intervall $]0;1[$ liegen. $\Psi(x)$ drückt den Unterschied zwischen der euklidischen Metrik und der L_1 Metrik aus, die auch Manhattan Metrik genannt wird und den Abstand zwischen zwei Orten aus der Summe des vertikalen und horizontalen Abstands berechnet.

Ist nun eine bestimmte Anzahl an Kunden vorgegeben, die in einem rechteckigen Gebiet mit bekannter Länge und Breite beliefert werden sollen, so läßt sich unter der Prämisse, daß alle Kundenstandorte gleichverteilt sind und in der Reihenfolge besucht werden, wie sie entlang der Gebietslänge auftreten, mit Gleichung (4.8) die mittlere Entfernung $\overline{le}_b$ zwischen zwei Kunden herleiten. Die Multiplikation dieser Größe mit der Kundenanzahl berechnet die zu erwartende Gesamtlänge zur Belieferung aller Kunden.

DAGANZO verfolgt nun jedoch nicht das Ziel, die Auslieferstrecke in einem rechteckigen Streifen bei Belieferung der Kunden von einer Seite zur anderen zu berechnen, sondern die Länge le* der kürzesten Rundreise in einem rechteckigen Tourgebiet zu bestimmen. Aus diesem Grund versucht er, das gesamte Tourgebiet mit einem Streifen gleichbleibender Breite b zu bedecken, innerhalb dessen eine Rundreise möglich ist. Abbildung 4.4 zeigt für ein rechteckiges Tourgebiet eine mögliche Überdeckung. Vernachlässigt man die Drehungen des Streifens und transformiert das Tourgebiet in einen Streifen der Breite b, der nur in eine Richtung verläuft, so läßt sich die zu erwartende Rundreiselänge im Tourgebiet aus der Multiplikation der Kundenanzahl und der mit Gleichung (4.8) ermittelten, erwarteten Kunden-Kunden-Entfernung berechnen.

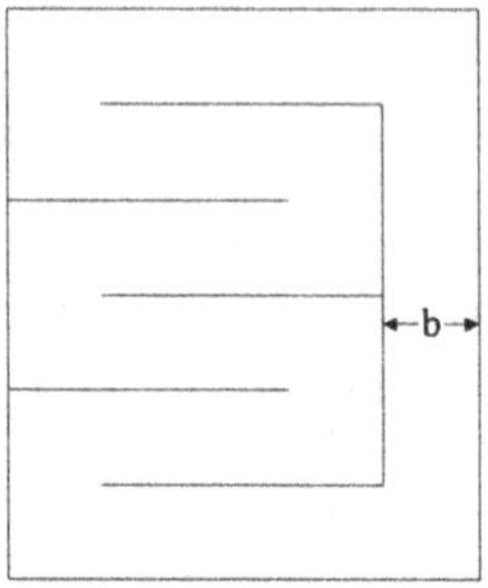

Abbildung 4.4: Mögliche Überdeckung eines rechteckigen Tourgebietes mit einem Streifen

Es stellt sich jedoch die Frage, wie groß die Streifenbreite b zu wählen ist, um in einem gegebenen Tourgebiet auf die beschriebene Weise eine Rundreise minimaler Länge zu erhalten. Wählt man b sehr klein, so ist in der Gleichung (4.8) zwar der erste Summand b/3, der den Abstand zwischen den Kunden entlang der Streifenbreite angibt, klein, der zweite Summand $\Psi(\delta b^2)/(\delta b)$ jedoch groß, weil $\Psi(x)$ über weite Teile des Definitionsbereiches nur sehr langsam fällt. Wählt man b hingegen groß, so ist aufgrund der dann auftretenden, weiten Zickzackbewegung innerhalb des Streifens der erste Summand groß und der zweite klein. Abbildung 4.5 veranschaulicht den Verlauf von $\overline{le_b}$ in Abhängigkeit der Streifenbreite b für einen vorgegebenen Wert von $\delta = 0{,}12$.

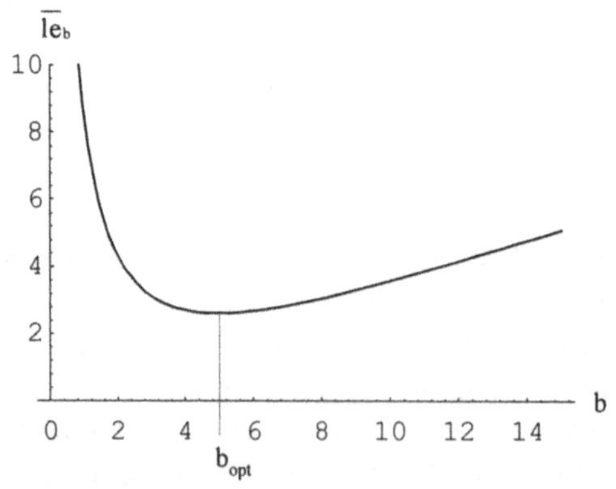

Abbildung 4.5: Abhängigkeit der erwarteten Kunden-Kunden-Entfernung $\overline{le_b}$ von der Streifenbreite b bei gegebener Kundendichte

Differenziert man die Gleichung (4.8) bezüglich b, so läßt sich das Minimum von $\overline{le}_b$ ermitteln für

$$b_{opt} \cong \sqrt{\frac{3}{\delta}} \tag{4.9}$$

Der hergeleitete Wert b_{opt} ist aber nur dann realisierbar, wenn das Tourgebiet diese Streifenbreite zuläßt. Um ein schmales, rechteckiges Tourgebiet der Länge lg und der Breite br mit einem Streifen der Breite b bedecken zu können, innerhalb dessen eine Rundreise über das gesamte Gebiet möglich ist, kann b höchstens den Wert br/2 annehmen (vgl. Abbildung 4.6). Ist der mit Gleichung (4.9) ermittelte Wert für b_{opt} jedoch so groß, daß b_{opt} > br/2 gilt, so wird aufgrund des streng monoton fallenden Verlaufs von $\overline{le}_b$ für Werte von b, die kleiner als b_{opt} sind (vgl. Abbildung 4.5), das größtmögliche b gewählt, in diesem Fall also b = br/2.

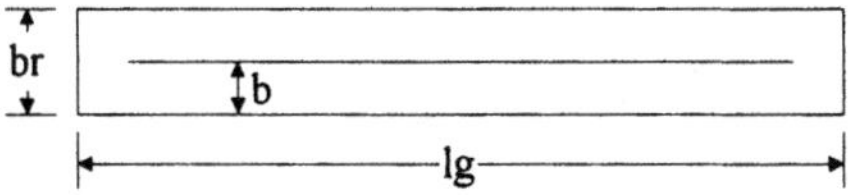

Abbildung 4.6: Größtmögliche Streifenbreite b in einem sehr schmalen Tourgebiet

Abhängig von der Wahl der optimalen Streifenbreite, $b = \sqrt{3/\delta}$ oder b = br/2, ergibt sich für die erwartete Kunden-Kunden-Entfernung mit Gleichung (4.8)

$$\overline{le}_{opt} = \begin{cases} 0{,}9 \cdot \dfrac{1}{\sqrt{\delta}}, & \text{wenn } b_{opt} \le \dfrac{br}{2} \\ \dfrac{br}{6} + \dfrac{2}{\delta \cdot br} \cdot \Psi\left(\dfrac{\delta \cdot br^2}{4}\right), & \text{wenn } b_{opt} > \dfrac{br}{2} \end{cases} \tag{4.10}$$

Aufgrund Gleichung (4.10), der Äquivalenz

$$b_{opt} = \sqrt{\frac{3}{\delta}} \le \frac{br}{2} \quad \Leftrightarrow \quad \frac{3}{\delta} \le \frac{br^2}{4} \quad \Leftrightarrow \quad 12 \le br^2 \cdot \delta$$

und der Gleichheit

$$\frac{br}{6} + \frac{2}{\delta \cdot br} \cdot \Psi\left(\frac{\delta \cdot br^2}{4}\right) = \left(\frac{\sqrt{\delta \cdot br^2}}{6} + \frac{2}{\sqrt{\delta \cdot br^2}} \cdot \Psi\left(\frac{\delta \cdot br^2}{4}\right)\right) \cdot \frac{1}{\sqrt{\delta}}$$

gilt für den Erwartungswert der kürzesten Rundreise le* über n gleichverteilte Kunden in einem rechteckigen Tourgebiet mit der Fläche Fl, der Breite br und der Kundendichte δ

$$le^* \;=\; \overline{le}_{opt} \cdot n \;=\; \Theta\left(\delta \cdot br^2\right) \cdot \frac{1}{\sqrt{\delta}} \cdot n \;=\; \Theta\left(\delta \cdot br^2\right) \cdot \sqrt{n \cdot Fl} \tag{4.11}$$

$$\text{mit } \Theta(x) = \begin{cases} 0{,}9\,, & \text{wenn } x \geq 12 \\ \frac{\sqrt{x}}{6} + \frac{64}{\sqrt{x}^5} \cdot \left(\left(1+\frac{x}{4}\right) \cdot \log\left(1+\frac{x}{4}\right) - \frac{x}{4}\right), & \text{wenn } x < 12 \end{cases}$$

$\Theta(x)$ ist eine monoton fallende Funktion, deren kleinster Funktionswert 0,9 ist. Abbildung 4.7 zeigt den Funktionsverlauf von $\Theta(x)$.

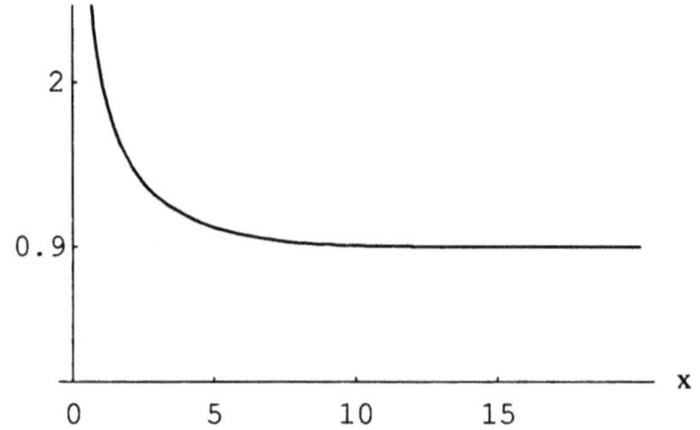

Abbildung 4.7: Verlauf der Funktion $\Theta(x)$

4.2.3 Berechnung der Länge des repräsentativen Tourgebietes

Die Fläche Fl_{ges} des Liefergebietes und die Anzahl n der Kunden je Tour sind gegeben. Aufgrund der konstanten Kundendichte δ im gesamten Liefergebiet und der überschneidungsfreien Tourgebiete ist auch die Fläche jedes Tourgebietes und damit auch die des repräsentativen Tourgebietes mit n/δ bekannt. Es stellt sich jedoch die Frage, wie lang Längs- und Breitseite der als rechteckig angenommenen Tourgebiete sein sollen.

Die Länge TL einer Tour setzt sich entsprechend Gleichung (4.3) aus der Hin- und Rückfahrt zwischen Depot und Tourgebiet $2 \cdot (\lambda - lg/2)$ und der Rundreise le* über alle Kunden im Tourgebiet zusammen. Zur Reduktion der Tourlänge erscheint es wünschenswert, die Längsseite lg des Tourgebietes möglichst lang zu wählen, um die Fahrten zwischen Depot und Tourgebiet zu verkürzen. Andererseits führt dieses aufgrund der gegebenen Tourgebietsfläche zu einer Verkürzung der Breitseite, wodurch sich nach Gleichung (4.11) eine längere Rundreise und damit eine insgesamt längere Tour ergeben kann. Die Fahrten zwischen dem Depot und

Tourgebiet und die Länge le* der Rundreise verändern sich offenbar in die entgegengesetzte Richtung, wenn die Form des Tourgebietes variiert wird. Das Ziel muß daher sein, ein Seitenverhältnis des rechteckigen Tourgebietes zu finden, das die Tourlänge TL minimiert.

Sei γ = br/lg eine Variable, die das Verhältnis von Breit- zu Längsseite des Tourgebietes angibt, so gilt für die n Kunden im Tourgebiet mit der Kundendichte δ

$$lg \cdot \frac{\sqrt{\delta}}{n} = \sqrt{\frac{lg^2}{n^2} \cdot \frac{n}{lg \cdot br}} = \sqrt{\frac{lg}{n \cdot br}} = \frac{1}{\sqrt{n \cdot \gamma}}$$

und $$\delta \cdot br^2 = \frac{n}{lg \cdot br} \cdot br^2 = n \cdot \gamma\,.$$

Mit Hilfe dieser beiden Gleichungen und der Gleichung (4.11) zur Berechnung von le* läßt sich (4.3) nun wie folgt umformen:

$$\begin{aligned} TL &= 2 \cdot \left(\lambda - \frac{lg}{2}\right) + le^* \\ &= 2\lambda - lg + n \cdot \Theta\left(\delta \cdot br^2\right) \cdot \frac{1}{\sqrt{\delta}} \\ &= \frac{n}{\sqrt{\delta}} \cdot \left(2\lambda \cdot \frac{\sqrt{\delta}}{n} - lg \cdot \frac{\sqrt{\delta}}{n} + \Theta\left(\delta \cdot br^2\right)\right) \\ &= \frac{n}{\sqrt{\delta}} \cdot \left(2\lambda \cdot \frac{\sqrt{\delta}}{n} - \frac{1}{\sqrt{n \cdot \gamma}} + \Theta(n \cdot \gamma)\right) \end{aligned} \tag{4.12}$$

Die Funktion $\Theta(x) - 1/\sqrt{x}$ nimmt ihr Minimum für den Wert $x \cong 6{,}7$ an (siehe Abbildung 4.8). TL ist folglich für $n \cdot \gamma \cong 6{,}7$ minimal. Bei gegebenem n ergibt sich somit das optimale Verhältnis von Breit- zu Längsseite aus dem Quotienten 6,7/n.

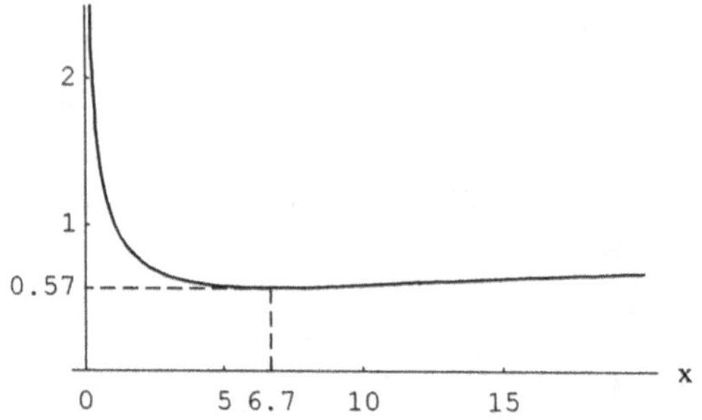

Abbildung 4.8: Verlauf der Funktion $\Theta(x) - 1/\sqrt{x}$

DAGANZO [1984b, S. 335] läßt für γ keine Werte zu, die größer als 1 sind, weil TL mit wachsendem γ dann zunehmen würde. Diese Begründung erscheint zunächst nicht plausibel. Denn auch für $n < 6{,}7$ ist TL für $\gamma = 6{,}7/n$ minimal. Jedoch bedeutet $\gamma > 1$, daß die Breitseite des rechteckigen Tourgebietes größer als die Längsseite ist. Zur Berechnung der Rundreiselänge ist eine Überdeckung des Tourgebietes durch einen Streifen erforderlich, dessen Breite sich stets an der kürzeren der beiden Rechteckseiten orientiert. Im Fall $\gamma > 1$ verläuft dann die Rundreise in Gebieten, in denen beispielsweise nicht die optimale Streifenbreite b_{opt} aus (4.9) realisiert werden kann, entsprechend der Abbildung 4.9. Derselbe Rundreiseverlauf ergibt sich aber auch, wenn das Tourgebiet um seinen Mittelpunkt um 90° gedreht wird (vgl. Abbildung 4.10). Dabei sind die Fahrten zwischen Depot und dem Tourgebiet jedoch kürzer, so daß es bei dieser Vorgehensweise zur Berechnung der Rundreiselänge tatsächlich nicht sinnvoll ist, für γ Werte zu betrachten, die größer als 1 sind.

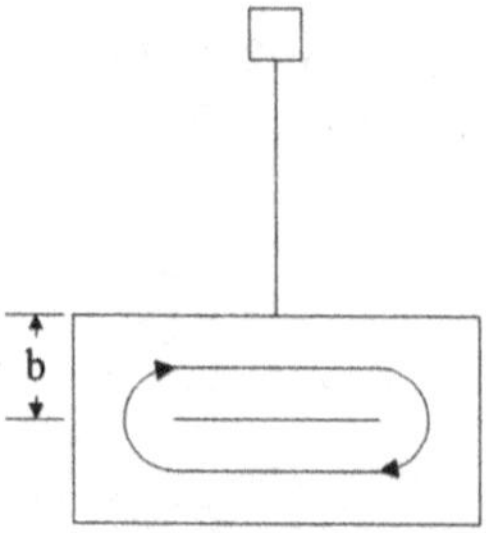

Abbildung 4.9: Rundreiseverlauf in einem schmalen Tourgebiet mit $\gamma > 1$

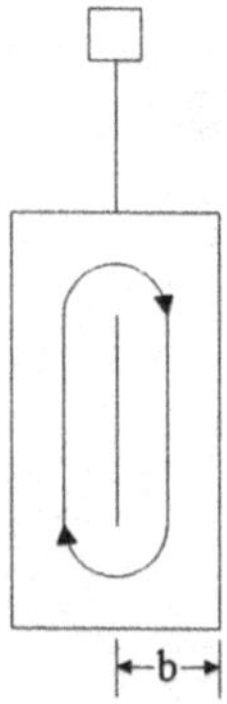

Abbildung 4.10: Rundreiseverlauf in einem schmalen Tourgebiet mit $\gamma \leq 1$

DAGANZO [1984b, S. 336 f.] macht γ von weiteren Parametern abhängig. Alle aneinandergereihten Tourgebiete sollen das gesamte Liefergebiet überdecken. Über die Gleichung $\gamma = \min(1; 6{,}7 / n)$ ergibt sich jedoch unter Umständen ein zu kleiner Wert, so daß die vollständige Überdeckung des Liefergebietes nicht sichergestellt ist. Für den Spezialfall eines zentral im Liefergebiet gelegenen Depots wählt DAGANZO daher für γ spezielle Untergrenzen. Bei 4 Touren muß $\gamma = 1$ gelten, bei 8 Touren $\gamma \geq 1/2$ und bei 12 Touren $\gamma \geq 1/3$, was durch Abbildung 4.11 veranschaulicht wird. Dieser Zusammenhang läßt sich in allgemeiner Form ausdrücken durch $\gamma \geq 4 \cdot n/k^{max}$, so daß γ insgesamt berechnet wird aus

$$\gamma = \min\left(1; \max\left(\frac{4 \cdot n}{k^{max}}; \frac{6{,}7}{n}\right)\right) \tag{4.13}$$

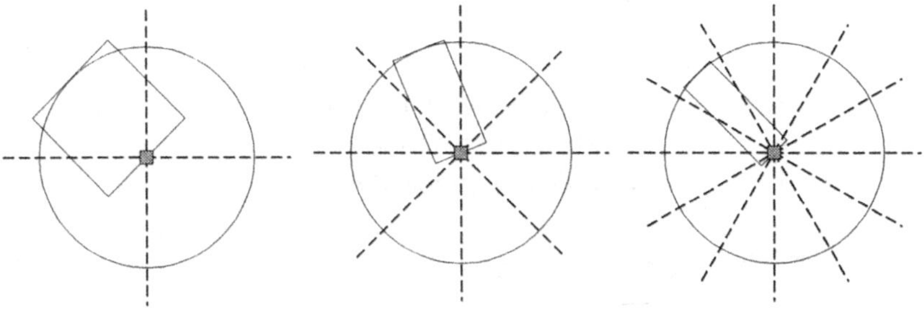

$\gamma = 1$ $\gamma = 1/2$ $\gamma = 1/3$

Abbildung 4.11: Überdeckungen eines Liefergebietes mit zentralem Depot

Wegen der Gleichung $br = \gamma \cdot lg$ gilt

$$\delta = \frac{n}{lg \cdot br} = \frac{n}{\gamma \cdot lg^2}$$

Die Längsseite lg des repräsentativen Tourgebietes läßt sich somit herleiten aus

$$lg = \sqrt{\frac{n}{\gamma \cdot \delta}}. \tag{4.14}$$

Wie Abbildung 4.11 zeigt, ist es oft erforderlich, die rechteckigen Tourgebiete zu verformen, um ein Liefergebiet überschneidungsfrei zu überdecken. Auf die Länge der kürzesten Rundreise innerhalb eines Tourgebietes hat eine solche Verformung jedoch in der Regel keinen Einfluß (vgl. Seite 70), so daß die Näherung der Tourgebietsform durch ein Rechteck eine zulässige Vereinfachung darstellt.

4.2.4 Approximationsformel

Die Parameter λ, le* und lg der Ausgangsgleichung (4.3) des Verfahrens von DAGANZO können nun mit Hilfe der Berechnungsvorschriften (4.4), (4.11) und (4.14) ermittelt werden. Zusammenfassend wird die Approximationsformel für die Länge TL einer Tour, die den Tourenplan zur Belieferung von k^{max} Kunden in einem Liefergebiet repräsentiert, noch einmal mit den hergeleiteten Größen dargestellt. Dabei kann der Ausdruck $\Theta(\delta \cdot br^2)$ aus Gleichung (4.11) wegen $\delta \cdot br^2 = \frac{n}{lg \cdot br} \cdot br^2 = n \cdot \gamma$ umgeformt werden zu $\Theta(n \cdot \gamma)$.

$$TL = \frac{2}{k^{max}} \cdot \sum_{k=1}^{k^{max}} le_{0k} - \sqrt{\frac{n}{\gamma \cdot \delta}} + \frac{n}{\sqrt{\delta}} \cdot \Theta(n \cdot \gamma) \qquad (4.15)$$

mit

le_{0k}	: Entfernung des Kunden k zum Depot
n	: Anzahl der Kunden pro Tour
δ	: Kundendichte je Flächeneinheit

$$\gamma = \min\left(1; \max\left(\frac{4 \cdot n}{k^{max}}; \frac{6{,}7}{n}\right)\right)$$

$$\Theta(x) = \begin{cases} 0{,}9, & \text{wenn } x \geq 12 \\ \frac{\sqrt{x}}{6} + \frac{64}{\sqrt{x}^5} \cdot \left(\left(1 + \frac{x}{4}\right) \cdot \log\left(1 + \frac{x}{4}\right) - \frac{x}{4}\right), & \text{wenn } x < 12 \end{cases}$$

Ist n so groß, daß $n \geq 6{,}7$ und $6{,}7 \cdot k^{max} \geq 4n^2$, gilt also $\gamma = 6{,}7/n$, dann kann (4.15) wie folgt vereinfacht werden:

$$TL \cong \frac{2}{k^{max}} \cdot \sum_{k=1}^{k^{max}} le_{0k} + 0{,}57 \cdot \frac{n}{\sqrt{\delta}} \qquad (4.16)$$

Für kleine Werte von n schlägt DAGANZO [1984b, S. 337] gegenüber (4.15) folgende Anpassung vor:

$$TL = \frac{2}{k^{max}} \cdot \sum_{k=1}^{k^{max}} le_{0k} - \frac{\max(0; n-2)}{n+1} \sqrt{\frac{n}{\gamma \cdot \delta}} + \frac{n-1}{\sqrt{\delta}} \cdot \Theta(n \cdot \gamma) \qquad (4.17)$$

Durch (4.17) ergeben sich im Unterschied zu (4.15) z.B. folgende Ergebnisse:

Für n = 1: $TL = \frac{2}{k^{max}} \cdot \sum_{k=1}^{k^{max}} le_{0k}$ anstatt $TL \cong \frac{2}{k^{max}} \cdot \sum_{k=1}^{k^{max}} le_{0k} + \frac{1,02}{\sqrt{\delta}}$

Für n = 2: $TL \cong \frac{2}{k^{max}} \cdot \sum_{k=1}^{k^{max}} le_{0k} + \frac{1,46}{\sqrt{\delta}}$ anstatt $TL \cong \frac{2}{k^{max}} \cdot \sum_{k=1}^{k^{max}} le_{0k} + \frac{1,51}{\sqrt{\delta}}$

Für n = 3: $TL \cong \frac{2}{k^{max}} \cdot \sum_{k=1}^{k^{max}} le_{0k} + \frac{2,03}{\sqrt{\delta}}$ anstatt $TL \cong \frac{2}{k^{max}} \cdot \sum_{k=1}^{k^{max}} le_{0k} + \frac{1,96}{\sqrt{\delta}}$

Für n = 1, wo jeder Kunde in einer Stichfahrt besucht wird, läßt sich mit (4.17) die Länge der Auslieferstrecken exakt bestimmen, so daß sich gegenüber (4.15) Vorteile ergeben. Aber bereits für die Fälle n = 2 und n = 3 sind die abgeschätzten Tourlängen TL nach (4.15) und (4.17) nahezu identisch.

Die gesamte Auslieferstrecke TL_{ges} zur Belieferung aller k^{max} Kunden des Liefergebietes berechnet sich aus

$$TL_{ges} = \frac{k^{max}}{n} \cdot TL \tag{4.18}$$

DAGANZOs Verfahren unterstellt, daß die Entfernungen mit Hilfe der euklidischen Metrik berechnet werden. Ähnliche Approximationsformeln wie die dargestellte haben NEWELL/DAGANZO [1986a und 1986b] auch für andere Metriken entwickelt. Darauf soll hier jedoch nicht weiter eingegangen werden, weil der beschriebene Ansatz von DAGANZO im folgenden zur Anwendung in der computergestützten Distributionsplanung erweitert werden soll, wo die Entfernungsberechnung in der Regel über geographische Koordinaten und die euklidische Metrik erfolgt (vgl. Kapitel 2.2.4).

DAGANZO setzt sein Verfahren nicht nur ein, um die Gesamtstrecke zur Belieferung von Kunden in einem Liefergebiet von einem Depot aus abzuschätzen, sondern auch, um mit Hilfe der hergeleiteten Parameter der Approximationsformel einen Tourenplan aufzustellen. Die Vorgehensweise entspricht dabei der cluster first-route second-Technik, die insbesondere durch den Sweep-Algorithmus von GILLET/MILLER [1974] bekannt ist. Die Verfahrensschritte sind wie folgt:

1. Teile das Liefergebiet in rechteckige, überschneidungsfreie Tourgebiete mit dem optimalen Seitenverhältnis γ entsprechend Gleichung (4.13) auf.
2. Bilde in jedem Tourgebiet eine Rundreise, indem entsprechend dem Vorgehen zur Berechnung des Parameters le* ein Streifen optimaler Breite b bestimmt wird, in welchem die Rundreise verlaufen kann. Besuche die Kunden in der Reihenfolge ihres Auftretens im Streifen.
3. Entferne aus jeder Rundreise eine Strecke zwischen zwei Kunden und verbinde die beiden Enden mit dem Depot, so daß eine Tour minimaler Länge entsteht.

Die Vorgehensschritte sind nicht eindeutig bestimmt, so daß verschiedene Anwender nach Ausführung der einzelnen Anweisungen für dieselbe Aufgabenstellung unterschiedliche Tourenpläne erhalten können. Für den Einsatz in der computergestützten Tourenplanung ist dieses Verfahren daher ungeeignet. Es kann jedoch als Richtlinie und einfaches Hilfsmittel zur Unterstützung des Tourdisponenten bei der manuellen Planung nützliche Dienste leisten[1].

DAGANZO [1984b, S. 339 ff.] überprüft die Qualität der Approximationsformel und seines tourenbildenden Verfahrens an einigen Beispielen. Zunächst wird für jedes der Beispiele entsprechend der beschriebenen Verfahrensschritte ein Tourenplan aufgestellt, ehe die dabei ermittelten Tourenlängen den Ergebnissen der Approximationsformel gegenübergestellt werden. In den vier veröffentlichten Beispielen mit zufällig verteilten Kunden in einer quadratischen oder rechteckigen Liefergebietsfläche und zentral gelegenem Depot zeigt sich eine gute Übereinstimmung der Ergebnisse. Die approximierten Tourenlängen weisen gegenüber den mit dem tourenbildenden Verfahren bestimmten lediglich eine Abweichung zwischen -4,8% und +3,3% auf.

Im Vergleich zu anderen Tourenplanungsalgorithmen zeigt das tourenbildende Verfahren von DAGANZO eine gute Lösungsqualität. So berichtet DAGANZO von einem Beispiel mit 111 Kunden und einer Tourrestriktion von n = 6, bei dem die mit seinem Verfahren bestimmte Länge der Auslieferertouren um 11% kürzer ist als die von Methoden, die Tourenpläne mit Blütenblattstruktur erzeugen, wie z.B. der Sweep-Algorithmus von GILLET/MILLER [1974] oder der Algorithmus von FISHER/JAIKUMAR [1981]. Mit zunehmender Kundenanzahl im Liefergebiet ergeben sich sogar noch größere Unterschiede.

[1] Bestandteile des Verfahrens von DAGANZO finden sich auch in dem Tourenplanungsalgorithmus von HALL et. al. [1994] wieder. Dabei handelt es sich ebenfalls um einen cluster first-route second-Ansatz, bei dem DAGANZOs Vorgehen zur Ermittlung der Entfernung zwischen zwei Kunden in abgewandelter Form benutzt wird, um eine geeignete Anfangszuordnung der Kunden zu Clustern zu finden.

4.3 Vergleich tourenabschätzender Verfahren für das Traveling Salesman-Problem

Vor der Beschreibung des Verfahrens von DAGANZO wurden im Kapitel 4.1 die Approximationsformeln von GRIFFITHS in Gleichung (4.1) und von CHRISTOFIDES/EILON in Gleichung (4.2) auf den Seiten 66 f. dargestellt. Alle drei Methoden versuchen, die Längen aller Auslieferungstouren im Ein-Depot-Tourenplanungsproblem abzuschätzen. Ein umfassender Qualitätsvergleich der Ansätze ist in der Literatur nicht zu finden, weshalb im Kapitel 7.2 die Verfahren von CHRISTOFIDES/EILON und DAGANZO auf reale Daten angewendet und verglichen werden sollen.

Für einen Spezialfall des Tourenplanungsproblems, das Traveling Salesman-Problem (TSP), bei dem k^{max} Kunden eines Liefergebietes von einem Depot aus in *einer* gemeinsamen Tour beliefert werden, vergleicht CHIEN [1992] drei Approximationsgleichungen miteinander, deren Koeffizienten zu bestimmen sind.

Eine der untersuchten Approximationsformeln ist die Gleichung (4.1) von GRIFFITHS mit dem Koeffizienten α_1. Dabei wird ein linearer Zusammenhang zwischen der Länge der kürzesten Traveling Salesman-Tour und der Summe der Depot-Kunden-Entfernungen vermutet. Außerdem betrachtet CHIEN den Ansatz von BEARDWOOD et al. [1959], der bereits im Kapitel 3.2.1 im Zusammenhang mit dem Verfahren von LAPORTE/DEJAX auftrat. BEARDWOOD et al. schätzen die kürzeste Rundreiselänge TL über p^{max} gleichverteilte Orte in einem Gebiet der Fläche Fl_0 für große p^{max} ab mit

$$TL = \alpha_2 \cdot \sqrt{p^{max} \cdot Fl_0}$$

mit einem zu bestimmenden Koeffizienten α_2. Für das hier betrachtete TSP mit k^{max} Kunden und einem Depot läßt sich diese Gleichung umschreiben zu

$$TL = \alpha_2 \cdot \sqrt{\left(k^{max} + 1\right) \cdot Fl_0} \tag{4.19}$$

Dabei bezeichnet Fl_0 die Fläche, die durch alle Kunden *und* das Depot eingeschlossen wird.

Als drittes untersucht CHIEN die Approximationsgleichung (4.16) von DAGANZO. Genaugenommen wurde diese Gleichung nicht speziell für das TSP, sondern für das allgemeine Tourenplanungsproblem konzipiert. Die Länge der kürzesten Rundreise schätzt DAGANZO mit Gleichung (4.11) ab. Ersetzt man aber in (4.16) n durch k^{max}, so sollte diese Gleichung auch für das TSP einsetzbar sein. In der Untersuchung von CHIEN wird die Gleichung (4.16) in modifizierter Form verwendet, weil die Faktoren 2 und 0,57 durch zu ermittelnde Koeffizienten α_3 und β_3 ausgetauscht werden. Die modifizierte Gleichung (4.16) hat somit die Gestalt

$$TL = \alpha_3 \sum_{k=1}^{k^{max}} \frac{le_{0k}}{k^{max}} + \beta_3 \cdot \sqrt{k^{max} \cdot Fl} \tag{4.20}$$

Im Unterschied zu Fl_0 in Gleichung (4.19) bezeichnet Fl lediglich die Fläche, die alle Kunden, aber nicht notwendigerweise das Depot umfaßt.

CHIEN wendet die drei Approximationsformeln auf eine große Anzahl von Testbeispielen an und vergleicht deren Ergebnisse mit den Rundreiselängen eines exakten Verfahrens zum TSP. Die Testbeispiele sind durch die Form und Größe des Liefergebietes sowie die Anzahl betrachteter Kunden gekennzeichnet. Untersucht werden in einem Koordinatensystem 8 rechteckige Liefergebiete mit unterschiedlichem Verhältnis der beiden Seitenlängen - vom Quadrat bis zum länglichen Rechteck - und 8 keilförmige Liefergebiete - vom schmalen Kreisausschnitt bis zum Kreis. Der Depotstandort befindet sich stets im Ursprung des Koordinatensystems. Für die rechteckigen Liefergebiete bedeutet dieses, daß das Depot immer mit der linken, unteren Ecke des Liefergebietes übereinstimmt (vgl. Abbildung 4.12). In keilförmigen Liefergebieten liegt die Keilspitze stets im Ursprung (vgl. Abbildung 4.13), so daß beispielsweise im Falle eines kreisförmigen Liefergebietes der Depotstandort zentral im Kreismittelpunkt zu finden ist. Die Anzahl betrachteter Kunden variiert CHIEN zwischen 5 und 30. Weil für jeden Problemtyp, der durch eine der 16 Liefergebietsformen und eine der 26 Problemgrößen bestimmt ist, jeweils 10 Testbeispiele erzeugt werden, überprüft CHIEN die Güte der Approximationsgleichungen an insgesamt 4.160 Testbeispielen.

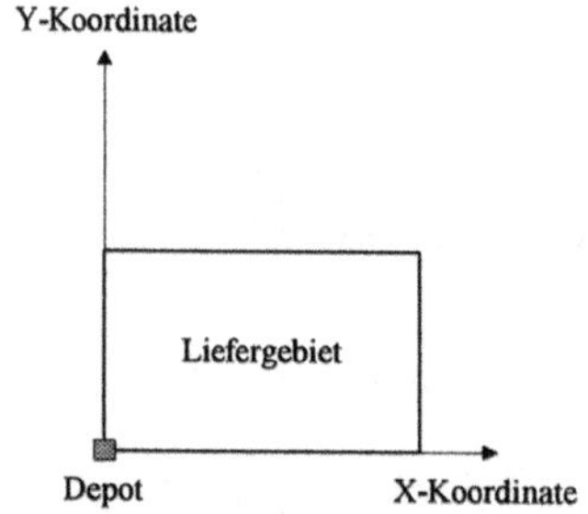

Abbildung 4.12: Testbeispiel mit rechteckigem Liefergebiet

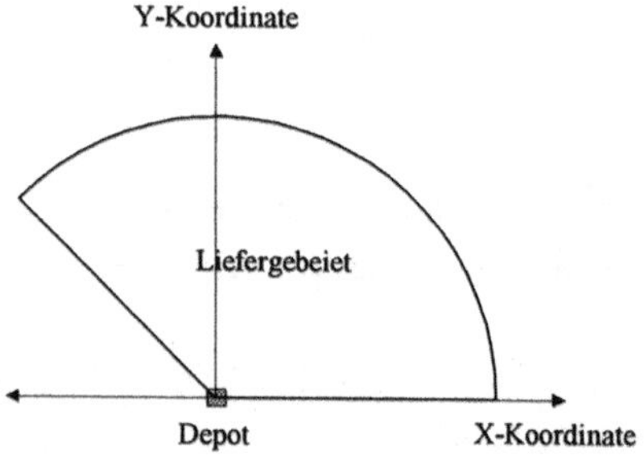

Abbildung 4.13: Testbeispiel mit keilförmigem Liefergebiet

Für den in Gleichung (4.20) eingehenden Parameter Fl benutzt CHIEN alternativ drei unterschiedliche Berechnungsweisen:

1. die Grundfläche, aus der die gleichverteilten Kundenstandorte zufällig ausgewählt werden,
2. die Fläche des kleinsten Rechteckes, das alle Kunden des Liefergebietes bedeckt,
3. die Fläche des kleinsten Kreisringausschnittes, der alle Kunden des Liefergebietes bedeckt.

Dieselben drei Berechnungsalternativen gelten auch für Fl_0 in Gleichung (4.19) von BEARDWOOD et al., wobei jedoch zur Flächenbestimmung neben den Kunden auch das Depot zu berücksichtigen ist. Mit dem Schätzer von GRIFFITHS vergleicht CHIEN somit unter Berücksichtigung der Untervarianten insgesamt sieben Approximationsgleichungen.

Die Koeffizienten der Formeln bestimmt CHIEN in einer aufwendigen Suche so, daß der Durchschnitt der absoluten, prozentualen Abweichungen (DAPA) der Näherungsergebnisse gegenüber den tatsächlichen Rundreiselängen über alle Testbeispiele minimal ist. Die besten Untersuchungsergebnisse der Gleichungen (4.1), (4.19) und (4.20) sind in Tabelle 4.1 zusammengestellt (vgl. CHIEN [1992, S. 473]).

	GRIFFITHS Schätzer (4.1)	BEARDWOOD et al. Schätzer (4.19)	DAGANZO Schätzer (4.20)
Koeffizienten	$\alpha_1 = 0{,}26$	$\alpha_2 = 0{,}98$	$\alpha_3 = 2{,}1 \quad \beta_3 = 0{,}67$
Flächenberechnung	—	kleinstes Rechteck	kleinstes Rechteck
DAPA	40,1%	17,5%	6,9%

Tabelle 4.1: Vergleich der Approximationsformeln bei CHIEN

Tabelle 4.1 zeigt, daß der von der Struktur einfachste Schätzer, die Gleichung (4.1), die schlechtesten Ergebnisse liefert. CHIEN untersucht in (4.1) auch den Koeffizienten $\alpha_1 = 1$. Der berechnete DAPA von 202,1% verdeutlicht dabei nochmals, daß große Fehler auftreten können, wenn im Rahmen der Standortoptimierung bei der Auslieferung anstelle von Touren Stichfahrten zwischen dem Depot und den Kunden angenommen werden[1].

Deutlich bessere Näherungen können mit der Gleichung (4.19) erzielt werden. Die Untersuchungen von CHIEN zeigen dabei auch, daß die Art der Flächenberechnung keinen wesentlichen Einfluß auf den DAPA hat. Bei entsprechender Anpassung des Koeffizienten ergeben sich Werte für den minimalen DAPA zwischen 17,5% und 19,5%. Der Schätzer (4.19) ist von der Struktur der Gleichung (4.11) sehr ähnlich, mit der DAGANZO die Länge einer Rundreise abschätzt und den Parameter le* bestimmt. Die Funktion $\Theta(\delta \cdot br^2)$ in (4.11) bietet jedoch die Möglichkeit, den Koeffizienten über die Kundendichte δ und die Seitenlänge br des Liefergebietes an die spezifische Aufgabenstellung anzupassen. Die Ergebnisse des Schätzers (4.19) mit dem konstanten Koeffizienten $\alpha_2 = 0{,}98$ sind daher nicht vergleichbar mit den Rundreiselängen, welche die Gleichung (4.11) von DAGANZO erzeugt. CHRISTOFIDES/EILON [1969] untersuchen ebenfalls die Approximationsformel (4.19). Experimentelle Analysen, in denen die Ergebnisse von (4.19) für eine Vielzahl von Problemen mit bis zu 100 zufällig

1 Vgl. das Vorgehen der sequentiellen allocate first-route second-Verfahren im Kapitel 3.2.1

ausgewählten Orten in einem Quadrat, Kreis oder gleichseitigen Dreieck mit der Rundreiselänge einer tourbildenden Heuristik verglichen werden, ergeben für α_2 den Wert 0,75. Die Anwendung des Schätzers von BEARDWOOD et al. mit diesem Koeffizienten auf die Testbeispiele von CHIEN erbringt jedoch im Mittel größere Abweichungen als mit $\alpha_2 = 0{,}98$. Der DAPA steigt auf 23,0%.

Die mit Abstand besten Näherungen erzielt der Schätzer (4.20) von DAGANZO. Durch die Einbeziehung der Depot-Kunden-Entfernung in die Approximationsformel kann gegenüber der Gleichung (4.19) offenbar eine größere Schätzgenauigkeit erreicht werden. Die Art der Flächenberechnung spielt jedoch eine wichtige Rolle. Während mit dem kleinsten Rechteck, das alle Kunden des Liefergebietes bedeckt, sich ein DAPA von 6,9% ergibt, errechnet sich bei der Flächenberechnung mit dem kleinsten Ausschnitt des Kreisringes ein minimaler DAPA von 15,8% für die Koeffizienten $\alpha_3 = 1{,}74$ und $\beta_3 = 0{,}63$. CHIEN untersucht auch die Ergebnisse der von DAGANZO angegebenen Koeffizienten $\alpha_3 = 2$ und $\beta_3 = 0{,}57$, wobei als Liefergebietsfläche die Grundfläche benutzt wird, aus der die Kundenstandorte ausgewählt werden. Mit einem DAPA von 8,8% sind die Approximationen im Durchschnitt nur unwesentlich schlechter als die errechneten Rundreiselängen des besten Schätzers mit den Koeffizienten $\alpha_3 = 2{,}1$ und $\beta_3 = 0{,}67$.

Die Qualität des besten Schätzers wird kaum durch die Form des Liefergebietes beeinflußt. Betrachtet man die DAPA über die 260 Beispiele jeder der 16 unterschiedlichen Liefergebietsformen, so sind die Abweichungen gegenüber dem Gesamt-DAPA nicht sehr ausgeprägt, was die Robustheit der Approximation zeigt. So ergibt sich beispielsweise der niedrigste DAPA bei einem rechteckigen Liefergebiet mit dem Seitenverhältnis von 0,5 mit 5,4%. Der größte DAPA wird für ein kreisförmiges Liefergebiet mit zentralem Depotstandort mit 8,5% ermittelt.

Auch KWON et al. [1995] analysieren die Qualität von Approximationsformeln für die Länge TL der kürzesten Rundreise über k^{max} Kunden eines Liefergebietes von einem Depot aus und vergleichen folgende Schätzer miteinander:

$$TL = 0{,}75 \cdot \sqrt{\left(k^{max} + 1\right) \cdot Fl_0^G} \tag{4.21}$$

$$TL = \alpha_3 \sum_{k=1}^{k^{max}} \frac{le_{0k}}{k^{max}} + \beta_3 \cdot \sqrt{\left(k^{max} + 1\right) \cdot Fl_0^G} \tag{4.22}$$

$$TL = \alpha_4 \sum_{k=1}^{k^{max}} \frac{le_{0k}}{k^{max}} + \beta_4 \cdot \sqrt{k^{max} \cdot Fl^{\square}} \tag{4.23}$$

$$TL = \left(\alpha_5 + \beta_5 \cdot k^{max} + \frac{\mu_5}{\gamma \cdot k^{max}}\right) \cdot \sqrt{\left(k^{max} + 1\right) \cdot Fl_0^G} \tag{4.24}$$

$$TL = \left(\alpha_6 + \beta_6 \cdot k^{max} + \frac{\mu_6}{\gamma \cdot k^{max}}\right) \cdot \sqrt{\left(k^{max} + 1\right) \cdot Fl_0^G} + \nu_6 \cdot \sum_{k=1}^{k^{max}} \frac{le_{0k}}{k^{max}} \tag{4.25}$$

Die Gleichung (4.21) entspricht der Gleichung (4.19) von BEARDWOOD et al. mit dem Koeffizienten $\alpha_2 = 0{,}75$. Fl_0^G stellt dabei eine spezielle Berechnungsweise von Fl_0 dar und bezeichnet die Grundfläche des Liefergebietes, aus dem die Kundenstandorte und das Depot ausgewählt werden. Die zwei Schätzer (4.22) und (4.23) entsprechen dem Schätzer (4.20) im Vergleich von CHIEN mit speziellen Vorgaben für die Flächenberechnung. Weil $Fl^{\square}$ die Fläche des kleinsten Rechteckes angibt, das alle Kunden des Liefergebietes bedeckt, ist (4.23) mit den Koeffizienten $\alpha_4 = 2{,}1$ und $\beta_4 = 0{,}67$ der beste Schätzer im Vergleich von CHIEN. Die Approximationsgleichungen (4.24) und (4.25) stammen von KWON et al. Die darin enthaltene, zusätzliche Einflußgröße $\gamma \leq 1$ bezeichnet das Seitenverhältnis der rechteckigen Grundfläche des Liefergebietes. Die indizierten Koeffizienten α, β, μ und ν in den fünf Approximationsformeln sind mittels Regressionsanalyse zu bestimmen.

Die Kunden der von KWON et al. generierten Beispiele für das TSP werden im Koordinatensystem stets aus einer rechteckigen Grundfläche mit konstantem Flächeninhalt, aber 8 unterschiedlichen Seitenverhältnissen γ des Rechteckes zufällig ausgewählt. Die Anzahl betrachteter Orte in einem Beispiel (Kunden und Depot) variiert zwischen 10 und 80 in 10er Schritten. Der Depotstandort ist zunächst wie bei CHIEN im Ursprung des Koordinatensystems, so daß sich das Depot wiederum stets in der linken unteren Ecke des Liefergebietes befindet. Für jede der 8 Liefergebietsformen und 8 unterschiedlichen Problemgrößen werden jeweils 10 Beispiele als sogenannte Trainingsprobleme und 5 Beispiele als sogenannte Testprobleme erzeugt. Jedes dieser 960 Probleme wird mit einem exakten Verfahren für das TSP gelöst. Aus den minimalen Rundreiselängen der 640 Trainingsprobleme bestimmen KWON et al. mittels Regressionsanalyse die Koeffizienten der Approximationsgleichungen. Zur Beurteilung der Leistungsfähigkeit wenden sie die Schätzer mit den ermittelten Koeffizienten auf die 320 Testprobleme an. Als Maß der Approximationsgüte dient wie bei CHIEN der Durchschnitt der absoluten, prozentualen Abweichungen (DAPA) der Näherungsergebnisse gegenüber der tatsächlichen

Rundreiselänge. Die ermittelten Koeffizienten der Schätzer sowie die DAPA für die Trainings- und Testprobleme sind Tabelle 4.2 zu entnehmen (vgl. KWON et al. [1995, S. 1.043]).

	Schätzer (4.21)	Schätzer (4.22)	Schätzer (4.23)	Schätzer (4.24)	Schätzer (4.25)
Koeffizienten	—	$\alpha_3 = 2{,}0212$ $\beta_3 = 0{,}5696$	$\alpha_4 = 2{,}2786$ $\beta_4 = 0{,}5539$	$\alpha_5 = 0{,}8326$ $\beta_5 = 0{,}0011$ $\mu_5 = 1{,}1147$	$\alpha_6 = 0{,}7754$ $\beta_6 = 0{,}0008$ $\mu_6 = 0{,}9027$ $\nu_6 = 0{,}4147$
DAPA Trainingsprobleme	16,7%	4,7%	5,0%	3,7%	3,6%
DAPA Testprobleme	19,1%	4,9%	5,1%	3,9%	3,8%

Tabelle 4.2: Vergleich der Approximationsformeln bei KWON et al. (Depot im Ursprung)

Die Tabelle zeigt, daß alle Schätzer bis auf (4.21) die Rundreiselängen im Liefergebiet mit guter Qualität approximieren. Dabei stimmen die DAPA der Schätzer (4.21), (4.22) und (4.23) mit denen in dem Vergleich von CHIEN für die Schätzer (4.19) von BEARDWOOD et al. und (4.20) von DAGANZO weitgehend überein. Interessanterweise sind die ermittelten Koeffizienten α_3 und β_3 des Schätzers (4.22) nahezu identisch mit denen von DAGANZO aus Gleichung (4.16). Hingegen bestimmen KWON et al. andere Koeffizienten für die Approximationsgleichung (4.23) als CHIEN mit (4.20). Der Grund dafür kann darin zu finden sein, daß CHIEN die Koeffizienten nach dem Kriterium des geringsten DAPA aus Beispielen mit rechteckigen und keilförmigen Liefergebieten herleitet, während KWON et al. dafür Regressionsanalysen bei ausschließlich rechteckigen Liefergebieten verwenden. Geringfügig besser als die beiden Schätzer (4.22) und (4.23) nach der Formel von DAGANZO schneiden die Approximationsgleichungen (4.24) und (4.25) von KWON et al. ab. Alle fünf Schätzer liefern für die Testbeispiele im Mittel schlechtere Ergebnisse als für die Trainingsprobleme. Jedoch ist die Verschlechterung des DAPA mit Ausnahme des Schätzers (4.21) nur unwesentlich.

Im weiteren Verlauf der Untersuchungen verschieben KWON et al. in den erzeugten Beispielen den Depotstandort vom Ursprung des Koordinatensystems in das Zentrum der Grundfläche des Liefergebietes. Die Kundenstandorte bleiben unverändert. Die neuen 640 Trainingsprobleme und 320 Testprobleme werden wiederum mit einem exakten Verfahren für das TSP gelöst und aus den minimalen Rundreiselängen der Trainingsprobleme mittels Regressionsanalyse die Koeffizienten der Approximationsgleichungen bestimmt. Die Auswirkungen der Depotverlagerung auf die Koeffizienten und den DAPA zeigt Tabelle 4.3 (vgl. KWON et al. [1995, S. 1.044]). Dabei ist zu beachten, daß die Flächenberechnung für die Schätzer (4.24) und (4.25) im Unterschied zu den Problemen mit dem im Ursprung des Koordinatensystems liegenden Depot nicht auf Basis der Grundfläche des Liefergebietes erfolgt, aus dem die Kundenstandorte und das Depot ausgewählt werden, sondern mit Hilfe des kleinsten Rechtecks, das die Kunden und das Depot bedeckt.

	Schätzer (4.21)	Schätzer (4.22)	Schätzer (4.23)	Schätzer (4.24)	Schätzer (4.25)
Koeffizienten	—	$\alpha_3 = 3{,}3837$ $\beta_3 = 0{,}5917$	$\alpha_4 = 3{,}9771$ $\beta_4 = 0{,}5775$	$\alpha_5 = 0{,}8740$ $\beta_5 = 0{,}0016$ $\mu_5 = 1{,}3403$	$\alpha_6 = 0{,}7896$ $\beta_6 = 0{,}0012$ $\mu_6 = 0{,}9746$ $\nu_6 = 1{,}1470$
DAPA Trainingsprobleme	15,8%	4,7%	4,5%	3,9%	3,7%
DAPA Testprobleme	16,3%	4,9%	4,5%	4,0%	3,8%

Tabelle 4.3: Vergleich der Approximationsformeln bei KWON et al. (Depot im Zentrum)

Alle Koeffizienten vergrößern sich durch die Verschiebung des Depots ins Zentrum des Liefergebietes. Besonders stark ist der Anstieg bei den Koeffizienten α_3, α_4 und ν_6, die in der Approximationsgleichung als Multiplikator zu den Depot-Kunden-Entfernungen le_{0k} auftreten. Nennenswerte Veränderungen der DAPA gegenüber den Werten, die sich bei den Beispielen mit dem Depotstandort im Ursprung des Koordinatensystems ergeben, sind nicht festzustellen. Während mit dem Schätzer (4.21) wiederum nur mäßige Abschätzungen produziert werden können, kommen die anderen Schätzer den tatsächlichen Rundreiselängen sehr nahe.

Neben Approximationsformeln, deren Koeffizienten mittels Regressionsanalyse bestimmt werden, schätzen KWON et al. die Länge einer Rundreise auch mit Hilfe Neuronaler Netze ab. Dabei wird ein vorwärtsgerichtetes Netz mit drei Neuronenschichten verwendet. Die Neuronen der ersten Schicht repräsentieren jeweils jene Einflußgrößen auf die Rundreiselänge, die bereits in der Regressionsanalyse verwendet wurden, wie z.B. $k^{max} + 1$, $1/\gamma$, Fl_0^G oder die durchschnittliche Depot-Kunden-Entfernung. Die Ausgabeschicht enthält nur ein Neuron, das die Rundreiselänge ausgibt. Zwischen den Eingabeneuronen und einer Zwischenschicht, sowie von dort zum Ausgabeneuron bestehen gerichtete Kanten, die mit Gewichten versehen sind. Die Trainingsdaten werden den Ein- und Ausgabeneuronen paarweise präsentiert. Aus den Eingabewerten und den Gewichten berechnet das Netz eine Rundreiselänge, die mit dem vorgegebenen Wert verglichen wird. Anschließend werden die Gewichte iterativ so korrigiert, daß die quadratische Abweichung zwischen der berechneten und der tatsächlichen Rundreiselänge minimiert wird. Nach mehrmaliger Präsentation der Trainingsdaten ist das Training beendet, sobald der DAPA kleiner als 1% ist oder 1.500 Iterationen ausgeführt wurden. Das Netz ist nun in der Lage, die Rundreiselänge unbekannter Testdaten sinnvoll abzuschätzen, wenn diese einen ähnlichen Zusammenhang zwischen den vorgegebenen Einflußgrößen und der Rundreiselänge aufweisen wie die Trainingsdaten. Insbesondere auch nichtlineare Zusammenhänge können aufgrund der mehrschichtigen Struktur erkannt werden.

Auf die 640 Trainingsprobleme und 320 Testprobleme mit dem Depotstandort im Ursprung des Koordinatensystems oder im Zentrum des Liefergebietes werden von KWON et al. insgesamt vier verschiedene Neuronale Netze angewendet, die in der Vorgabe unterschiedlicher Einflußgrößen in der ersten Neuronenschicht differieren. Gegenüber dem besten untersuchten Schätzer, der auf der Regressionsanalyse basiert, kann mit dem besten Neuronalen Netz ein geringfügig niedrigerer DAPA erreicht werden. Tabelle 4.4 zeigt detailliertere Ergebnisse (vgl. KWON et al. [1995, S. 1.046]). Die fünf Einflußgrößen des besten Neuronalen Netzes sind

$$k^{max}+1, \quad \frac{1}{\gamma}, \quad \frac{1}{\gamma \cdot \left(k^{max}+1\right)}, \quad \sum_{k=1}^{k^{max}} \frac{le_{0k}}{k^{max}} \quad \text{und} \quad \sqrt{\left(k^{max}+1\right) \cdot Fl_0},$$

wobei für Fl_0 bei Problemen mit dem Depot im Ursprung des Koordinatensystems wiederum die Grundfläche des Liefergebietes gemeint ist, aus dem die Kundenstandorte und das Depot ausgewählt werden, während bei Problemen mit dem Depot im Zentrum des Liefergebietes Fl_0 die Fläche des kleinsten Rechtecks bezeichnet, das die Kunden und das Depot bedeckt.

	Depot im Ursprung		Depot im Zentrum	
	Regression	Neuronales Netz	Regression	Neuronales Netz
DAPA Trainingsprobleme	3,6%	3,4%	3,7%	3,5%
DAPA Testprobleme	3,8%	3,7%	3,8%	3,5%

Tabelle 4.4: Vergleich des besten Schätzers durch Regressionsanalyse und des besten Neuronalen Netzes

4.4 Kritische Würdigung

Viele der im Kapitel 4.3 verglichenen Verfahren zur Abschätzung der Rundreiselänge in einem Liefergebiet zeigen ein gutes Approximationsverhalten. Dennoch benötigen diese Methoden alle, gleichgültig, ob sie auf einer Regressionsanalyse oder einem Neuronalen Netz basieren,

Daten bekannter Rundreiseverläufe. Gute Näherungen sind aber nur für jene TSP zu erwarten, deren Struktur den vorgegebenen Problemen entspricht. Es besteht jedoch eine große Vielfalt möglicher Aufgabenstellungen und damit eine große Anzahl an Einflußfaktoren auf die Koeffizientenwahl in den Approximationsgleichungen. Kann beispielsweise aufgrund der Untersuchungen von CHIEN für einige Schätzer eine Unabhängigkeit der Koeffizienten von der Liefergebietsfläche festgestellt werden, so zeigen die Ergebnisse von KWON et al. in Tabelle 4.2 und Tabelle 4.3, wie unterschiedlich die Koeffizienten derselben Schätzer zu wählen sind, wenn der Depotstandort nicht am Rand, sondern im Zentrum eines Liefergebietes liegt. Die Auswirkungen einer isolierten Veränderung der Kundenanzahl im Liefergebiet bei gleichbleibender Gebietsfläche auf den Koeffizienten α_2 des Schätzers (4.19) von BEARDWOOD et al. auf Seite 84 untersuchen KWON et al. [1995, S. 1.042]. So schwankt der Wert von α_2, abhängig davon, ob 10 oder 80 Kunden zu besuchen sind, für ein quadratisches Liefergebiet zwischen 0,96 und 0,77 und für ein rechteckiges Liefergebiet mit dem Seitenverhältnis 1/8 zwischen 1,77 und 0,87. Es ist zu vermuten, daß die Koeffizienten noch von weiteren, in diesen Vergleichen nicht betrachteten Einflußgrößen abhängig sind, wie beispielsweise dem Auftreten von Ballungsräumen anstelle gleichverteilter Kunden im Liefergebiet. Gerade die Ungewißheit, welche Kunden einem Depot zugeordnet werden, und welche Struktur das Auslieferproblem an den Depotstandorten dadurch bekommt, kennzeichnet aber die Situation des in dieser Arbeit betrachteten MPWLRPs. Es ist daher gefährlich, die in den Veröffentlichungen von CHIEN und KWON et al. berechneten Koeffizienten zur Berechnung der Länge von Ausliefertouren im Rahmen der Distributionsplanung bedenkenlos zu übernehmen.

Im Unterschied zu diesen Methoden müssen vor der Anwendung der Approximationsformel (4.18) von DAGANZO auf Seite 82 keine fiktiven, problembezogenen Tourenpläne aufgestellt werden, um die geeigneten Parameter der Approximationsgleichung zu bestimmen. Statt dessen kann die Länge aller Ausliefertouren von einem Depot aus unter der Annahme gleichverteilter Kundenstandorte unmittelbar aus spezifischen Größen des zu untersuchenden Liefergebietes approximiert werden, ohne eine einzige Tour bilden zu müssen. Zu den wenigen Eingangsgrößen der Approximationsgleichung gehören

- die Anzahl zu beliefernder Kunden im Liefergebiet k^{max}
- der Flächeninhalt des Liefergebietes zur Berechnung der Kundendichte δ
- die Entfernung le_{0k} jedes Kunden k zum Depot
- die Anzahl der Kunden pro Tour n

Die Vorgehensweise, mit der DAGANZO einige Parameter seiner Approximationsgleichung berechnet, soll im folgenden kritisch hinterfragt werden.

So wird etwa die mittlere Kunden-Kunden-Entfernung $\overline{le}$ zwischen n gleichverteilten Kunden in einem rechteckig angenommenen Tourgebiet mit den Seitenlängen lg und br sowie der Kundendichte δ über den Ausdruck $\Theta(\delta \cdot br^2)/\sqrt{\delta}$ bestimmt (vgl. Gleichung (4.11) auf Seite 77). Dieser Term läßt sich umformen zu $\Theta(n \cdot \gamma)/\sqrt{\delta}$ (vgl. Gleichung (4.15)). Gilt für das Seitenverhältnis des Tourgebietes in (4.13) $\gamma = 6{,}7/n$, so geht $\Theta(n \cdot \gamma)$ in $\Theta(6{,}7)$ über und $\overline{le}$ ist von n unabhängig. Andererseits gilt der Zusammenhang

$$\gamma = 1 \quad \Leftrightarrow \quad n \leq 6{,}7 \;\vee\; 4 \geq k^{max}/n\,.$$

Falls n höchstens 6,7 oder die Tourenanzahl höchstens 4 ist, entspricht die mittlere Kunden-Kunden-Entfernung also $\Theta(n)/\sqrt{\delta}$ und $\overline{le}$ ist bei gegebener Kundendichte δ allein von n abhängig. Weil Θ(x) für Werte von x ∈]0;12] einen streng monoton fallenden Funktionsverlauf aufweist, verringert sich folglich $\overline{le}$ mit zunehmendem n, solange n ≤ 6,7 ist oder die Tourenanzahl nicht größer als 4 und n ≤ 12 ist. Ist dieser Zusammenhang plausibel? Warum sollte die mittlere Kunden-Kunden-Entfernung $\overline{le}$ bei gegebenen Kundenstandorten größer werden, wenn sich die Anzahl der zu beliefernden Kunden in einer Tour von beispielsweise n = 6 auf n = 4 verringert?

Betrachtet man eine gegenüber DAGANZO modifizierte Aufgabenstellung, bei der die Tourenbildung nicht durch eine vorgegebene Kundenanzahl, sondern durch eine Mengenrestriktion beeinflußt wird, so ist vorstellbar, daß nach der Belieferung eines Kunden innerhalb einer Tour nicht etwa ein Kunde aus der unmittelbaren Umgebung, sondern ein entfernterer Kunde als nächstes besucht wird, um eine gute Fahrzeugauslastung zu erzielen und damit die Tourenanzahl zu minimieren. In einem solchen Fall würden sich jedoch einzelne Tourgebiete überschneiden, was das Vorgehen von DAGANZO aber nicht vorsieht. In allen anderen Fällen, also insbesondere dann, wenn die Tourenbildung durch Zeitrestriktionen oder wie bei DAGANZO durch eine maximale Kundenanzahl beschränkt wird, erscheint es hingegen sinnvoll, in einer Tour nach Möglichkeit den jeweils nächstgelegenen Kunden zu beliefern und damit eine von n unabhängige mittlere Kunden-Kunden-Entfernung anzunehmen.

Die Annahme gleichverteilter Kundenstandorte ist nicht sehr realitätsnah. Treten doch bei der Auslieferung in praktischen Anwendungsfällen meist Regionen sowohl mit besonders vielen als auch mit besonders wenig Nachfragern auf. Andererseits muß eine Annahme über die Verteilung der Kundenstandorte im Liefergebiet getroffen werden, um ohne Tourenbildung aus der Liefergebietsfläche und der Kundenanzahl auf eine mittlere Entfernung $\overline{le}$ zwischen zwei Kunden schließen zu können. Welchen Einfluß die fälschliche Annahme gleichverteilter Kundenstandorte auf $\overline{le}$ und damit auf die Ergebnisse der Approximationsformel von DAGANZO hat, muß anhand von realistischen Beispielen überprüft werden.

Eine wichtige Größe im Rahmen der Berechnung von $\overline{le}$ ist die Kundendichte δ im Liefergebiet, die aus dem Quotient der Anzahl zu beliefernder Kunden und der Liefergebietsfläche bestimmt wird. Für ein gegebenes Liefergebiet bestehen unterschiedliche Möglichkeiten, die Liefergebietsfläche zu ermitteln. Eine Methode, mit der DAGANZO die Liefergebietsfläche berechnet, sucht man in seinen Veröffentlichungen leider vergeblich.

Kritik ist auch an der Berechnungsweise von γ zu üben. Die Gleichung (4.13) auf Seite 80, mit der DAGANZO γ bestimmt, stellt über den Ausdruck $4 \cdot n/k^{max}$ sicher, daß die Tourgebiete bei einem zentral im Liefergebiet gelegenen Depot eine geeignete Form annehmen, um das gesamte Liefergebiet zu überdecken. Wie jedoch γ anzupassen ist, wenn sich der Depotstandort nicht im Zentrum befindet, beschreibt DAGANZO nicht. Betrachtet man etwa das Beispiel der Abbildung 4.14, bei dem von dem am Rand des Liefergebietes liegenden Depot aus k^{max} = 80 Kunden in 4 Touren mit jeweils n = 20 Kunden beliefert werden, dann wären bei der Wahl des Wertes mit der kürzesten Tourenlänge $\gamma = 6{,}7/n \cong 1/3$ die Tourgebiete zu schmal, um das Liefergebiet vollständig zu überdecken. Das beste Seitenverhältnis besteht bei $\gamma = 1/2$, das auch in der Abbildung 4.14 eingetragen ist. Die Gleichung (4.13) liefert jedoch $\gamma = 1$. Weil sich mit steigendem γ für $\gamma \geq 6{,}7/n$ aber auch die Tourenlänge erhöht (vgl. Abbildung 4.8 auf Seite 79), ist $\gamma = 1/2$ gegenüber $\gamma = 1$ mit einer kürzeren Tourenlänge verbunden und daher vorzuziehen.

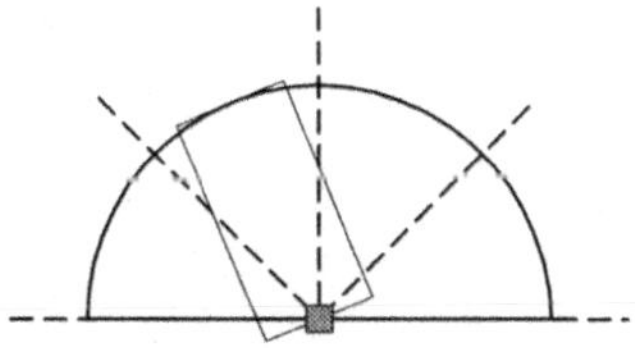

Abbildung 4.14: Überdeckung eines Liefergebietes mit dezentralem Depot

Eine wesentliche Einschränkung in der Anwendbarkeit der Approximationsformel von DAGANZO besteht darin, daß sie für Tourenplanungsprobleme konzipiert wurde, in denen die Tourenverläufe ausschließlich durch eine vorzugebende maximale Kundenanzahl beschränkt sind. Diese Größe n ist in vielen Aufgabenstellungen, wie beispielsweise auch im MPWLRP, nicht festgelegt, sondern ergibt sich erst durch eine zu beachtende Fahrzeugkapazität und die Nachfragemengen der Kunden sowie durch eine beschränkte Tourdauer und die anfallenden Fahr- und Warenablieferungszeiten. In diesen Fällen kann die Kundenanzahl in den einzelnen Touren des optimalen Tourenplans anders als bei DAGANZO sehr unterschiedlich sein. Um die Approximationsformel von DAGANZO dann dennoch anzuwenden, könnte man für n die mittlere Kundenanzahl pro Tour angeben. Eine präzise Abschätzung dieses Durchschnittswertes ohne Tourenbildung ist jedoch meist außerordentlich schwierig. Wenn es aber nicht gelingt, n genau zu ermitteln, ist nicht zu erwarten, daß die Approximationsformel von DAGANZO anschließend gute Ergebnisse liefert.

Im nächsten Kapitel soll ein auf der Approximationsformel von DAGANZO basierendes Verfahren zur Abschätzung von Tourenlängen entwickelt werden, das die genannten Kritikpunkte berücksichtigt. Darauf aufbauend wird im Kapitel 6 ein Verfahren beschrieben, das zur Lösung des MPWLRPs eingesetzt werden kann.

5 Entwicklung eines Verfahrens zur Abschätzung von Tourenlängen

Die zuletzt genannten Schwächen der Approximationsformel von DAGANZO geben Anlaß, für das Tourenplanungsproblem ein verändertes Approximationsverfahren zu entwickeln. Das Ziel ist dabei insbesondere, eine gute Abschätzung der Tourenlängen auch in Aufgabenstellungen zu erhalten, wo die Tourenbildung nicht wie bei DAGANZO durch eine maximale Kundenanzahl, sondern wie beim MPWLRP durch eine maximale Fahrzeugkapazität und eine maximale Tourdauer beschränkt wird. Dabei soll als Basis wiederum die Ausgangsgleichung (4.3) von DAGANZOs Approximationsformel auf Seite 69 dienen. Jedoch werden die Eingangsgrößen dieser Gleichung in anderer Weise bestimmt.

In Tourenplanungsproblemen mit Mengen- und Zeitrestriktionen ist nicht wie bei DAGANZO davon auszugehen, daß in nahezu jeder Tour des optimalen Tourenplans die Kundenanzahl identisch ist. Sie ist in aller Regel unterschiedlich. So kann beispielsweise der Fall auftreten, daß die Fahrzeugkapazität oder die maximale Tourdauer durch die isolierte Belieferung eines einzelnen Kunden bereits so stark genutzt wird, daß mit ihm kein weiterer Kunde des Liefergebietes in einer Tour gemeinsam beliefert werden kann. Diese Kunden müssen ihre Waren dann in einer Stichfahrt erhalten. Gelingt es, im Rahmen eines Approximationsverfahrens diese Stichfahrten zu erkennen, so kann ein Teil jener Fahrten nachvollzogen werden, die zum optimalen Tourenplan gehören. Dadurch läßt sich eine größere Genauigkeit in der Abschätzung der insgesamt zu fahrenden Auslieferentfernungen erzielen. Wie Stichfahrten identifiziert werden können, beschreibt das Kapitel 5.1.

Aufgrund der unterschiedlichen Anzahl zu beliefernder Kunden in den Touren besteht die Notwendigkeit, in der Approximationsformel die Größe n abzuschätzen, die dann als mittlere Kundenanzahl pro Tour zu interpretieren ist. Die Multiplikation von n mit der mittleren Entfernung $\overline{le}$ zwischen zwei Kunden ergibt wie bei DAGANZO die Länge le* der kürzesten Rundreise über alle Kunden im repräsentativen Tourgebiet. Die Berechnungsweise von n ist dem Kapitel 5.5 zu entnehmen. Darüber hinaus geht DAGANZO bei der Berechnung der Entfernung λ zwischen dem Depot und dem Mittelpunkt des repräsentativen Tourgebietes von einer identischen Kundenanzahl pro Tour aus, so daß bei bestehenden Mengen- und Zeitrestriktionen ein verändertes Vorgehen zur Herleitung von λ entwickelt werden muß. Kapitel 5.2 stellt die Modifikationen dar.

DAGANZO hat die Länge lg des repräsentativen Tourgebietes und die mittlere Kunden-Kunden-Entfernung $\overline{le}$ so aufeinander abgestimmt, daß die Länge der repräsentativen Tour minimal wird. Dieser Zusammenhang führt zu der am Ende des letzten Kapitels geäußerten

Kritik, daß unter bestimmten Bedingungen $\overline{le}$ von n abhängig ist. Um diese Unplausibilität zu beseitigen, muß $\overline{le}$ unabhängig von lg bestimmt werden. Ein Vorgehen dafür zusammen mit einer Methode zur Bestimmung der Liefergebietsfläche ist im Kapitel 5.3 beschrieben. Kapitel 5.4 zeigt die Auswirkungen der veränderten Berechnungsweise von $\overline{le}$ auf die Ermittlung von lg.

5.1 Identifikation von Stichfahrten

Bevor die gesamte Auslieferstrecke von einem Depot mit Hilfe einer Approximationsformel abgeschätzt wird, ist es sinnvoll, vorab alle jene Kunden des Liefergebietes zu erfassen, die aufgrund ihrer Nachfragemengen oder ihrer Entfernung zum Depot verbunden mit der erforderlichen Warenablieferungszeit nicht mit wenigstens einem Kunden des Liefergebietes in einer gemeinsamen Tour beliefert werden können, weil sonst die gegebenen Mengen- oder Zeitrestriktionen überschritten würden.

Um einen Kunden zu identifizieren, der wegen seines Nachfrageverhaltens in einer Stichfahrt beliefert werden muß, wird zunächst der Kunde im Liefergebiet mit der geringsten Nachfragemenge ermittelt. Alle Kunden, die in einer gemeinsamen Tour mit dem nachfrageschwächsten Kunden die Mengenrestriktion überschreiten, können nur einzeln beliefert werden. Entsprechend verhält es sich mit der Zeitrestriktion. Zunächst wird der Kunde im Liefergebiet mit der geringsten Zeit für die Warenablieferung gesucht. Sollte dann die Entfernung eines Kunden vom Depot so groß sein, daß die Fahrzeit für Hin- und Rückfahrt zuzüglich der Verweildauer bei diesem Kunden nicht wenigstens die kleinste, im Liefergebiet auftretende Warenablieferungszeit innerhalb des gegebenen Zeitlimits zulassen, so muß auch dieser Kunde einzeln beliefert werden. Diese Betrachtung unterstellt vereinfachend, daß der Kunde mit der geringsten Warenablieferungsdauer ohne zusätzliche Fahrstrecken und damit verbundenem Zeitaufwand in eine Tour einbezogen werden kann.

Die mit der Belieferung aller Kunden an einem Depot anfallenden Auslieferentfernungen setzen sich aus der Länge der ermittelten Stichfahrten und den mittels Approximationsformel abzuschätzenden Tourenlängen zusammen. Kunden, die nur in einer Stichfahrt besucht werden können, spielen für die Herleitung der in die Approximationsformel eingehenden Größen dann natürlich keine Rolle mehr.

Der Erfolg, mit dem Stichfahrten-Kunden identifiziert werden können, hängt stark von der Nachfragemenge, der Warenablieferungszeit und der Depot-Entfernung der Kunden ab. Besonders wirksam ist dieses Vorgehen, wenn es viele Kunden gibt, die nahezu eine gesamte

Lkw-Ladung bestellen, und keine Kunden mit sehr geringer Nachfragemenge. Ebenso lassen sich viele Stichfahrten ermitteln, wenn die isolierte Belieferung zahlreicher Kunden fast die gesamte zur Verfügung stehende Tourdauer in Anspruch nimmt und die Ablieferungszeit keines Kunden klein ist.

Die Suche nach Stichfahrten-Kunden kann bei bestehenden Zeitrestriktionen verbessert werden, weil sich für jeden Kunden k der Bereich, in dem sich Kunden für eine gemeinsame Ausliefertour befinden können, auf jenen Teil des Liefergebietes einschränken läßt, der nach der Belieferung von k unter Berücksichtigung der ausstehenden Rückfahrt zum Depot noch innerhalb der Zeitrestriktion erreichbar ist. Diese Suche kann jedoch sehr rechenintensiv sein.

5.2 Berechnung der Entfernung zwischen dem Depot und dem Mittelpunkt des repräsentativen Tourgebietes

Als Näherung für die Entfernung λ zwischen dem Depot und dem Mittelpunkt des repräsentativen Tourgebietes benutzt DAGANZO den Durchschnitt aller auftretenden Depot-Kunden-Entfernungen (vgl. Kapitel 4.2.1). Diese Approximation ist aber nur sinnvoll einsetzbar, wenn davon auszugehen ist, daß nahezu alle Touren dieselbe Kundenanzahl aufweisen. Bei Aufgabenstellungen, in denen Mengen- und Zeitrestriktionen den Tourenverlauf bestimmen, ist diese Annahme jedoch meist nicht aufrechtzuerhalten. So kann beispielsweise in einer Tour, die in der Nähe des Depots verläuft, ohne Berücksichtigung von Nachfragemengen und unterschiedlichen Ablieferungszeiten der Kunden eine größere Kundenanzahl besucht werden als in einer Tour mit depotfernen Kunden, weil im Nahbereich des Depots eingesparte Fahrzeiten zur Belieferung weiterer Kunden genutzt werden können. Würde man in einem solchen Fall λ entsprechend dem Vorschlag von DAGANZO als mittlere Depot-Kunden-Entfernung berechnen, so ergäbe sich für λ ein zu kleiner Wert. Denn λ soll die durchschnittliche Entfernung zwischen dem Depot und dem Mittelpunkt aller Tourgebiete repräsentieren. Unter der Annahme, daß sich in jeder Tour die Entfernung zwischen dem Depot und dem Tourgebietsmittelpunkt als mittlere Depot-Entfernung der zu beliefernden Kunden berechnet, bestimmen in einer depotfernen Tour nur wenige Kunden den Mittelpunkt des Tourgebietes, in einer depotnahen Tour hingegen viele. Folglich ist der Einfluß eines Kunden auf den Tourgebietsmittelpunkt in einer depotfernen Tour größer als in einer depotnahen Tour. Weil aber im Vorgehen von DAGANZO jeder Kunde mit demselben Gewicht in die Berechnung von λ eingeht, ist die mittlere Depot-Kunden-Entfernung als Abschätzung für λ zu klein.

Wie ist nun aber die Berechnung von λ zu modifizieren, um auch die Tourenlängen von Aufgabenstellungen zu approximieren, in denen die Tourenverläufe durch Mengen- und Zeitrestriktionen beeinflußt werden? Ausgehend von den Überlegungen, warum in diesen Fällen der Durchschnitt aller Depot-Kunden-Entfernungen als Näherung für λ ungeeignet ist, erscheint es naheliegend, die Depot-Entfernung jedes Kunden k mit einem Wert zu gewichten, der von jener Kundenanzahl n_k abhängig ist, mit welcher der Kunde k in einer gemeinsamen Tour beliefert wird. Die Angabe dieser Größe setzt jedoch voraus, daß bekannt ist, welche Kunden zu welcher Tour gehören. Die aufwendige Tourenbildung soll aber gerade vermieden werden, so daß die Berechnung von n_k näherungsweise erfolgen muß.

Eine Möglichkeit, um n_k unter Berücksichtigung von Mengen- und Zeitrestriktionen näherungsweise zu bestimmen, ist in dem Verfahren des Ring-Modells beschrieben (vgl. Gleichung (3.4) auf Seite 53). Der Wert von n wird dort hergeleitet für den Spezialfall, daß alle Kunden einer Tour denselben Abstand zum Depot und dieselbe Nachfragemenge aufweisen. Akzeptiert man die auf S. 54 ff. beschriebenen Ungenauigkeiten, die auftreten, wenn diese Gleichung angewendet wird, obwohl die Voraussetzung gleichartiger Kunden innerhalb einer Tour nicht erfüllt ist, so läßt sich n_k für einen Kunden k ($k=1,\ldots,k^{max}$) mit der Nachfragemenge mek_k, der Entfernung le_{0k} zum Depot und der Zeitdauer für die Warenablieferung ad_k näherungsweise bestimmen aus

$$n_k = \min\left(\frac{ze_{max} - \left(2 \cdot le_{0k} - \overline{le}\right)/dg}{ad_k + \overline{le}/dg}; \frac{me_{max}}{mek_k}; k^{max} \right) \tag{5.1}$$

wobei $\overline{le}$ die mittlere Kunden-Kunden-Entfernung[1], dg die Durchschnittsgeschwindigkeit, me_{max} die Lkw-Kapazität und ze_{max} die maximale Tourdauer bezeichnet.

Eine andere Vorgehensweise zur Berechnung von n_k beruht darauf zu bestimmen, wie viele Kunden, die bezüglich Nachfragemenge und Ablieferungsdauer für das Liefergebiet typisch sind, neben dem Kunden k in einer Tour beliefert werden können. Dabei wird angenommen, daß der erste und letzte Kunde der Tour wie der Kunde k im Abstand le_{0k} vom Depot entfernt liegen. Sei ad_{ges} die Summe der Ablieferungszeiten und me_{ges} die Summe der Nachfragemengen aller k^{max} Kunden im Liefergebiet, so gilt

$$n_k = 1 + \min\left(\frac{ze_{max} - 2 \cdot le_{0k}/dg - ad_k}{\left(\frac{ad_{ges} - ad_k}{k^{max} - 1} + \frac{\overline{le}}{dg}\right)}; \frac{me_{max} - mek_k}{\left(\frac{me_{ges} - mek_k}{k^{max} - 1}\right)}; k^{max} - 1 \right) \tag{5.2}$$

---

[1] Eine Modifikation in der Berechnung von $\overline{le}$ gegenüber dem Vorgehen von DAGANZO wird später im Kapitel 5.3.2 beschrieben

Die in dem Ausdruck (5.2) auftretenden Zähler beschreiben die verbleibende Tourdauer bzw. Fahrzeugkapazität zur Belieferung anderer Kunden nach dem Besuch des Kunden k. Die Nenner stellen den mittleren Zeitbedarf für die Warenablieferungsdauer und Weiterfahrt zum nächsten Kunden bzw. die mittlere Nachfragemenge der Kunden im Liefergebiet ohne Berücksichtigung des Kunden k dar.

Aus den berechneten Werten für n_k läßt sich mit

$$at_{ges} = \sum_{k=1}^{k^{max}} \frac{1}{n_k} \tag{5.3}$$

die Anzahl der Touren abschätzen, die zur Belieferung der k^{max} Kunden im Liefergebiet erforderlich sind. Es ist dabei jedoch zu beachten, daß n_k sowohl in Gleichung (5.1) als auch in (5.2) unter der Annahme berechnet wird, daß die zur Verfügung stehende Tourdauer und Fahrzeugkapazität in jeder Tour vollständig genutzt wird. Die Genauigkeit der mit (5.3) abgeschätzten Tourenanzahl hängt somit stark von dem tatsächlichen Ausnutzungsgrad der Kapazitäten in den Touren ab.

Um nun λ zu bestimmen, kann man folgende Gleichung verwenden:

$$\lambda = \frac{\sum_{k=1}^{k^{max}} d_{0k}/n_k}{\sum_{k=1}^{k^{max}} 1/n_k} \tag{5.4}$$

Der Zähler in (5.4) approximiert die Summe aller Entfernungen des Depots von den Mittelpunkten der Tourgebiete. Der Nenner stellt entsprechend (5.3) die erforderliche Tourenanzahl dar, so daß der gesamte Bruch den mittleren Abstand zwischen dem Depot und den Tourgebietsmittelpunkten wiedergibt[1].

Gute Näherungen für λ sind aus (5.4) dann zu erwarten, wenn sich in jeder Tour f alle n_f Kunden gleichmäßig um den Tourgebietsmittelpunkt verteilen und die Depot-Entfernungen aller n_f Kunden mit demselben Faktor $1/n_f$ gewichtet werden. Die Gleichungen (5.1) und (5.2) können diese gleichmäßige Gewichtung jedoch nicht garantieren, weil n_k für jeden Kunden isoliert und ohne Wissen über die tatsächliche Zuordnung der Kunden zu Touren berechnet wird. Sollten dann beispielsweise die Kunden einer Tour unterschiedliche n_k-Werte aufweisen,

---

[1] Die in (5.4) angegebene Berechnungsweise für λ findet sich für *eine* Tour auch bei DAGANZO [1991, S. 134 f.] wieder. Wie die Werte von n_k unter Berücksichtigung der Zeitrestriktion zu ermitteln sind, bleibt dort jedoch offen.

so üben Kunden mit besonders kleinen n_k-Werten in Gleichung (5.4) einen wesentlich stärkeren Einfluß auf λ aus als Kunden mit großen n_k-Werten. Insgesamt kann dieses die Berechnung des Abstandes zwischen dem Depot und dem Tourgebietsmittelpunkt verfälschen.

Welche der beiden Gleichungen (5.1) und (5.2) n_k besser abschätzt, ist ohne Kenntnis über den genauen Tourenplan schwierig vorherzusagen. Wenn anzunehmen ist, daß innerhalb jeder Tour die Kunden die knappe Tourdauer bzw. Fahrzeugkapazität in ähnlicher Weise in Anspruch nehmen, so lassen sich mit (5.1) bessere Näherungen für n_k ermitteln als mit (5.2). Sind hingegen große Unterschiede zwischen den Kunden einer Tour in der Ausnutzung der Tourkapazitäten zu erwarten, weil z.B. innerhalb einer Tour mit Mengenrestriktion Kunden mit sehr großer und sehr kleiner Nachfragemenge vermutet werden, können die mit (5.1) berechneten n_k ganz extreme Werte annehmen. Indem in die Gleichung (5.2) Kunden einbezogen werden, die für das Liefergebiet typisch sind, entsteht eine Angleichung der n_k-Werte und somit ein besseres Näherungsverhalten als mit (5.1).

5.3 Berechnung der Rundreiselänge im repräsentativen Tourgebiet

Die Rundreiselänge le* im Tourgebiet über n Kunden berechnet DAGANZO als Multiplikation von n und der durchschnittlichen Entfernung zwischen zwei Kunden der Tour (vgl. Gleichung (4.11) auf Seite 77). An diesem Zusammenhang soll auch weiterhin festgehalten werden. Bevor jedoch im folgenden eine Modifikation in der Herleitung der mittleren Kunden-Kunden-Entfernung beschrieben wird, soll zuvor die Vorgehensweise zur Berechnung der Liefergebietsfläche erläutert werden, die für die Ermittlung der Kunden-Kunden-Entfernung eine wichtige Rolle spielt.

5.3.1 Berechnung der Liefergebietsfläche

Eine wesentliche Einflußgröße der mittleren Kunden-Kunden-Entfernung $\overline{le}$ ist die Liefergebietsfläche, die über die Kundendichte δ in Gleichung (4.11) eingeht. Als Liefergebietsfläche Fl_{ges} ist somit jene Fläche zu ermitteln, in der Transportverbindungen zwischen Kunden auftreten. Der Depotstandort spielt dabei strenggenommen keine Rolle. Weil jedoch davon auszugehen ist, daß sich der Depotstandort sinnvollerweise dort befindet, wo in unmittelbarer Nähe Kunden zu beliefern sind, kann der Depotstandort in ein Vorgehen zur Berechnung der Liefergebietsfläche vereinfachend einbezogen werden.

DAGANZO gibt für sein Verfahren keine explizite Beschreibung an, wie Fl_{ges} bestimmt werden soll. In den verschiedenen Beispielen, an denen er die Qualität seines Verfahrens überprüft, ist erkennbar, daß er zunächst eine rechteckige Liefergebietsfläche vorgibt und darin zufällig verteilte Kundenstandorte generiert[1]. In den Fällen, wo eine Aufgabenstellung jedoch nicht erzeugt wird, sondern gegeben ist, ist die Liefergebietsfläche im voraus nicht bekannt. Dann läßt sich Fl_{ges} in Anlehnung an die Form der Gebiete in den Beispielen von DAGANZO beispielsweise als Rechteck über die Koordinaten (x_k, y_k) der zu beliefernden Kunden k ($k=1,\dots,k^{max}$) bestimmen. Es gilt dann

$$Fl_{ges} = \left(\max_k(x_k) - \min_k(x_k)\right) \cdot \left(\max_k(y_k) - \min_k(y_k)\right) \tag{5.5}$$

Eine andere Möglichkeit, den Flächeninhalt des Liefergebietes zu bestimmen, bietet die konvexe Hülle, die eine spezielle konvexe Menge darstellt. Eine Menge M in der Fläche wird als konvex bezeichnet, wenn für zwei beliebige Punkte p und q aus M auch die Verbindungsstrecke zwischen den beiden Punkten in M verläuft. Abbildung 5.1 zeigt eine konvexe, Abbildung 5.2 eine nicht konvexe Menge. Die konvexe Hülle eines gegebenen Liefergebietes ist die kleinste konvexe Menge, die das Liefergebiet umfaßt.

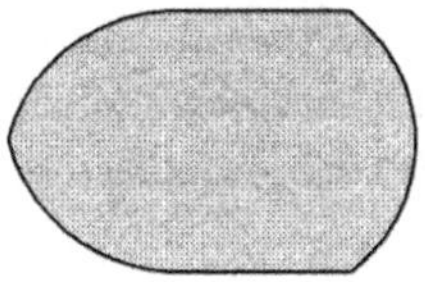

Abbildung 5.1: Konvexe Menge

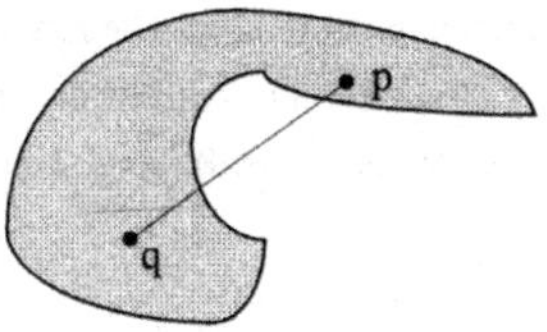

Abbildung 5.2: Nicht konvexe Menge

Gegenüber dem mit (5.5) bestimmten Rechteck läßt sich mit Hilfe der konvexen Hülle der Flächeninhalt eines Liefergebietes wesentlich genauer bestimmen. Abbildung 5.3 zeigt für drei Kundenstandorte die Gebietsflächen, die aus dem Koordinatenrechteck und der konvexen Hülle resultieren. Weite Teile des Rechtecks, in denen gar keine Transportverbindungen zwischen den Kunden auftreten können, gehören in diesem Beispiel nicht zur konvexen Hülle, die dadurch eine deutlich kleinere Fläche umfaßt.

[1] Vgl. DAGANZO [1984b, S. 340 ff.]

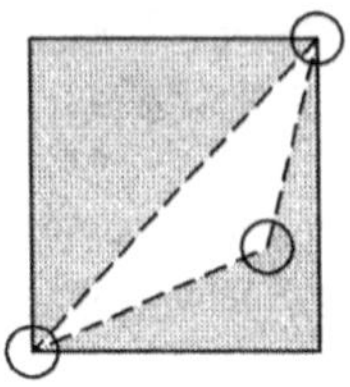

Abbildung 5.3: Flächeninhalte basierend auf dem Koordinatenrechteck (durchgezogene Randlinie) oder der konvexen Hülle (gestrichelte Randlinie)

Das Verfahren von DAGANZO soll in modifizierter Form im Kapitel 7 auf reale Problemstellungen angewendet werden, in denen nicht von gleichverteilten Kundenstandorten in der Fläche auszugehen ist. Es können dann beispielsweise Liefergebiete auftreten, die dem in Abbildung 5.4 ähnlich sind. Dort stellen die zwei Dreiecke Depot - Kunde 1 - Kunde 2 und Depot - Kunde 3 - Kunde 4 jene Flächen dar, in denen Auslieferttouren verlaufen. Würde man in diesem Fall die Liefergebietsfläche Fl_{ges} mit Hilfe der konvexen Hülle bestimmen, welche die Kunden 1, 2, 3 und 4 verbindet, so gehören Flächen zu Fl_{ges}, in denen tatsächlich keine Transportverbindungen bestehen. Die errechnete Gesamtfläche wäre somit viel zu groß und dadurch zugleich die mit (4.11) hergeleitete mittlere Kunden-Kunden-Entfernung. Vor diesem Hintergrund erscheint auch die konvexe Hülle zur Bestimmung der Liefergebietsfläche zu ungenau.

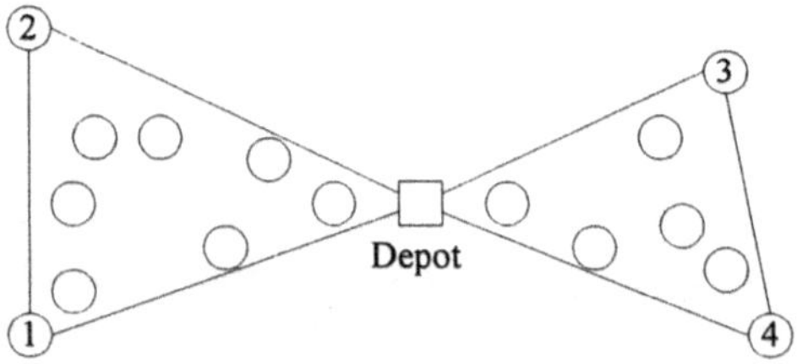

Abbildung 5.4: Zweigeteiltes Liefergebiet

Ohne Kenntnis über die genauen Tourenverläufe ist es in der Regel sehr schwierig zu erkennen, ob sich das Liefergebiet wie in Abbildung 5.4 aus einzelnen, nicht miteinander verbundenen Teilflächen zusammensetzt. Im folgenden wird ein Vorgehen beschrieben, das die Liefergebietsfläche nicht nur in Abhängigkeit der Kundenstandorte bestimmt, sondern daneben auch die Nachfragemengen, Warenablieferungszeiten und Tourrestriktionen berücksichtigt. Diese zusätzlichen Einflußgrößen lassen gegenüber der Flächenberechnung mit der konvexen Hülle eine größere Genauigkeit erwarten, Gebiete zu erkennen, in denen tatsächlich Transportverbindungen zwischen Kunden auftreten. Bevor die einzelnen Vorgehensschritte in allgemeiner Form dargestellt werden, soll zunächst eine ausführliche Beschreibung der Vorgehensidee erfolgen.

Grundlage für die Berechnung der Liefergebietsfläche ist die Transformation der Liefergebietsebene in ein Polarkoordinatensystem, in dessen Ursprung sich das Depot befindet. Jeder Ort k des Liefergebietes mit den Koordinaten (x_k, y_k) des cartesischen Koordinatensystems ist dann durch die Entfernung zum Depot und jenen Winkel φ_k eindeutig bestimmt, den die Gerade durch das Depot und den Ort k mit einer gegebenen Polarachse durch das Depot bildet. Besitzt das Depot die Koordinaten (x_0, y_0) und bezeichnen $\Delta x_k = x_k - x_0$ und $\Delta y_k = y_k - y_0$ die Differenz der Koordinaten des Ortes k von den Koordinaten des Depots, so berechnet sich der Polarwinkel φ_k eines Ortes k aus

$$\varphi_k = \arctan\left(\frac{\Delta y_k}{\Delta x_k}\right).$$

Die Werte der Funktion arctan sind dabei nicht ausschließlich aus dem Hauptwertebereich $\left]-\pi/2, \pi/2\right[$ zu wählen. Abhängig von Δy_k soll gelten:

$$\Delta y_k > 0 \Rightarrow \begin{cases} \varphi_k \in \left]0, \pi\right[, & \text{wenn } \Delta x_k \neq 0 \\ \varphi_k = \pi/2, & \text{wenn } \Delta x_k = 0 \end{cases}$$

$$\Delta y_k \leq 0 \Rightarrow \begin{cases} \varphi_k \in \left[\pi, 2\pi\right], & \text{wenn } \Delta x_k \neq 0 \\ \varphi_k = 3\pi/2, & \text{wenn } \Delta x_k = 0 \end{cases}$$

Die Ebene, in der sich das Liefergebiet befindet, läßt sich in Sektoren aufteilen, so daß sich in jedem Sektor Orte befinden, deren Polarwinkel in demselben Winkelintervall liegen. Eine Aufteilung mit 20 Winkelintervallen identischer Größe zeigt Abbildung 5.5.

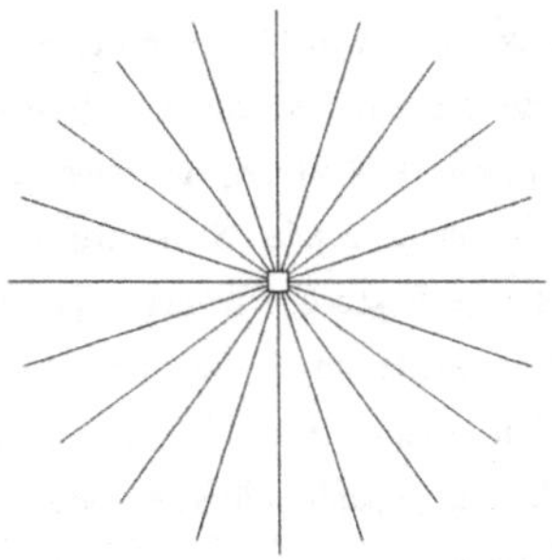

Abbildung 5.5: Aufteilung des Liefergebietes in 20 Sektoren

Bei s^{max} identischen Ebenensektoren umfaßt der Sektor s (s=1,...,s^{max}) alle Orte, deren Polarkoordinaten im Intervall $\left]\frac{2\pi}{s^{max}}\cdot(s-1), \frac{2\pi}{s^{max}}\cdot s\right]$ liegen. Jeder Kunde kann somit aufgrund seines Polarwinkels einem Sektor eindeutig zugeordnet werden. Sei $\hat{k}_s$ der Kunde im Sektor s, der mit einer Entfernung $le_{0\hat{k}_s}$ als Randkunde den größten Abstand zum Depot aufweist, dann läßt sich der im Sektor s auftretende Teil Fl_s der Liefergebietsfläche als Kreisausschnitt berechnen über

$$Fl_s = \frac{\pi \cdot le_{0\hat{k}_s}^2}{s^{max}}$$

und die gesamte Liefergebietsfläche als Summe aller Teilflächen Fl_s.

Ein solches Vorgehen zur Flächenberechnung ist nur dann sinnvoll anwendbar, wenn Touren nicht über mehrere Sektoren verlaufen. Davon ist jedoch nicht ohne weiteres auszugehen, weil Tourrestriktionen bei der beschriebenen Flächenbestimmung keine Rolle spielen. Es läßt sich aber mit großer Sicherheit sagen, daß Verbindungen von einem Sektor s zu benachbarten Sektoren auftreten, wenn bei der Belieferung aller Kunden aus s weder die Mengen- noch die Zeitkapazität vollständig ausgeschöpft werden. Während zur Überprüfung der Mengenrestriktion die Summe der Nachfragemengen der Kunden in einem Sektor mit der Kapazität des Auslieferfahrzeugs verglichen wird, wird zur Kontrolle der Zeitrestriktion vereinfachend die erforderliche Zeit für die Fahrt vom Depot zum entferntesten Kunden und wieder zurück zuzüglich der Warenablieferungszeiten aller Kunden im betrachteten Sektor bestimmt.

Sollten in einem Sektor die Tourrestriktionen nach dem Besuch aller Kunden die Belieferung weiterer Kunden zulassen, erscheint es naheliegend, den betrachteten Sektor so weit zu vergrößern, bis durch die Aufnahme weiterer Kunden die Grenze wenigstens einer der Tourrestriktionen erreicht oder überschritten ist. Vereinfachend wird bei dieser Erweiterung angenommen, daß stets nur ganze, benachbarte Sektoren zusätzlich aufgenommen werden können. Die Überprüfung der Tourrestriktionen wird für jeden der s^{max} Sektoren in seiner ursprünglichen Form durchgeführt. Dabei kann die Situation auftreten, daß Kunden durch Sektorvergrößerungen in zwei oder mehreren Sektoren auftreten. Um dann nicht entscheiden zu müssen, welchem Sektor oder, im übertragenden Sinne, welcher Tour ein Kunde am sinnvollsten zuzuordnen ist, bleiben solche Sektorüberschneidungen erhalten. Die gesamte Liefergebietsfläche berechnet sich dann wiederum als Summe der Kreisausschnitte, die durch die vom Depot entferntesten Kunden in jedem der s^{max} Sektoren bestimmt werden. Bei Sektorüberschneidungen in einem Sektor entscheidet die vom Depot entfernteste Sektorbegrenzung über die Größe des Kreisausschnittes.

Abbildung 5.6 veranschaulicht die beschriebene Vorgehensweise zur Flächenberechnung an einem Beispiel, wobei exemplarisch nur 3 Sektoren dargestellt werden. Nach der Belieferung aller Kunden im Sektor 1 sollen die zur Verfügung stehenden Tourkapazitäten die Möglichkeit bieten, weitere Kunden zu besuchen. Nimmt man die Kunden aus dem Sektor 2 in eine gemeinsame Tour hinzu, wird eine Tourrestriktion überschritten. Dasselbe Szenario soll auch für die Kunden im Sektor 3 gelten, so daß die Sektoren 1 und 3 jeweils um den Sektor 2 erweitert werden. Weil der erweiterte Sektor 1 den Sektor 2 im größten Abstand vom Depot begrenzt, geht in die Berechnung der Liefergebietsfläche der Sektor 1 in der erweiterten Form und Sektor 3 in seiner ursprünglichen Form ein.

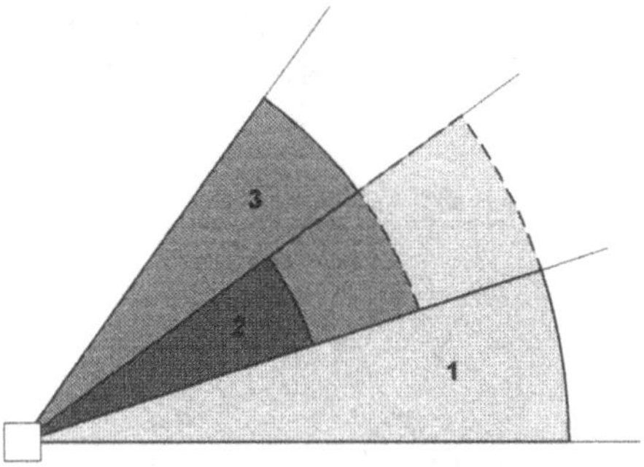

Abbildung 5.6: Vorgehensmöglichkeit zur Flächenberechnung eines Liefergebietes

Es kann der Eindruck entstehen, durch die Sektorerweiterungen die Liefergebietsfläche zu grob zu bestimmen. Betrachtet man etwa die Abbildung 5.6, so fügt die Vergrößerung des Sektors 1 dem Liefergebiet eine beachtliche Fläche hinzu, in der sich überhaupt keine Kunden befinden. Jedoch sind Verbindungen zwischen Kunden einer Tour in dieser Zusatzfläche zu vermuten. Entsprechend dem Vorgehen von DAGANZO zur Berechnung der mittleren Kunden-Kunden-Entfernung soll sich ein Streifen durch das Liefergebiet schlängeln, der eine Hülle um Verbindungsstrecken zwischen zwei Kunden darstellt. Es ist daher keineswegs erforderlich, die Liefergebietsfläche durch am Rand des Liefergebietes verlaufende Transportverbindungen zu begrenzen. Ein Sektor bietet als Hülle um eine Verbindung zwischen zwei Kunden somit bei der Flächenberechnung eine akzeptable Genauigkeit, solange die Sektoren nicht eine für das Liefergebiet unangemessene Breite besitzen. Diese läßt sich jedoch über die Anzahl betrachteter Ebenensektoren s^{max} steuern. Die Wahl der Größe s^{max} ist daher von der mittleren Entfernung zwischen dem Depot und den zu beliefernden Kunden abhängig. Je weiter die Standorte der Kunden vom Depot entfernt liegen, um so größer muß s^{max} sein.

In welcher Weise ein Sektor erweitert wird, ist bislang nicht beschrieben worden. Schließlich können mehrere Möglichkeiten bestehen, durch die Einbeziehung von Kunden aus den Nachbarsektoren die Grenze einer der Tourrestriktionen zu erreichen oder zu überschreiten. Angesichts der Vorgehensweise zur Berechnung der Liefergebietsfläche ist von den verschiedenen Erweiterungsmöglichkeiten sinnvollerweise diejenige auszuwählen, durch welche die Gesamtfläche am wenigsten steigt. Diese Richtlinie kann jedoch erhebliche Interdependenzen zwischen zu erweiternden Sektoren mit sich bringen. Kann beispielsweise die Erweiterung des Sektors 3 in Abbildung 5.7 alternativ durch die Einbeziehung der Kunden in den Sektoren 2 oder 4 erfolgen, so scheint letztere Möglichkeit die Gesamtfläche weniger stark zu erhöhen. Wenn jedoch die Erweiterung des Sektors 1 durch Eingliederung des Sektors 2 erfolgt, ist es günstiger, auch Sektor 3 mit Sektor 2 zusammenzuführen. Diese Abhängigkeiten komplizieren die Berechnung der Liefergebietsfläche ganz erheblich.

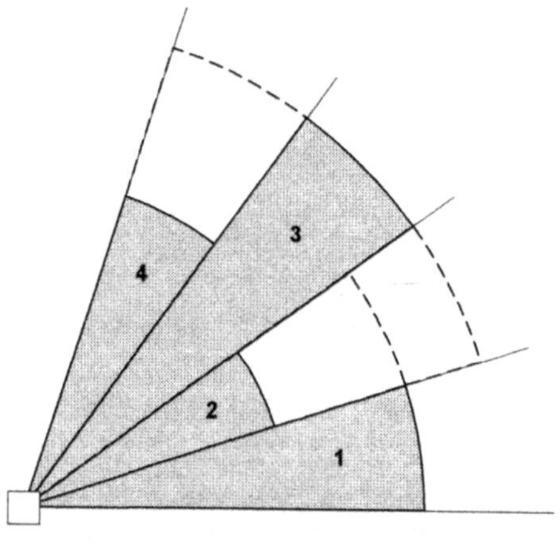

Abbildung 5.7: Interdependenzen bei der Sektorerweiterung

Im Kapitel 6 soll das Vorgehen zur Flächenberechnung im Ein-Depot-Fall auf den Mehr-Depot-Fall übertragen werden. Die Herleitung der Eingangsgrößen für die Approximationsgleichung im Ein-Depot-Fall sollte daher auch im Mehr-Depot-Fall nutzbar sein. Ohne bereits an dieser Stelle zu detailliert auf die einzelnen Verfahrensschritte im Mehr-Depot-Fall einzugehen, ist es daher erforderlich, wenigstens die Verfahrensidee hier grob zu skizzieren. Grundlage des Ansatzes ist eine Anfangszuordnung der zu beliefernden Kunden zu den gegebenen Depots. Anschließend wird für jeden Kunden überprüft, wie sich die mit Hilfe der Approximationsformel berechneten Tourenlängen verändern, wenn der Kunde einem anderen Depot zugeordnet wird. Die veränderte Zuordnung mit dem höchsten Beitrag zur Verringerung der von allen Depots aus anfallenden Auslieferstrecken wird realisiert. Die Schritte der

Überprüfung einer veränderten Depot-Kunden-Zuordnung und Realisierung der günstigsten werden so lange wiederholt, bis sich für keinen Kunden mehr durch die Veränderung der Depot-Zuordnung eine Reduktion der gesamten Auslieferstrecken ergibt.

Für die Flächenberechnung der Liefergebiete an den Depotstandorten bedeutet dieses Vorgehen, daß erkennbar sein muß, wie sich die Flächeninhalte verändern, wenn ein Kunde aus einem Liefergebiet entfernt und einem anderen hinzugefügt wird. Bezogen auf die zuletzt beschriebene Methode zur Bestimmung der Liefergebietsfläche kann die Herausnahme eines Kunden aus einem Liefergebiet eine Verkleinerung, die Hinzunahme eine Vergrößerung des Kreisausschnittes eines Ebenensektors mit sich bringen. Darüber hinaus können sich in diesen veränderten Sektoren andere Anforderungen an eine Sektorerweiterung ergeben. Aber nicht nur der Sektor, in dem ein entfernter oder hinzugefügter Kunde aufgrund seines Polarwinkels liegt, und dessen Erweiterungsmöglichkeiten sind von einer veränderten Depot-Zuordnung betroffen. Auch die Erweiterung benachbarter Sektoren kann hinsichtlich der Anzahl einbezogener Sektoren als auch in der Erweiterungsrichtung anders verlaufen. Folglich kann die Umordnung eines einzigen Kunden von einem Depot zu einem anderen die Flächen der beiden untersuchten Liefergebiete an unterschiedlichen Stellen beeinflussen. Weil diese Stellen jedoch nicht unmittelbar erkennbar sind und deren Suche bei einer Vielzahl zu betrachtender Depot-Kunden-Zuordnungen sehr aufwendig ist, wird die Flächenberechnung bereits hier im Ein-Depot-Fall noch einmal etwas modifiziert.

Anstatt einen Ebenensektor $\hat{s}$, in dem die Belieferung der Kunden nicht die gegebenen Mengen- und Zeitrestriktionen vollständig ausnutzt, durch die Einbeziehung ***bestehender*** Nachbarsektoren zu erweitern, erfolgt die Sektorvergrößerung unter der Annahme, daß die Nachbarsektoren ***dieselbe Gestalt*** besitzen wie der betrachtete Sektor $\hat{s}$. Sei also $K_{\hat{s}}$ die Indexmenge jener Kunden, deren Standorte sich aufgrund ihrer Polarwinkel im Sektor $\hat{s}$ befinden, dann soll gelten:

mek_k	: Nachfragemenge des Kunden k, $k \in K_{\hat{s}}$
ad_k	: Zeiteinheiten zur Ablieferung der Nachfragemenge beim Kunden k, $k \in K_{\hat{s}}$
$le_{0\hat{s}}$	: Größte Entfernung zwischen dem Depot und den Kunden im Sektor $\hat{s}$
me_{max}	: Kapazität des Auslieferfahrzeuges
ze_{max}	: Maximale Fahrdauer einer Tour
dg	: durchschnittliche Fahrgeschwindigkeit bei der Auslieferung

Basierend auf der stärker einschränkenden Tourrestriktion läßt sich der Anteil $\zeta_{\hat{s}}$ zur Belieferung aller Kunden im Sektor $\hat{s}$ an der knappen Mengenkapazität oder der Zeitkapazität ohne

Berücksichtigung des Zeitbedarfs für die Fahrten zwischen dem Depot und dem Randkunden in $\hat{s}$ berechnen mit Hilfe der Gleichung

$$\zeta_{\hat{s}} = \max\left(\frac{\sum_{k\in K_{\hat{s}}} mek_k}{me_{max}}; \frac{\sum_{k\in K_{\hat{s}}} ad_k}{ze_{max} - 2\cdot le_{0\hat{s}}/dg}\right)$$

Wird der reziproke Wert $1/\zeta_{\hat{s}}$ auf die nächstgrößere ganze Zahl aufgerundet, so ergibt sich unter der Annahme, daß die Nachbarsektoren von $\hat{s}$ dem Liefergebietssektor $\hat{s}$ entsprechen, die Anzahl erforderlicher Sektoren, um durch die Erweiterung von $\hat{s}$ die Grenze wenigstens einer der beiden Tourrestriktionen zu erreichen oder zu überschreiten. Weil von diesen Sektoren ein Sektor $\hat{s}$ selbst ist, berechnet sich die Anzahl $AnzS_{\hat{s}}$ der Erweiterungssektoren folglich aus

$$AnzS_{\hat{s}} = \left\lceil \min\left(\frac{me_{max}}{\sum_{k\in K_{\hat{s}}} mek_k}; \frac{ze_{max} - 2\cdot le_{0\hat{s}}/dg}{\sum_{k\in K_{\hat{s}}} ad_k}\right)\right\rceil - 1 \tag{5.6}$$

wobei $\lceil x \rceil$ die kleinste ganze Zahl ist, die größer oder gleich x ist.

Um Schwierigkeiten bei der Bestimmung der Erweiterungsrichtung zu vermeiden, soll $\hat{s}$ vereinfachend symmetrisch erweitert werden. Sollte dabei die mit Gleichung (5.6) ermittelte Anzahl an Erweiterungssektoren einen geraden Wert ergeben, ist die Anordnung der Erweiterungssektoren um $\hat{s}$ unproblematisch, weil $\hat{s}$ dann auf jeder der beiden Seiten um $AnzS_{\hat{s}}/2$ Sektoren vergrößert werden kann. Ergibt sich jedoch ein ungerader Wert, so soll die Lage des Randkunden im Sektor $\hat{s}$ entscheiden, welcher Seite ein Sektor mehr hinzugefügt wird. Ist die Differenz zwischen der oberen Grenze des Winkelintervalls von $\hat{s}$ und dem Polarwinkel des Randkunden kleiner als die Differenz zwischen Polarwinkel und der unteren Winkelintervallgrenze, liegt der Polarwinkel des Randkunden in $\hat{s}$ also näher an der oberen Intervallgrenze, so wird $\hat{s}$ in Richtung der oberen Intervallgrenze um $(AnzS_{\hat{s}} + 1)/2$ Sektoren und in Richtung der unteren Intervallgrenze um $(AnzS_{\hat{s}} - 1)/2$ Sektoren erweitert. Sollte der Polarwinkel des Randkunden in $\hat{s}$ jedoch näher an der unteren Intervallgrenze liegen, wird bei der Erweiterung von $\hat{s}$ in Richtung der unteren Intervallgrenze ein Sektor mehr berücksichtigt als in Richtung der oberen Intervallgrenze. Es kann der Fall auftreten, daß der Randkunde genau in der Mitte, zwischen den Winkelintervallgrenzen liegt. Weil jedes Winkelintervall aber stets eine offene und eine geschlossene Intervallgrenze besitzt und der Polarwinkel der offenen Intervallgrenze bereits zu einem anderen Sektor gehört, erfolgt die Erweiterung von $\hat{s}$ dann mit der größeren Anzahl an Sektoren in Richtung der offenen Intervallgrenze.

Abbildung 5.8 veranschaulicht das beschriebene Vorgehen zur Sektorerweiterung. Dabei sollen die Polarwinkel gegen den Uhrzeigersinn zunehmen. Für den grau schraffierten, zu untersuchenden Sektor möge Gleichung (5.6) 3 Erweiterungssektoren berechnen. Weil der durch einen Kreis dargestellte Randkunde im betrachteten Sektor der oberen Winkelintervallgrenze näher ist als der unteren, werden 2 Erweiterungssektoren in Richtung der oberen Grenze und 1 Sektor in Richtung der unteren Grenze hinzugefügt.

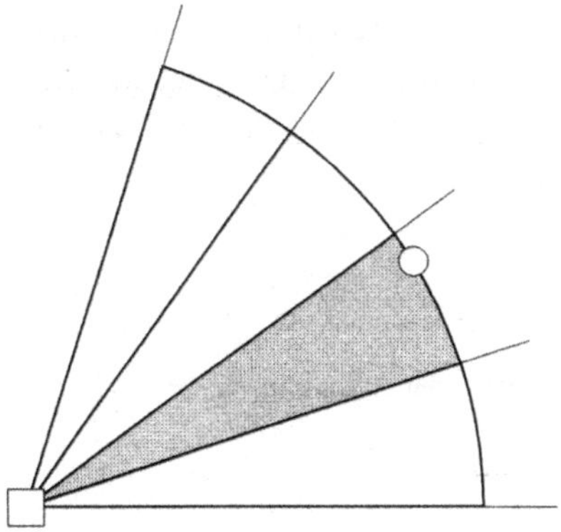

Abbildung 5.8: Anordnung von Erweiterungssektoren

Nach Überprüfung der Tourrestriktionen für alle Sektoren in der ursprünglichen, nicht erweiterten Form und der unter Umständen erforderlichen Sektorerweiterung in der beschriebenen Weise berechnet sich die gesamte Liefergebietsfläche wiederum als Summe der Kreisausschnitte, die durch die vom Depot entferntesten Kunden in jedem Sektor bestimmt werden. Bei Sektorüberschneidungen in einem Sektor entscheidet die vom Depot entfernteste Sektorbegrenzung über die Größe des Kreisausschnittes.

In einem Auslieferproblem, in dem die Tourenbildung lediglich durch eine Mengenrestriktion beschränkt wird, kann nun der Fall auftreten, daß sich in einem Sektor $\hat{s}$ ein für das Liefergebiet außergewöhnlich depotferner Kunde befindet, so daß $le_{0\hat{s}}$ besonders groß ist. Wenn dann darüber hinaus die Nachfragemenge der Kunden in $\hat{s}$ verglichen mit der zur Verfügung stehenden Fahrzeugkapazität so gering ist, daß $\zeta_{\hat{s}}$ sehr klein ist, dann berechnet sich über Gleichung (5.6) eine sehr große Anzahl notwendiger Erweiterungssektoren, um die Fahrzeugkapazität vollständig auszuschöpfen. Weil jedoch mit zunehmender Entfernung $le_{0\hat{s}}$ vom Depot die Fläche im Sektor $\hat{s}$ quadratisch steigt, ergibt sich bei der Erweiterung von $\hat{s}$ eine für das gesamte Liefergebiet unpassend große Fläche. Man stelle sich beispielsweise den Extremfall vor, daß die Nachfrage der Kunden im Sektor $\hat{s}$ 1/20 der Fahrzeugkapazität ausmachen würde, so daß 20 Sektoren erforderlich sind, um die Grenze der Mengenrestriktion zu erreichen. Unter der Annahme, daß das Liefergebiet aber nur in 20 Sektoren eingeteilt ist, würde dann durch die Erweiterung von $le_{0\hat{s}}$ das gesamte Liefergebiet von einem Kreis mit dem Radius $le_{0\hat{s}}$ vollständig eingeschlossen werden.

Um diesen Fehler zu verhindern, ist es sinnvoll, die Möglichkeit zur Erweiterung eines Sektors zu beschränken. Dazu wird eine maximale Fläche Fl_{max} vorgegeben, die bei einer Sektorerweiterung nicht überschritten werden darf. Fl_{max} orientiert sich zweckmäßigerweise an dem Flächeninhalt eines Sektors in ursprünglicher Form mit einem Randkunden in einer Entfernung le_{max} zum Depot, ab der die Sektorerweiterung für das gesamte Liefergebiet unangemessen große Zusatzflächen mit sich bringt. Bei einer Einteilung des Liefergebietes in s^{max} Sektoren berechnet sich Fl_{max} dann wie folgt:

$$Fl_{max} = \frac{\pi \cdot le_{max}^2}{s^{max}}$$

Die Erweiterung eines Sektors $\hat{s}$ mit einem Randkunden in einer Entfernung $le_{0\hat{s}}$ vom Depot ist dann auf

$$AnzS_{\hat{s}} = \left\lfloor \frac{s^{max} \cdot Fl_{max}}{\pi \cdot le_{0\hat{s}}^2} \right\rfloor$$

Sektoren beschränkt. Dabei bezeichnet $\lfloor x \rfloor$ die größte ganze Zahl, die kleiner oder gleich x ist.

Ebenso wie bei der Erweiterung von Sektoren mit einem außergewöhnlich weit vom Depot entfernten Randkunden ist es sinnvoll, die Erweiterungsmöglichkeiten von Sektoren mit depotnahen Randkunden einzuschränken. Um zu verhindern, daß sich die Erweiterung über eine zu große Anzahl an Sektoren erstreckt, wird der Umfang eines erweiterten Sektors auf ein Viertel der Gesamtzahl an Sektoren beschränkt.

Aufgrund dieser beiden zusätzlichen Einflußgrößen muß Gleichung (5.6) zur Berechnung der Anzahl an Erweiterungssektoren des Sektors $\hat{s}$ wie folgt umgeschrieben werden:

$$AnzS_{\hat{s}} = \max\left(0; \min\left(\left\lceil \frac{me_{max}}{\sum_{k \in K_{\hat{s}}} mek_k} \right\rceil; \left\lceil \frac{ze_{max} - 2 \cdot le_{0\hat{s}}/dg}{\sum_{k \in K_{\hat{s}}} ad_k} \right\rceil; \left\lfloor \frac{s^{max} \cdot Fl_{max}}{\pi \cdot le_{0\hat{s}}^2} \right\rfloor; \left\lfloor \frac{s^{max}}{4} \right\rfloor\right) - 1\right) \quad (5.7)$$

Die Annahme, daß im Fall einer Sektorerweiterung die Nachbarsektoren dem untersuchten Sektor entsprechen, und die Vorgabe, Erweiterungssektoren weitestgehend symmetrisch um den betrachteten Sektor anzuordnen, vereinfachen die Berechnung der Liefergebietsfläche ganz wesentlich. Denn allein aus Informationen, die dem betrachteten Sektor unmittelbar zu entnehmen sind, läßt sich der Umfang der Sektorerweiterung bestimmen. Sollten diese Voraussetzungen jedoch grob verletzt sein, so sind ungenaue Ergebnisse zu erwarten.

Dieses ist beispielsweise dann der Fall, wenn die Sektorenanzahl s^{max}, in die das Liefergebiet eingeteilt wird, im Vergleich zur Kundenanzahl zu groß gewählt wird. Sollte etwa in einer Extrembetrachtung das Liefergebiet durch Sektoren so fein unterteilt sein, daß sich zwischen Kunden, die zu einer Tour gehören, eine Vielzahl an Sektoren ohne Kunden befinden, so kann sich bei der Sektorerweiterung unter der Annahme, die Nachbarsektoren würden dem zu erweiternden Sektor entsprechen, eine viel zu geringe Liefergebietsfläche ergeben. Denn innerhalb der Fläche des Kreisausschnittes, der durch eine Sektorerweiterung erzeugt wird, sollte mindestens eine Tour verlaufen. Diese Überlegungen müssen folglich in die Berechnung einer geeigneten Sektorenanzahl s^{max} einbezogen werden, die damit nicht nur, wie bereits erwähnt, von der Entfernung zwischen dem Depot und den zu beliefernden Kunden abhängt. Leider ist es nicht gelungen, eine funktionale Beziehung zwischen s^{max} und den beschriebenen Einflußgrößen herzuleiten. Die in der Tabelle 7.3 auf der Seite 174 dargestellten Ergebnisse für das modifizierte Verfahren von DAGANZO mit unterschiedlichen Werte von s^{max} zeigen aber bezogen auf die dort betrachteten Aufgabenstellungen ein sehr robustes Verhalten. Zwar weichen die Liefergebietsflächen in 240 verschiedenen realen Tourenplanungsproblemen durchschnittlich um mehr als 10% ab, wenn anstelle von 20 Sektoren 10 oder 30 Sektoren verwendet werden. Die Tourenlängen, die ja eigentlich abgeschätzt werden sollen, unterscheiden sich jedoch im Mittel nur um ca. 2%.

Nach dieser umfassenden Betrachtung der Vorgehensweise zur Berechnung der Liefergebietsfläche sollen die einzelnen Vorgehensschritte noch einmal zusammenfassend dargestellt werden:

1. Teile die Ebene im Polarkoordinatensystem in s^{max} Sektoren, in denen sich jeweils Orte befinden, deren Polarwinkel in demselben Winkelintervall liegen. Die s^{max} Winkelintervalle sind gleich groß zu wählen.
2. Berechne für jeden Kunden den Polarwinkel und ordne ihn entsprechend der Winkelintervallgrenzen dem zugehörigen Ebenensektor zu.
3. Bestimme je Sektor den entferntesten Kunden als Randkunden.
4. Untersuche für jeden Sektor in seiner ursprünglichen Größe, ob durch die Belieferung aller Kunden des Sektors die Tourrestriktionen überschritten werden. Sollte dabei in einem

Sektor $\hat{s}$ weder die Mengen- noch die Zeitkapazität ausgeschöpft werden, so bestimme mit Gleichung (5.7) die Anzahl $AnzS_{\hat{s}}$ an Erweiterungssektoren. Sollte $AnzS_{\hat{s}}$ eine gerade Zahl sein, verbreitere $\hat{s}$, indem die Erweiterungssektoren symmetrisch um $\hat{s}$ angeordnet werden. Sollte $AnzS_{\hat{s}}$ ungerade sein, werden $(AnzS_{\hat{s}} + 1)/2$ Sektoren an jener Seite von $\hat{s}$ angeordnet, die dem Randkunden von $\hat{s}$ näher liegt. Der anderen Seite werden $(AnzS_{\hat{s}} - 1)/2$ Sektoren hinzugefügt.

5. Ermittle die Liefergebietsfläche als Summe der s^{max} Kreisausschnitte, die über den jeweiligen Randkunden eines Sektors bestimmt sind. Bei Sektorüberschneidungen aufgrund von Sektorerweiterungen entscheidet die vom Depot entfernteste Sektorbegrenzung über die Größe des Kreisausschnittes.

5.3.2 Berechnung der mittleren Kunden-Kunden-Entfernung

DAGANZO berechnet die mittlere Kunden-Kunden-Entfernung $\overline{le}$ zwischen n gleichverteilten Kunden in einem rechteckig angenommenen Tourgebiet mit den Seitenlängen lg und br sowie der Kundendichte δ über den Ausdruck $\Theta(\delta \cdot br^2)/\sqrt{\delta}$ (vgl. Gleichung (4.11) auf Seite 77). Wie die Ausführungen im Rahmen der kritischen Würdigung des Approximationsverfahrens von DAGANZO im Kapitel 4.4 zeigen, besteht aufgrund dieses Terms unter bestimmten Voraussetzungen ein unplausibler Zusammenhang zwischen der mittleren Kunden-Kunden-Entfernung $\overline{le}$ und der Anzahl n zu beliefernder Kunden in einer Tour. Denn solange $n \leq 6{,}7$ ist oder die Tourenanzahl nicht größer als 4 und $n \leq 12$ ist, verringert sich $\overline{le}$ mit zunehmendem n, was unplausibel erscheint. Statt dessen erwartet man, daß $\overline{le}$ zwar abhängig von dem betrachteten Liefergebiet, aber unabhängig von den geltenden Tourrestriktionen ist. Folglich wird die Gleichung (4.11) dahingehend modifiziert, daß $\overline{le}$ nicht in einem repräsentativen Tourgebiet, sondern in dem gesamten Liefergebiet bestimmt wird. Es soll daher gelten:

$$\overline{le} = \Theta(\delta \cdot br_{ges}^2)/\sqrt{\delta} \tag{5.8}$$

Dabei ist br_{ges} analog zur Bedeutung im repräsentativen Tourgebiet die kürzere Seite des als rechteckig angenommenen Liefergebietes, durch das sich dann ein Streifen der Breite $b = \min\left(\sqrt{3/\delta}, br_{ges}/2\right)$ schlängelt.

Wie im Kapitel 5.3.1 beschrieben, wird die Liefergebietsfläche durch mehrere Kreisausschnitte bestimmt, deren Anordnung jedoch unter Umständen die Annahme eines rechteckigen Liefergebietes kaum zuläßt. Die größten Schwierigkeiten, von einer annähernd rechteckigen Fläche auszugehen, liegen insbesondere dann vor, wenn das Liefergebiet aus mehreren nicht verbundenen Teilen besteht. In diesem Fall scheint es am sinnvollsten zu sein, in jedem dieser Teilgebiete die mittlere Entfernung zwischen zwei Kunden einzeln zu berechnen und anschließend unter Berücksichtigung der Auftrittshäufigkeiten einen für das gesamte Liefergebiet geltenden durchschnittlichen Entfernungswert herzuleiten. Diese Detaillierung erscheint angesichts des Charakters, der mit der Anwendung einer Approximationsformel zur Bestimmung der mittleren Kunden-Kunden-Entfernung verbunden ist, nicht gerechtfertigt, zumal die Approximationsformel von der in der Praxis selten anzutreffenden Annahme ausgeht, die Kundenstandorte seien im Liefergebiet gleichverteilt.

Auf Grundlage dieser Überlegungen soll br_{ges} über einen pragmatischen Ansatz bestimmt werden. Das Liefergebiet wird in ein Rechteck transformiert, bei dem die längere Seite lg_{ges} durch die größte im Liefergebiet auftretende Entfernung und die kürzere Seite br_{ges} durch Division der bekannten Liefergebietsfläche Fl_{ges} durch lg_{ges} ermittelt werden. Es soll also gelten:

$$br_{ges} = \frac{Fl_{ges}}{lg_{ges}} \tag{5.9}$$

Entsprechend dieser Berechnungsweise ist br_{ges} bei konstanter Seitenlänge lg_{ges} um so größer, je größer Fl_{ges} ist. In einem zusammenhängenden Gebiet erscheint dieser Zusammenhang plausibel. Wenn das Liefergebiet jedoch aus mehreren nicht verbundenen Teilen besteht, ist zwar sichergestellt, daß jener Streifen, der sich im Zusammenhang mit der Herleitung der mittleren Kunden-Kunden-Entfernung über das Liefergebiet erstreckt, die gesamte Entfernung zwischen den beiden Extremorten überbrücken muß. Schmale Teilflächen, die nicht mit den Teilflächen dieser Extremorte zusammenhängen und unter Umständen zu einer Verringerung von br_{ges} führen müßten, tragen in der beschriebenen Vorgehensweise jedoch stets zu einer Vergrößerung von br_{ges} bei.

Abbildung 5.9 veranschaulicht diesen Zusammenhang. Die größte Entfernung lg_{ges} zwischen zwei Kunden im Liefergebiet ist durch die Randkunden der beiden erweiterten Sektoren 1 und 3 gegeben. Würde man nur diese beiden Sektoren berücksichtigen, ergäbe sich für br_{ges} ein Wert, der durch die kürzere Seite des gestrichelten Rechtecks angedeutet wird. Betrachtet man nun zusätzlich den nicht erweiterten Sektor 2, so müßte br_{ges} eigentlich kleiner werden. In der beschriebenen Vorgehensweise bringt die Einbeziehung des Sektors 2 jedoch eine Vergrößerung von br_{ges} mit sich (durchgezogenes Rechteck). Ungenauigkeiten dieser Art werden angesichts des Approximationscharakters des Vorgehens in Kauf genommen.

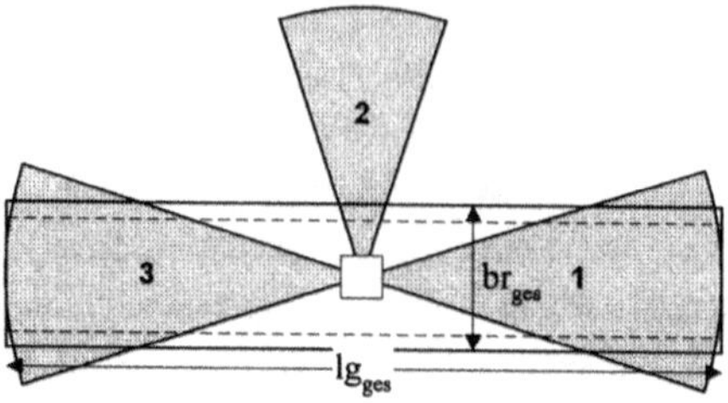

Abbildung 5.9: Berechnung von br_{ges} in einem geteilten Liefergebiet

Zur Berechnung der größten im Liefergebiet auftretenden Entfernung lg_{ges} wird ein vereinfachtes Vorgehen benutzt. Um nicht alle Verbindungen zwischen zwei Kunden des Liefergebietes untersuchen zu müssen, beschränkt man sich auf die im Zusammenhang mit der Flächenberechnung bestimmten Randkunden der s^{max} Sektoren. Mit diesem Vorgehen wird zwar nicht notwendigerweise die maximale Entfernung zwischen zwei Kunden ermittelt, weil dieser Wert unter Umständen mit zwei Kunden verbunden ist, die nicht Randkunden sind. Die Beschränkung auf Randkunden führt aber zu einer Seitenlänge lg_{ges}, die entweder mit der maximalen Entfernung übereinstimmt oder dieser sehr nahe ist. Weil Kunden in unmittelbarer Nähe des Depots erwartet werden, entspricht lg_{ges} mindestens der maximalen Depot-Kunden-Entfernung.

Die Suche nach der maximalen Entfernung zwischen zwei Kunden des Liefergebietes ist nicht gleichbedeutend mit der Bestimmung der maximalen Ausdehnung der Liefergebietsfläche. Aufgrund der Erweiterung von Liefergebietssektoren bei der Flächenberechnung kann die maximale Ausdehnung eines Liefergebietes dort auftreten, wo sich gar keine Kunden befinden. Auch auf die Berücksichtigung dieses Effekts wird bei der Bestimmung von lg_{ges} verzichtet.

Diese Vereinfachung kann jedoch unter Umständen dazu führen, daß br_{ges} größer als lg_{ges} ist, was in dem Verfahren zur Berechnung der mittleren Kunden-Kunden-Entfernung nicht vorgesehen ist. Entspricht lg_{ges} nicht nur der maximalen Entfernung zwischen zwei Kunden im Liefergebiet sondern auch der maximalen Liefergebietsausdehnung, dann kann die Liefergebietsfläche maximal die Fläche eines Kreises mit dem Radius $lg_{ges}/2$ annehmen. Für die Seite br_{ges} des in ein Rechteck transformierten Liefergebietes bedeutet dieses mit Gleichung (5.9):

$$br_{ges} = \frac{Fl_{ges}}{lg_{ges}} = \frac{\pi \cdot lg_{ges}^2}{4 \cdot lg_{ges}} \cong 0{,}785 \cdot lg_{ges}$$

In diesem Fall gilt also $br_{ges} < lg_{ges}$. Speziell in Situationen mit geringer Anzahl s^{max} an Liefergebietssektoren kann die maximale Entfernung zwischen zwei Kunden im Liefergebiet jedoch so signifikant von der maximalen Liefergebietsausdehnung abweichen, daß br_{ges} größer als lg_{ges} ist. Diesen Fall zeigt das Beispiel in Abbildung 5.10, wo das Liefergebiet in 4 Sektoren eingeteilt ist. Die Entfernungen zwischen den Randkunden 1, 2 und 3 ist jeweils lg_{ges} und entspricht der maximalen Entfernung zwischen zwei Kunden im Liefergebiet. Auch die Depot-Entfernung des Kunden 2, die sich aus den Teilstrecken l_1 und l_2 zusammensetzt, ist lg_{ges}. Die Kunden 1 und 3 besitzen dieselbe Depot-Entfernung. Es gilt dann

$$l_1 = \sqrt{lg_{ges}^2 - \frac{lg_{ges}^2}{4}} = \frac{lg_{ges}}{2} \cdot \sqrt{3}$$

und

$$l_2 = lg_{ges} - l_1 = lg_{ges} \cdot \left(1 - \frac{\sqrt{3}}{2}\right)$$

Zur Berechnung von br_{ges} ist zunächst die Liefergebietsfläche Fl_{ges} zu ermitteln, die aus den durch die Depot-Entfernung der drei Randkunden bestimmten Kreisausschnitten besteht. Es gilt

$$le_{01}^2 = le_{03}^2 = \frac{lg_{ges}^2}{4} + l_2^2 = lg_{ges}^2 \cdot \left(\frac{1}{4} + \left(1 - \frac{\sqrt{3}}{2}\right)^2\right)$$

Die Liefergebietsfläche berechnet sich dann aus

$$Fl_{ges} = \frac{\pi \cdot le_{01}^2}{4} + \frac{\pi \cdot le_{03}^2}{4} + \frac{\pi \cdot lg_{ges}^2}{4} = \frac{\pi \cdot lg_{ges}^2}{4} \cdot \left(\frac{1}{2} + 2 \cdot \left(1 - \frac{\sqrt{3}}{2}\right)^2 + 1\right) \cong 1{,}206 \cdot lg_{ges}^2$$

Gleichung (5.9) liefert schließlich

$$br_{ges} = \frac{Fl_{ges}}{lg_{ges}} = \frac{1{,}206 \cdot lg_{ges}^2}{lg_{ges}} \cong 1{,}206 \cdot lg_{ges}$$

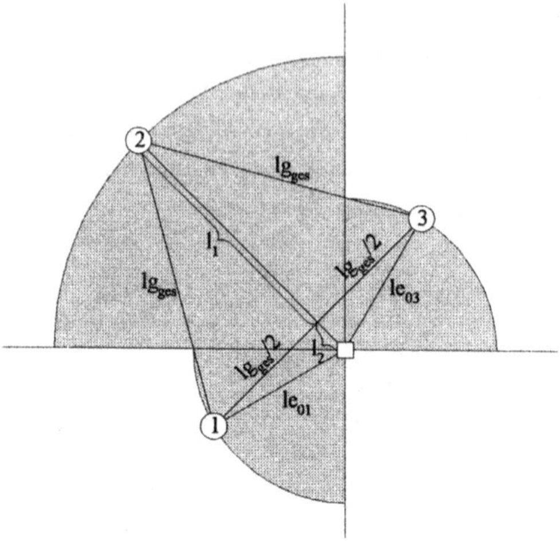

Abbildung 5.10: Beispiel für ein Liefergebiet mit $lg_{ges} < br_{ges}$

Als Schlußfolgerung dieses Beispiels läßt sich damit feststellen, daß bei der beschriebenen Vorgehensweise zur Bestimmung der kürzeren Seite des in ein Rechteck transformierten Liefergebietes, br_{ges} größer als lg_{ges} sein kann. Tritt ein solcher Fall auf, so tauschen br_{ges} und lg_{ges} die Werte, so daß stets sichergestellt ist, daß br_{ges} kleiner oder gleich lg_{ges} ist.

5.4 Berechnung der Länge des repräsentativen Tourgebietes

Im Verfahren von DAGANZO besteht ein Zusammenhang zwischen der Tourgebietslänge lg und der mittleren Entfernung $\overline{le}$ zwischen zwei Kunden im rechteckig angenommenen Tourgebiet. Verlängert man die Längsseite lg des Tourgebietes, so verkürzt sich aufgrund der konstanten Gebietsfläche die Breitseite br, so daß die mittlere Kunden-Kunden-Entfernung $\overline{le}$ zunehmen kann. Die Verlängerung von lg kann somit eine Vergrößerung von $\overline{le}$ zur Folge haben. Ebenso kann die Verkürzung von lg zu einer Verkleinerung von $\overline{le}$ führen. Beide Größen werden daher in Abhängigkeit voneinander so bestimmt, daß die Länge der repräsentativen Tour minimal ist (vgl. Kapitel 4.2.3).

Ausgehend von der zuletzt beschriebenen Modifikation zur Berechnung von $\overline{le}$ im Kapitel 5.3 besteht dieser Zusammenhang nicht mehr. Dort wird $\overline{le}$ abhängig von der mittleren Kundendichte δ im Liefergebiet und der kürzeren Seite br_{ges} des in ein Rechteck transformierten

Liefergebietes bestimmt (vgl. Gleichung (5.8)). Wie groß ist die Länge lg im repräsentativen Tourgebiet angesichts dieser Modifikation dann zu wählen?

Zur Herleitung der mittleren Entfernung $\overline{le}$ zwischen zwei Kunden schlängelt sich im modifizierten Vorgehen ein Streifen der Breite $b = \min\left(\sqrt{3/\delta}; br_{ges}/2\right)$ mit demselben Anfangs- und Endpunkt durch das in ein Rechteck transformierte Liefergebiet. Die Kunden werden dabei in der Reihenfolge besucht, wie sie im Streifen auftreten. Geht man nun davon aus, daß ein typischer Tourverlauf einerseits vom Depot weg, andererseits zum Depot hin führt, so entspricht die Breite des Tourgebietes der doppelten Streifenbreite (vgl. Abbildung 5.11).

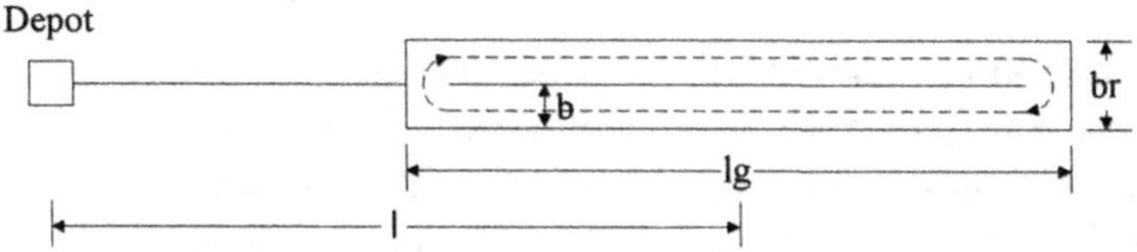

Abbildung 5.11: Typischer Tourenverlauf im Tourgebiet

Ist die Anzahl n der Kunden bekannt, die sich in der repräsentativen Tour befinden[1], so läßt sich die erforderliche Tourenanzahl bestimmen, indem die Anzahl zu beliefernder Kunden im Liefergebiet durch n dividiert wird. Die Division der Liefergebietsfläche durch die Tourenanzahl ergibt den Flächeninhalt Fl des repräsentativen Tourgebietes, dessen gesuchte Längsseite lg dann wiederum der Division aus Fl und der doppelten Streifenbreite b entspricht.

Bei der Berechnung von lg ist ein weiterer Aspekt zu berücksichtigen. Die Ausgangsgleichung von DAGANZO zur Berechnung der Länge TL der repräsentativen Tour (vgl. Gleichung (4.3) auf Seite 69) hat die Gestalt

$$TL = 2 \cdot \left(\lambda - \frac{lg}{2}\right) + n \cdot \overline{le}$$

wobei λ die Entfernung zwischen dem Depot und dem Mittelpunkt des repräsentativen Tourgebietes ist. Angesichts dieser Gleichung ist bei der Bestimmung von lg darauf zu achten, daß der Ausdruck (λ - lg/2) nicht negativ wird. Insgesamt läßt sich lg somit berechnen aus:

$$lg = \min\left(\frac{Fl}{2b}; 2\lambda\right) \tag{5.10}$$

[1] Die Herleitung der Größe n folgt im Kapitel 5.5.

Ebenso, wie lg durch den Standort des Depots eingeschränkt wird, müßte lg auch durch den Rand des Liefergebietes nach außen begrenzt werden. Es ist jedoch sehr schwierig, eine äußere Beschränkung für das repräsentative Tourgebiet anzugeben. Zwar läßt sich mit Hilfe der Randkunden, die im Zusammenhang mit der Berechnung der Liefergebietsfläche ermittelt werden, eine mittlere Entfernung zwischen dem Depot und dem Rand des Liefergebietes bestimmen. Diese Größe ist hier aber nur wenig aussagekräftig, weil die mittlere Entfernung zwischen dem Depot und dem äußeren Rand der einzelnen *Tourgebiete* gesucht ist. Es kann nämlich der Fall eintreten, daß sich in einer Tour mehrere Randkunden befinden, von denen dann nur der vom Depot entfernteste Einfluß auf lg hat. Weil jedoch ohne Tourenbildung nicht erkennbar ist, welcher der Randkunden im Liefergebiet auch Randkunde eines Tourgebietes ist, wird darauf verzichtet, das Tourengebiet nach außen zu begrenzen.

Weil im modifizierten Vorgehen die Tourgebietslänge lg normalerweise allein durch den Flächeninhalt Fl des Tourgebietes und die Streifenbreite b beeinflußt wird, können Tourgebiete entstehen, deren Länge kürzer als deren Breite ist. Für das Seitenverhältnis des rechteckigen Tourgebietes gilt dann $\gamma > 1$. Sollte sogar $\gamma \geq 2$ sein, so tritt der Fall auf, daß der Streifen, der sich zur Berechnung der mittleren Kunden-Kunden-Entfernung durch das Tourgebiet schlängelt, in seiner Richtung nicht mehr verändert werden kann und dadurch eine durchgängige Rundreise entlang des Streifens nicht möglich ist (vgl. das Beispiel in Abbildung 5.12). Dieser Fehler scheint jedoch vertretbar zu sein, weil bei der Berechnung der Rundreiselänge das Tourgebiet ohnehin in einen Streifen transformiert wird, der nur in eine Richtung verläuft. Mit wachsendem γ gewinnt dieser Fehler aber zunehmend an Bedeutung.

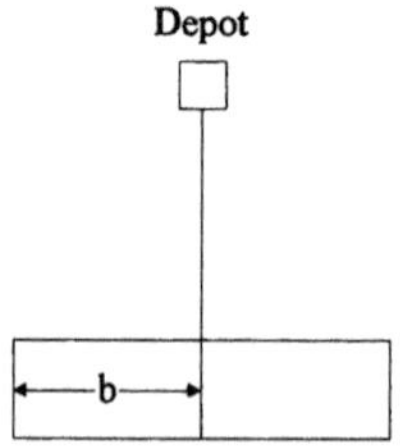

Abbildung 5.12: Überdeckung eines Tourgebietes mit $\gamma \geq 2$

DAGANZO läßt in seinem Verfahren ein Seitenverhältnis von $\gamma > 1$ nicht zu. Er würde in einem solchen Fall das Seitenverhältnis auf $\gamma = 1$ verringern und damit auch die mittlere Entfernung zwischen zwei Kunden im Tourgebiet verändern. Dadurch entsteht jedoch eine Abhängigkeit zwischen der mittleren Kunden-Kunden-Entfernung und der Anzahl n zu beliefernder Kunden im Tourgebiet, die gerade Anlaß zur Kritik gab und zu den beschriebenen Modifikationen bei der Berechnung der mittleren Kunden-Kunden-Entfernung und der Tourgebietslänge geführt hat.

5.5 Berechnung der durchschnittlichen Anzahl Kunden pro Tour

Um mit der Approximationsformel von DAGANZO die Auslieferstrecke zur Belieferung aller Kunden eines Liefergebietes abzuschätzen, muß die Größe n bekannt sein, also die Anzahl der Kunden, die in einer für das Liefergebiet repräsentativen Tour beliefert werden. Bei der von DAGANZO untersuchten Aufgabenstellung ist die maximale Kundenanzahl pro Tour als Restriktion vorgegeben. Alle Touren des Tourenplans mit minimaler Auslieferstrecke enthalten dann bis auf höchstens eine Tour n Kunden. In anderen Aufgabenstellungen, wie beispielsweise dem MPWLRP, beeinflussen sowohl gegebene Mengen- als auch Zeitrestriktionen die Größe n, so daß davon auszugehen ist, daß die Anzahl zu beliefernder Kunden nicht in jeder Tour dieselbe ist. In diesem Fall ist für n dann ein Durchschnittswert anzugeben. Manchmal ist es möglich, aufgrund von Erfahrungen n zu benennen. Im Rahmen der Distributionsplanung sind aber in der Regel unbekannte Auslieferstrukturen zu untersuchen und zu bewerten, für die keine Erfahrungswerte vorliegen. Es ist daher erforderlich, ein Vorgehen zu entwickeln, das die durchschnittliche Kundenanzahl pro Tour aus den Standorten, Warenablieferungszeiten und Nachfragemengen der Kunden unter Berücksichtigung der Mengen- und Zeitrestriktionen ermittelt, ohne Touren bilden zu müssen.

Bereits im Kapitel 5.2 wurde eine Möglichkeit beschrieben, die Anzahl notwendiger Touren abzuschätzen (vgl. Gleichung (5.3) auf Seite 100). Dabei wird unter zwei alternativen Prämissen versucht, für jeden Kunden des Liefergebietes in einer isolierten Betrachtung dessen Anteil an einer Tour näherungsweise zu bestimmen. Die Summe all dieser Anteile ergibt die zur Auslieferung erforderliche Tourenanzahl. Abgesehen davon, daß die Qualität dieser Abschätzung davon abhängt, inwieweit die Ausgangsprämissen im Tourenplan tatsächlich zutreffen, so unterstellt die Herleitung der kundenspezifischen Touranteile die vollständige Ausschöpfung der Mengen- bzw. Zeitrestriktion in jeder Tour. Die Annahme einer optimalen Kapazitätsausnutzung ist für praktische Anwendungen in der Regel unzutreffend und führt somit in der Regel zu einer zu geringen Tourenanzahl. Wie läßt sich aber der Nutzungsgrad bestimmen, ohne Touren planen zu müssen?

Betrachtet man beispielsweise die Situation, daß die Tourenbildung durch eine gegebene Fahrzeugkapazität me_{max} beeinflußt wird, keine Zeitrestriktionen bestehen und die mittlere Nachfragemenge eines Kunden $(me_{max}/2)+1$ beträgt, dann läßt sich eine gute Fahrzeugausnutzung insbesondere dann erzielen, wenn viele Kleinstaufträge auszuliefern sind. Denn diese können stets auch mit sehr großen Kundenaufträgen in einer Tour kombiniert werden. Sollte jedoch die Größe jedes Auftrags ausnahmslos $(me_{max}/2)+1$ sein, so müssen alle Kunden in Einzelfahrten besucht werden, was mit einer sehr schlechten Fahrzeugausnutzung von knapp über 50% verbunden ist.

Die beiden beschriebenen Fälle zeigen, daß der Nutzungsgrad der Fahrzeugkapazität wesentlich von der mittleren Auftragsgröße abhängt, daneben aber auch die Streuung um diesen Mittelwert eine wichtige Rolle spielt. Die Beispiele legen die Vermutung nahe, daß eine große Streuung mit vielen großen und kleinen Aufträgen zu einem hohen Nutzungsgrad führt. Aber auch mit einer niedrigen Streuung kann sich eine gute Fahrzeugausnutzung ergeben. Man denke beispielsweise nur an den Fall, daß jeder der auszuliefernden Aufträge die Fahrzeugkapazität genau zur Hälfte in Anspruch nimmt.

Basierend auf den Größen Mittelwert und Streuung bzw. Varianz wird im folgenden mit Hilfe eines wahrscheinlichkeitstheoretischen Ansatzes versucht, den mittleren Nutzungsgrad der Mengen- und Zeitkapazitäten und damit die Anzahl an Kunden zu bestimmen, die sich im für das Liefergebiet repräsentativen Tourgebiet befinden.

Sei F eine Zufallsvariable (ZV), die das Nachfragemenge eines Kunden im Liefergebiet modelliert, $M_i = \sum_{j=1}^{i} F_j$ eine ZV, welche die aggregierte Nachfrage aus einer Stichprobe von i Kunden der ZV F beschreibt, und N_{Mg} eine ZV für die Anzahl der Kunden pro Tour, die innerhalb der Mengenrestriktion beliefert werden können, dann gilt für den Erwartungswert von N_{Mg}

$$
\begin{aligned}
E(N_{Mg}) &= \sum_i i \cdot P(N_{Mg} = i) \\
&= \sum_i i \cdot P(M_i \le me_{max} < M_{i+1}) \qquad (5.11) \\
&= \sum_i i \cdot \left(P(M_i \le me_{max}) - P(M_{i+1} \le me_{max})\right)
\end{aligned}
$$

Dabei ist i eine Laufvariable im Wertebereich der natürlichen Zahlen. Weil für große i zu erwarten ist, daß $P(N_{Mg} = i)$ gegen Null konvergiert, ist die Addition zur Berechnung des Erwartungswertes von N_{Mg} nur so lange durchzuführen, wie $P(N_{Mg} = i)$ größer als Null ist. Zur Herleitung dieser Größe müssen die Verteilungsfunktionen der M_i bekannt sein, deren Werte vereinfacht mit Hilfe des zentralen Grenzwertsatzes approximiert werden. Seien E(F) und Var(F) Erwartungswert und Varianz der ZV F, dann gilt

$$
P(M_i \le me_{max}) \cong \Phi\left(\frac{me_{max} - i \cdot E(F)}{\sqrt{i \cdot Var(F)}}\right)
$$

wobei Φ die Verteilungsfunktion der Normalverteilung mit dem Erwartungswert 0 und der Varianz 1 ist.

Als Folge dieser Approximation können für einige Werte von i beim Ausdruck $P(N_{Mg} = i)$ Wahrscheinlichkeiten auftreten, die offensichtlich unplausibel sind. Wenn jeder Kunde im Liefergebiet bei einer Belieferung höchstens eine Menge nachfragt, die dem Ladevermögen der Auslieferungsfahrzeuge entspricht, muß $P(N_{Mg} = 0) = 0$ und $P(M_i \leq me_{max}) = 1$ für i = 0, 1 gelten. Ebenso ist in einem Liefergebiet mit k^{max} Kunden für alle $i > k^{max}$ $P(N_{Mg} = i) = 0$ und $P(M_i \leq me_{max}) = 0$ gültig. Gibt man diese geänderten Werte für $P(M_i \leq me_{max})$ vor, so sind damit insgesamt realistischere Wahrscheinlichkeiten zu erwarten. Folglich soll gelten:

$$P(M_i \leq me_{max}) = \begin{cases} 1, & \text{für } i = 0, 1 \\ \Phi\left(\dfrac{me_{max} - i \cdot E(F)}{\sqrt{i \cdot Var(F)}}\right), & \text{für } 2 \leq i \leq k^{max} \\ 0, & \text{für } i > k^{max} \end{cases} \tag{5.12}$$

Tatsächlich ist die Summe aller auftretenden Wahrscheinlichkeiten 1, denn wegen (5.12) gilt

$$\begin{aligned} \sum_i P(N_{Mg} = i) &= \sum_{i=0}^{k^{max}} \left(P(M_i \leq me_{max}) - P(M_{i+1} \leq me_{max})\right) \\ &= P(M_0 \leq me_{max}) - P\left(M_{k^{max}+1} \leq me_{max}\right) = 1 - 0 \\ &= 1 \end{aligned}$$

Analog zur Gleichung (5.11) läßt sich auch der Erwartungswert für die ZV N_{Zt} bestimmen, welche die Anzahl der Kunden pro Tour bezüglich der Zeitrestriktion modelliert. Es gilt also

$$\begin{aligned} E(N_{Zt}) &= \sum_i i \cdot P(N_{Zt} = i) \\ &= \sum_i i \cdot \left(P(Z_i \leq ze_{max}) - P(Z_{i+1} \leq ze_{max})\right) \end{aligned} \tag{5.13}$$

mit einer ZV Z_i, die den Zeitbedarf einer Tour mit i Kunden bei einer maximalen Zeitkapazität von ze_{max} Zeiteinheiten modelliert.

Die ZV Z_i setzt sich aus folgenden Zufallsvariablen zusammen:

L : Entfernung zwischen dem Depot und dem Mittelpunkt eines Tourgebietes
K : Entfernung zwischen zwei Kunden im Liefergebiet
A : Zeitdauer zur Ablieferung der Nachfragemengen beim Kunden

Entsprechend der Ausgangsgleichung (4.3) von DAGANZO gilt für die ZV Z_i mit den Stichproben $K_1,...,K_i$ der ZV K und $A_1,...,A_i$ der ZV A:

$$Z_i = \frac{2 \cdot L - lg_i + \sum_{j=1}^{i} K_j}{dg} + \sum_{j=1}^{i} A_j$$

lg_i bezeichnet die mittlere Länge des Tourgebietes mit i Kunden und dg die durchschnittliche Fahrgeschwindigkeit des Auslieferungsfahrzeuges. Die Tourgebietslänge und Fahrgeschwindigkeit werden hier nicht als Zufallsvariablen, sondern als Konstanten definiert, weil in der Regel jeweils nur der Erwartungswert und nicht die Varianz bekannt ist. Somit lassen sich über die Wahrscheinlichkeitsverteilungen dieser Größen kaum Aussagen treffen. lg_i läßt sich mit Hilfe der Gleichung (5.10) berechnen. Der Flächeninhalt Fl des Tourgebietes ergibt sich dabei aus der Liefergebietsfläche und der mit i zusammenhängenden Tourenanzahl.

Zur Berechnung der Wahrscheinlichkeiten $P(N_{Zt} = i)$ in Gleichung (5.13) werden die Verteilungsfunktionen von Z_i benötigt, deren Funktionswerte wiederum mit Hilfe des zentralen Grenzwertsatzes approximiert werden. Zu dessen Anwendung müssen der Erwartungswert und die Varianz von Z_i bekannt sein. Für den Erwartungswert gilt

$$E(Z_i) = \frac{2 \cdot E(L) - lg_i + i \cdot E(K)}{dg} + i \cdot E(A)$$

Weil die auftretenden Zufallsvariablen stochastisch unabhängig sind, gilt für die Varianz von Z_i

$$Var(Z_i) = \frac{4 \cdot Var(L) + i \cdot Var(K)}{dg^2} + i \cdot Var(A)$$

Durch Anwendung des zentralen Grenzwertsatzes und unter Berücksichtigung der bereits bei der Herleitung der Definitionsgleichung (5.12) vorgenommenen Anpassungen zur Vermeidung unplausibler Wahrscheinlichkeitswerte gilt

$$P(Z_i \leq ze_{max}) = \begin{cases} 1, & \text{für } i = 0, 1 \\ \Phi\left(\frac{(ze_{max} - i \cdot E(A)) \cdot dg - 2 \cdot E(L) + lg_i - i \cdot E(K)}{\sqrt{4 \cdot Var(L) + i \cdot Var(K) + dg^2 \cdot i \cdot Var(A)}}\right), & \text{für } 2 \leq i \leq k^{max} \\ 0, & \text{für } i > k^{max} \end{cases} \quad (5.14)$$

E(A) und Var(A) können unmittelbar aus den Warenablieferungszeiten aller Kunden des Liefergebietes bestimmt werden. Sei $\tilde{L}$ eine ZV, welche die Entfernung zwischen dem Depot und den Kunden im Liefergebiet modelliert, so werden E(L) und Var(L) unter Beachtung der im Kapitel 5.2 bestimmten Entfernung λ zwischen dem Depot und dem Mittelpunkt des repräsentativen Tourgebietes approximiert durch

$$E(L) \cong \lambda \quad \text{und} \quad Var(L) \cong Var(\tilde{L}) \cdot \left(\frac{\lambda}{E(\tilde{L})} \right)^2 \tag{5.15}$$

Die ZV K stellt die Entfernung zwischen zwei Kunden im Liefergebiet dar. Um die mittlere Kunden-Kunden-Entfernung in einem Tourgebiet zu bestimmen, ist bereits im Kapitel 4.2.2 ein Vorgehen beschrieben, bei dem sich ein Streifen der Breite b durch das Tourgebiet schlängelt. Weil die Kunden entsprechend der Reihenfolge besucht werden sollen, wie sie im Streifen auftreten, werden die ZV X und Y eingeführt, welche die Entfernung zwischen zwei Kunden entlang der Streifenbreite und der Streifenlänge modellieren. Im modifizierten Verfahren wird dieses Vorgehen nicht nur auf ein Tourgebiet, sondern auf das gesamte Liefergebiet angewendet (vgl. Kapitel 5.3). Gleichung (5.8) auf Seite 113 beschreibt daher den Erwartungswert der ZV K. Es gilt demnach

$$E(K) = E\left(\sqrt{X^2 + Y^2}\right) = \Theta\left(\delta \cdot br_{ges}^2\right)/\delta$$

wobei δ die Kundendichte des in ein Rechteck transformierten Liefergebietes mit der kürzeren Seitenlänge br_{ges} darstellt. Für die Varianz von K gilt

$$Var(K) = E(K^2) - E(K)^2 = E(X^2 + Y^2) - E(K)^2 = E(X^2) + E(Y^2) - E(K)^2$$

Die Dichtefunktionen f_X und f_Y der ZV X und Y sind bekannt und wurden im Kapitel 4.2.2 auf der Seite 73 beschrieben, so daß sich die Ausdrücke $E(X^2)$ und $E(Y^2)$ berechnen lassen durch

$$E(X^2) = \int_{-\infty}^{\infty} x^2 \cdot f_X(x)\,dx = \int_0^b \left(\frac{2x^2}{b} - \frac{2x^3}{b^2} \right) dx =$$

$$= \frac{2}{b} \cdot \int_0^b x^2\,dx - \frac{2}{b^2} \cdot \int_0^b x^3\,dx = \frac{2}{3} \cdot b^2 - \frac{1}{2} \cdot b^2 =$$

$$= \frac{b^2}{6}$$

$$E(Y^2) = \int_{-\infty}^{\infty} y^2 \cdot f_Y(y)\,dy = \int_0^{\infty} \left(y^2 \cdot \delta b \cdot e^{-\delta b y} \right) dy = -y \cdot e^{-\delta b y} \Big|_0^{\infty} + \int_0^{\infty} \left(2y \cdot e^{-\delta b y} \right) dy =$$

$$= 0 + \frac{2}{\delta b} \cdot \int_0^{\infty} \left(y \cdot \delta b \cdot e^{-\delta b y} \right) dy = \frac{2}{\delta b} \cdot E(Y) = \frac{2}{\delta b} \cdot \frac{1}{\delta b} =$$

$$= \frac{2}{(\delta b)^2}$$

Insgesamt läßt sich die Varianz von K also berechnen mit Hilfe der Gleichung

$$\operatorname{Var}(K) = \frac{b^2}{6} + \frac{2}{(\delta b)^2} - \left(\frac{\Theta\left(\delta \cdot br_{ges}^2\right)}{\delta} \right)^2 \tag{5.16}$$

Die zuletzt dargestellten Erwartungswerte und Varianzen der Zufallsvariablen A, L und K ermöglichen, die Wahrscheinlichkeiten $P(Z_i \le ze_{max})$ mit Gleichung (5.14) abzuschätzen. Folglich können dann aus den Gleichungen (5.11) und (5.13) die Erwartungswerte $E(N_{Mg})$ und $E(N_{Zt})$ für die Anzahl an Kunden pro Tour bezüglich der Mengen- und Zeitrestriktion bestimmt werden. Man könnte nun das Minimum beider Erwartungswerte als die gesuchte Kundenanzahl n wählen, die sich im für das Liefergebiet repräsentativen Tourgebiet befindet. Dabei kann jedoch ein Fehler auftreten, der an einem Beispiel verdeutlicht werden soll.

Angenommen, es gilt

$$P(N_{Mg} = i)\begin{cases} > 0, & i = 2,\ldots,10 \\ = 0, & \text{sonst} \end{cases} \quad \text{und} \quad P(N_{Zt} = i)\begin{cases} > 0, & i = 4,\ldots,6 \\ = 0, & \text{sonst} \end{cases}$$

und $E(N_{Mg}) < E(N_{Zt})$, dann würde die Wahl $n = E(N_{Mg})$ dazu führen, daß die Ausdrücke $i \cdot P(N_{Mg} = i)$ für i = 7,...,10 in die Berechnung von n einfließen, obwohl bezüglich der Zeitrestriktion die Wahrscheinlichkeit Null ist, mehr als 6 Kunden in der repräsentativen Tour zu beliefern.

Infolgedessen kann nur ein Ansatz plausible Ergebnisse für n liefern, der die Mengen- und Zeitrestriktion simultan berücksichtigt. Sei N eine ZV, welche die Anzahl der Kunden pro Tour unter Beachtung der Mengen- und Zeitrestriktion modelliert, dann gilt für alle i

$$P(N = i) = P(N_{Mg} = i) \cdot P(N_{Zt} \ge i) + P(N_{Zt} = i) \cdot P(N_{Mg} > i).$$

Diese Gleichung läßt sich zur Berechnung von n verwenden und wegen $P(N_{Zt} \ge i) = P(Z_i \le ze_{max})$ und $P(N_{Mg} > i) = P(M_{i+1} \le me_{max})$ umschreiben zu

$$\begin{aligned} n = E(N) &= \sum_i i \cdot P(N = i) = \\ &= \sum_i i \cdot \Big\{ \big(P(M_i \le me_{max}) - P(M_{i+1} \le me_{max}) \big) \cdot P(Z_i \le ze_{max}) + \\ &\quad \big(P(Z_i \le ze_{max}) - P(Z_{i+1} \le ze_{max}) \big) \cdot P(M_{i+1} \le me_{max}) \Big\} \end{aligned} \tag{5.17}$$

Das Ergebnis dieser Berechnung liefert für n eine positive reelle Zahl. Die Division der Kundenanzahl im Liefergebiet durch n ergibt die Tourenanzahl zur Belieferung der Kunden. Diese Tourenanzahl ist damit ebenfalls reellwertig. Es wird darauf verzichtet, diesen Wert auf eine natürliche Zahl zu runden, weil dadurch insbesondere bei einer kleinen Tourenanzahl die mittlere Kundenanzahl pro Tour erheblich von dem berechneten n abweichen kann.

5.6 Verfahrensablauf

Das in diesem Kapitel beschriebene Verfahren zur Abschätzung von Tourenlängen wurde für folgende Aufgabenstellung konzipiert: Gegeben ist ein Liefergebiet mit Kunden, deren Standorte, Warenablieferungszeiten und Nachfragemengen für eine Periode bekannt sind. Das Ziel ist es, die minimale Auslieferstrecke zur Belieferung der Kunden von einem gegebenen Depotstandort zu bestimmen. Dabei werden die Touren nicht wie bei dem von DAGANZO untersuchten Problem durch eine maximale Kundenanzahl, sondern wie beim MPWLRP durch Mengen- und Zeitrestriktionen beschränkt.

Die Basis des Verfahrens ist die Gleichung (4.3) auf Seite 69, die auch Ausgangsgleichung für die Approximationsformel von DAGANZO ist. Dabei wird die Tourlänge TL bestimmt durch

$$TL = 2 \cdot \left(\lambda - \frac{lg}{2} \right) + n \cdot \overline{le} \tag{5.18}$$

Im Unterschied zum Verfahren von DAGANZO bestehen hier jedoch andere Berechnungsvorschriften für die einzelnen Eingangsgrößen dieser Gleichung. Zusätzlich werden vor dessen Anwendung Stichfahrten identifiziert, was bei DAGANZO aufgrund der veränderten Aufgabenstellung nicht erforderlich ist.

Für kleine Werte von n sind mit (5.18) größere Ungenauigkeiten bei der Abschätzung der Tourenlängen zu erwarten, weshalb DAGANZO in diesen Fällen für sein Approximationsverfahren die Gleichung (4.17) auf Seite 82 als Ausgangsgleichung verwendet. Dabei nennt er nicht, wie klein n zur Anwendung von (4.17) sein muß. An einer für kleine n von (5.18) abweichenden Approximationsformel soll auch im modifizierten Vorgehen festgehalten werden. Weil der in Gleichung (4.17) auftretende Koeffizient max(0; n-2)/(n+1) jedoch nicht gerade intuitiv ist, soll statt dessen gelten

$$TL = 2 \cdot \lambda + (n - 1) \cdot \overline{le} \tag{5.19}$$

Diese Gleichung läßt insbesondere für n = 1 und n = 2 sinnvollere Ergebnisse erwarten als (5.18). (5.19) soll so lange Gültigkeit haben, wie die damit berechnete Tourenlänge TL kleiner ist als die der Gleichung (5.18). Dies ist dann der Fall, wenn die mittlere Kunden-Kunden-Entfernung größer als die Länge des repräsentativen Tourgebietes ist, denn es gilt

$$2 \cdot \lambda - \lg + n \cdot \overline{le} > 2 \cdot \lambda + (n-1) \cdot \overline{le} = 2 \cdot \lambda - \overline{le} + n \cdot \overline{le} \quad \Leftrightarrow \quad \overline{le} > \lg .$$

Das auf den Gleichungen (5.18) und (5.19) basierende Verfahren zur Abschätzung der Tourenlänge bei gegebenen Mengen- und Zeitrestriktionen soll im folgenden zusammenfassend dargestellt werden:

1. Ermittle die geringste Nachfragemenge und Warenablieferungszeit eines Kunden im Liefergebiet. Identifiziere mit Hilfe dieser Größen und der im Kapitel 5.1 beschriebenen Prozedur jene Kunden, die nur in einer Stichfahrt beliefert werden können.
2. Ordne jeden Kunden, der nicht in einer Stichfahrt besucht wird, aufgrund seines Polarwinkels einem der s^{max} Liefergebietssektoren zu. Bestimme anschließend je Liefergebietssektor den vom Depot entferntesten Kunden als Randkunden und berechne mit dem im Kapitel 5.3.1 beschriebenen Vorgehen den Flächeninhalt des Liefergebietes.
3. Ermittle
   - die mittlere Kundendichte δ im Liefergebiet als Division der Anzahl in Touren zu beliefernder Kunden und der Liefergebietsfläche,
   - die kürzere Seite br_{ges} des in ein Rechteck transformierten Liefergebietes aus der Liefergebietsfläche und der größten Entfernung zwischen zwei Kunden im Liefergebiet mit Gleichung (5.9) auf Seite 114.

   Berechne aus δ und br_{ges} mit Gleichung (5.8) auf Seite 113 die mittlere Kunden-Kunden-Entfernung $\overline{le}$.
4. Bestimme die mittlere Entfernung λ zwischen dem Depot und dem Mittelpunkt der Tourgebiete entsprechend dem Vorgehen im Kapitel 5.2 aus der Gleichung (5.4) auf Seite 100.
5. Berechne die Erwartungswerte und Varianzen bezüglich Auftragsgröße, Warenablieferungszeit, Depot-Tourgebietsmittelpunkt- und Kunden-Kunden-Entfernung über alle in Touren zu beliefernden Kunden und ermittle mit diesen Größen und dem im Kapitel 5.5 beschriebenen Vorgehen die Anzahl n an Kunden, die im Durchschnitt innerhalb einer Tour beliefert werden. Die Division aus der Summe in Touren zu beliefernder Kunden und n ergibt die erforderliche Tourenanzahl.
6. Bestimme die Länge lg des repräsentativen Tourgebietes mit n Kunden aus Gleichung (5.10) auf Seite 118.
7. Berechne die Länge einer für das Liefergebiet repräsentativen Tour als Minimum der mit den Gleichungen (5.18) und (5.19) ermittelten Werte.
8. Die Auslieferstrecke für die Belieferung aller Kunden des Liefergebietes setzt sich aus der Multiplikation der im Schritt 5 ermittelten Tourenanzahl mit der im Schritt 7 bestimmten mittleren Tourlänge zusammen zuzüglich der im Schritt 1 identifizierten Stichfahrten.

6 Verfahrenserweiterungen zum Einsatz in der Distributionsplanung

Im letzten Kapitel wurde ein Verfahren entwickelt, mit dessen Hilfe die Transportstrecken im Ein-Depot-Tourenplanungsproblem mit Mengen- und Zeitrestriktionen für eine einzelne Periode abgeschätzt werden können. Die in dieser Arbeit zu untersuchende Aufgabenstellung des MPWLRPs stellt eine Erweiterung des Ein-Depot-Ein-Perioden-Falls dar, indem erstens mehrere Perioden, zweitens mehrere Auslieferungsdepots und drittens der Warenfluß von den Produktionsstätten über die Auslieferungsdepots bis zu den Kunden betrachtet werden. Dieses Kapitel erklärt in den drei Abschnitten 6.1, 6.2 und 6.3, wie das entwickelte Ein-Depot-Ein-Perioden-Verfahren anzupassen ist, um diesen drei Anforderungen zu entsprechen.

6.1 Der Ein-Depot-Mehr-Perioden-Fall

Der Ein-Depot-Mehr-Perioden-Fall ist dadurch gekennzeichnet, daß Kundenaufträge mit festen Belieferungsterminen über einen Zeitraum von mehreren Perioden bekannt sind und von einem gegebenen Depot mit dem Ziel erfüllt werden sollen, die anfallenden Auslieferstrecken zu minimieren. Bei der Auslieferung in Touren sind Mengen- und Zeitrestriktionen zu berücksichtigen.

Zur Bestimmung der erforderlichen Tourenanzahl und Tourenlängen könnte das entwickelte Ein-Depot-Ein-Perioden-Verfahren aus Kapitel 5 für jede Periode einzeln eingesetzt werden. Ein solches Vorgehen soll hier nicht gewählt werden. Anstelle einer Einzel-Perioden-Betrachtung sollen aus aggregierten, statistischen Auftragsdaten jedes Kunden, die dessen Nachfrageverhalten über alle Perioden widerspiegeln, die notwendigen Auslieferstrecken unmittelbar abgeleitet werden. Zu der aggregierten Datenbasis gehören je Kunde folgende Angaben:

- Standort im Liefergebiet,
- Belieferungshäufigkeit im Betrachtungszeitraum,
- Erwartungswert und Varianz bezüglich der Auftragsgröße,
- Erwartungswert und Varianz bezüglich der Warenablieferungszeit bei einer Belieferung.

Der Grund, die aggregierten Auftragsdaten und nicht die jeder einzelnen Periode zu verwenden, ist darin zu finden, daß die im folgenden für den Ein-Depot-Mehr-Perioden-Fall beschriebene Methode die Basis für ein Vorgehen darstellt, das zur Lösung des MPWLRPs eingesetzt werden kann. Weil ein wichtiger Bestandteil des MPWLRPs aber die eindeutige Zuordnung eines Kunden zu einem Depot *über alle Perioden* ist, müssen die Auftragsdaten aller Perioden in einer Form vorliegen, die für jeden Kunden eine einfache Entscheidung über die kostenminimale Depot-Zuordnung ermöglicht. Periodengenaue Angaben können in Abhängigkeit der Periodenanzahl sehr umfangreich sein und sind dann nur sehr schwer zu handhaben. Die aggregierte Datenbasis ist hingegen im Umfang unabhängig von der Periodenanzahl und kann aus wenigen Kenngrößen einen Eindruck über das Nachfrageverhalten eines Kunden über den gesamten Betrachtungszeitraum vermitteln.

Der Ausgangspunkt des Approximationsverfahrens von DAGANZO und des im Kapitel 5 entwickelten Verfahrens für den Ein-Perioden-Fall ist die Gleichung (4.3) auf Seite 69, mit der die Länge einer für das Liefergebiet repräsentativen Tour abgeschätzt wird. An dieser Ausgangsgleichung soll auch im Mehr-Perioden-Fall festgehalten werden. Das Ziel ist nun jedoch, die Länge einer Tour zu approximieren, die für die Touren der minimalen Tourenpläne aller Perioden typisch ist. Dazu sind die Größen, die in die Gleichung (4.3) eingehen, auf eine Durchschnittsperiode zu beziehen. Zur Herleitung dieser Eingangsgrößen wird das Vorgehen aus Kapitel 5 auf den Mehr-Perioden-Fall übertragen. In welcher Weise dieses geschieht, wird im folgenden beschrieben.

6.1.1 Identifikation von Stichfahrten

Im Ein-Perioden-Fall wird jeder Kunde in einer Stichfahrt angefahren, der weder mit dem nachfrageschwächsten Kunden des Liefergebietes noch mit dem Kunden, der die geringste Warenablieferungszeit aufweist, in einer gemeinsamen Tour beliefert werden kann, ohne die bestehenden Mengen- und Zeitrestriktionen zu verletzen. Überträgt man diese Eigenschaft auf den Mehr-Perioden-Fall, so sind in jeder der t^{max} betrachteten Perioden die kleinsten Aufträge bezüglich der Nachfragemenge und der Warenablieferungszeit zu bestimmen und jeweils mit einem auf Stichfahrten zu überprüfenden Kunden in einer Tour zu kombinieren.

Weil die aggregierte Datenbasis jedoch lediglich Belieferungshäufigkeiten anstelle konkreter Belieferungstermine und Erwartungswerte anstelle tatsächlicher Auftragsgrößen und Warenablieferungszeiten enthält, werden zur Ermittlung der Kleinstaufträge je Periode vereinfacht die jeweils t^{max} kleinsten Erwartungswerte bezüglich der Nachfragemenge und der Warenablieferungszeit gesucht. Dazu wird zunächst der Kunde mit dem niedrigsten Erwartungswert hinsichtlich der Nachfragemenge ausgewählt. Entspricht dessen Belieferungshäufigkeit t^{max}, so sind bereits die t^{max} Aufträge mit der kleinsten durchschnittlichen Belieferungsmenge gefunden. Ist die Belieferungshäufigkeit hingegen kleiner als t^{max}, werden so lange die nächstkleineren Erwartungswerte bezüglich der Nachfrage bestimmt, bis die Summe der Belieferungshäufigkeiten der mit diesen Erwartungswerten verbundenen Kunden größer oder gleich t^{max} ist. Dasselbe Vorgehen ist zur Ermittlung der t^{max} kleinsten Warenablieferungszeiten zu wählen.

Um nun zu bestimmen, für welche Aufträge eines Kunden k ($k=1,...,k^{max}$) hinsichtlich der Mengenrestriktion eine Stichfahrt erforderlich ist und welche in einer Tour ausgeliefert werden können, sucht man für jeden Auftrag von k unter den t^{max} Aufträgen mit den geringsten erwarteten Nachfragemengen einen Kombinationspartner, mit dem eine gemeinsame Belieferung ohne Verletzung der Mengenrestriktion möglich ist. Dabei wird die Fahrzeugkapazität mit der Summe der erwarteten Auftragsgrößen verglichen. Gelingt es, einen geeigneten Kleinstauftrag zu finden, so kann die Auslieferung des betrachteten Auftrags von k in einer Tour erfolgen und der zugehörige Kleinstauftrag wird aus der Liste möglicher Kombinationspartner gestrichen. Findet man keinen passenden Kleinstauftrag, so wird der betrachtete Auftrag von k in einer Stichfahrt erfüllt. Die Suche nach einem geeigneten Kleinstauftrag ist für alle noch nicht untersuchten Aufträge von k zu wiederholen, wobei die Liste möglicher Kombinationspartner entsprechend der für k bereits bestimmten Kombinationen anzupassen ist.

Ein analoges Vorgehen gilt, um Stichfahrten hinsichtlich der Zeitrestriktion zu ermitteln. Für jeden Auftrag eines Kunden k wird überprüft, ob der Zeitbedarf für die Hin- und Rückfahrt zwischen dem Depot und dem Kunden sowie dessen mittlerer Warenablieferungszeit nicht wenigstens den Besuch bei einem weiteren Kunden zuläßt, ohne die gegebene Zeitrestriktion zu verletzen. Als Kombinationspartner in einer gemeinsamen Tour werden dabei die t^{max} Aufträge mit der geringsten erwarteten Warenablieferungszeit untersucht, die in den Prozeß zur Stichfahrtenermittlung von k jeweils nur einmal einbezogen werden dürfen. Die Aufträge von k, für die sich keine Tour bilden läßt, bestimmen die Anzahl der Stichfahrten. Alle übrigen Aufträge von k können in Touren ausgeliefert werden. Wie im Ein-Perioden-Fall wird auch in dieser Betrachtung vereinfacht unterstellt, daß jeder der t^{max} Aufträge ohne zusätzlichen Zeitbedarf für die Anfahrt in eine Einzelbelieferung des betrachteten Kunden eingebunden werden kann.

Falls für einen Kunden k Stichfahrten identifiziert werden, sind die statistischen Auftragsdaten von k zu bereinigen. Denn die Kundendaten, aus denen nachgeschaltet die erforderlichen Tourenlängen approximiert werden, dürfen nur noch in Touren auszuliefernde Aufträge enthalten. Folglich ist die Belieferungshäufigkeit des Kunden k um die Anzahl identifizierter Stichfahrten zu reduzieren. Hinsichtlich der Erwartungswerte bezüglich Auftragsgröße und Warenablieferungszeit bei einer Belieferung von k wird angenommen, daß diese Größen unabhängig von den ermittelten Stichfahrten sind und daher unverändert bleiben. Die Varianzen werden hingegen vereinfacht auf Null gesetzt.

An der beschriebenen Vorgehensweise zur Identifikation von Stichfahrten müssen einige Kritikpunkte genannt werden. So sind alle betrachteten Nachfragemengen und Warenablieferungszeiten Erwartungswerte und keine tatsächlich auftretenden Größen. Die t^{max} kleinsten

Nachfragemengen können somit in Wirklichkeit viel kleiner sein als dieses durch die Erwartungswerte ausgedrückt wird. Infolgedessen werden unter Umständen Aufträge von Kunden als Stichfahrten-Aufträge identifiziert, die im Vergleich mit den auf tatsächlichen Werten basierenden t^{max} kleinsten Auftragsgrößen in Touren beliefert werden könnten. Andererseits stellt aber auch die Auftragsgröße eines auf Stichfahrten zu überprüfenden Kunden einen Erwartungswert dar. Die wirkliche Belieferungsmenge bei einem Kundenbesuch kann daher wesentlich größer sein. Entsprechendes gilt für die Warenablieferungszeiten. Darüber hinaus sind aus den Eingangsdaten der Kunden nur noch deren Belieferungshäufigkeiten nicht aber deren tatsächliche Belieferungsperioden bekannt. Folglich besteht die Möglichkeit, daß die ermittelten t^{max} Aufträge bezüglich der kleinsten Nachfragemenge und ebenso bezüglich der kleinsten Warenablieferungszeit gar nicht in t^{max} unterschiedlichen Perioden auszuliefern sind. Des weiteren werden bei der Identifikation von Stichfahrten unter Umständen Aufträge miteinander in einer Tour kombiniert, die gar nicht in derselben Periode auftreten. Zugunsten der sehr kompakten Datenbasis für die Kunden werden Ungenauigkeiten dieser Art in Kauf genommen.

6.1.2 Berechnung der Entfernung zwischen dem Depot und dem Mittelpunkt des repräsentativen Tourgebietes

Zur Herleitung der mittleren Entfernung λ zwischen dem Depot und den Tourgebietsmittelpunkten wird im Ein-Perioden-Fall für jeden Kunden k des Liefergebietes versucht, die Anzahl n_k an Kunden zu bestimmen, mit denen k in einer Tour beliefert wird ($k=1,\ldots,k^{max}$). Bildet man dann die Summe über alle mit $1/n_k$ gewichteten Depot-Entfernungen le_{0k} und dividiert diesen Ausdruck durch die Tourenanzahl, so ergibt sich eine Abschätzung für λ (vgl. das Vorgehen im Kapitel 5.2). An dieser Approximation soll auch im Mehr-Perioden-Fall festgehalten werden. Zur Berechnung von λ sind dann jedoch geringfügige Anpassungen vorzunehmen, die im folgenden beschrieben werden.

Weil im Mehr-Perioden-Fall anstelle konkreter Auftragsgrößen und Warenablieferungszeiten je Kunde nur deren Erwartungswerte und Varianzen bekannt sind, ist die Gleichung (5.1) auf Seite 99 zur Bestimmung von n_k wie folgt zu modifizieren:

$$n_k = \min\left(\frac{ze_{max} - \left(2 \cdot le_{0k} - \overline{le}\right)/dg}{\overline{ad}_k + \overline{le}/dg}; \frac{me_{max}}{\overline{mek}_k}; \frac{bh_{ges}}{t^{max}} \right) \tag{6.1}$$

wobei $\overline{ad}_k$ und $\overline{mek}_k$ den Erwartungswerten des Kunden k bezüglich der Warenablieferungsdauer und der Nachfragemenge entsprechen. bh_{ges} stellt die Summe der Belieferungshäufigkeiten aller Kunden dar, so daß der dritte von den Ausdrücken, aus denen das Minimum zu bestimmen ist, die Anzahl an Kunden beschreibt, die im Durchschnitt in einer Periode zu beliefern sind.

Während bei der Bestimmung von n_k mit Hilfe der Gleichung (6.1) davon ausgegangen wird, daß alle Kunden einer Tour denselben Abstand zum Depot und dieselbe Nachfragemenge aufweisen, beruht eine alternative Berechnungsweise von n_k darauf zu bestimmen, wie viele Kunden, die bezüglich Nachfragemenge und Ablieferungsdauer für das Liefergebiet in einer Durchschnittsperiode typisch sind, neben dem Kunden k in einer Tour beliefert werden können. Sei ad_{ges} die Summe der Ablieferungszeiten, me_{ges} die Summe der Nachfragemengen über alle k^{max} Kunden und alle Perioden sowie bh_k die Belieferungshäufigkeit des Kunden k im Betrachtungszeitraum, so gilt analog zur Gleichung (5.2) auf Seite 99

$$n_k = 1 + \min\left(\frac{ze_{max} - 2 \cdot le_{0k}/dg - \overline{ad}_k}{\left(\frac{ad_{ges} - \overline{ad}_k \cdot bh_k}{bh_{ges} - bh_k} + \frac{\overline{le}}{dg} \right)} ; \frac{me_{max} - \overline{mek}_k}{\left(\frac{me_{ges} - \overline{mek}_k \cdot bh_k}{bh_{ges} - bh_k} \right)} ; \frac{bh_{ges}}{t^{max}} - 1 \right) \tag{6.2}$$

Um nun unter Berücksichtigung mehrerer Perioden λ zu bestimmen, läßt sich Gleichung (5.4) in folgender Weise anpassen.

$$\lambda = \frac{\sum_{k=1}^{k^{max}} \left(d_{0k} \cdot bh_k / n_k \right)}{\sum_{k=1}^{k^{max}} \left(bh_k / n_k \right)} \tag{6.3}$$

Der Zähler in (6.3) approximiert die Summe aller Entfernungen des Depots von den Mittelpunkten der Tourgebiete in allen Perioden. Der Nenner beschreibt die abgeschätzte Tourenanzahl über alle Perioden, so daß der gesamte Bruch den mittleren Abstand zwischen dem Depot und den Tourgebietsmittelpunkten wiedergibt.

6.1.3 Berechnung der durchschnittlichen Liefergebietsfläche

Grundlage für die Berechnung der Liefergebietsfläche im Ein-Perioden-Fall ist eine Aufteilung des Liefergebietes in Sektoren, in denen sich jeweils Orte befinden, deren Polarwinkel in demselben Winkelintervall liegen. Nach einer Zuordnung aller Kunden des Liefergebietes zu den Sektoren aufgrund ihrer Polarkoordinaten, wird in jedem Sektor überprüft, ob bei der Belieferung der Kunden eines Sektors die gegebenen Tourrestriktionen vollständig ausgenutzt werden. Sollte dieses nicht der Fall sein, wird der Sektor erweitert. Die unter Berücksichtigung von Sektorerweiterungen vom Depot aus größte auftretende Entfernung in einem Sektor bestimmt dessen äußere Begrenzung, woraus die Größe eines Kreisausschnittes abgeleitet wird. Die Liefergebietsfläche ergibt sich als Summe der ermittelten Kreisausschnitte (vgl. das Vorgehen im Kapitel 5.3.1).

Das beschriebene Vorgehen soll auf den Mehr-Perioden-Fall übertragen werden. Das Ziel ist nun aber, die Fläche des Liefergebietes in einer Durchschnittsperiode zu ermitteln. Die Vorgehensweise dazu wird im folgenden zunächst beispielhaft anhand eines einzelnen Sektors beschrieben, der in Abbildung 6.1 dargestellt ist.

In dem Sektor befinden sich vier Kundenstandorte, die durch Kreise repräsentiert werden. Die obere Zahl im Kreis steht für die Kundennummer die untere für die Belieferungshäufigkeit. Wesentlich für die Flächenberechnung ist die äußere Begrenzung eines Sektors, weil dadurch ein Kreisausschnitt als Teil der Liefergebietsfläche entsteht. Der Kunde 1 ist aufgrund der größten Entfernung zum Depot und seiner Belieferungshäufigkeit fünfmal Randkunde im Sektor. Unter der Annahme, daß der Kunde 2 stets dann beliefert wird, wenn Kunde 1 besucht wird, spielt der Kunde 2 mit seiner Belieferungshäufigkeit von 4 für die Flächenberechnung keine Rolle. Unterstellt man weiter, daß in 5 der 11 Perioden, in denen der Kunde 3 beliefert wird, die Tour zum Kunden 1 weiter verläuft, ist der Kunde 3 in 6 Perioden Randkunde. Kunde 4 ist aufgrund der geringeren Belieferungshäufigkeit gegenüber dem Kunden 3 für die Flächenberechnung bedeutungslos. Insgesamt treten in den 11 Perioden damit 6 Kreisausschnitte mit dem Radius le_{03} und 5 Kreisausschnitte mit dem Radius le_{01} auf, deren Summe durch die Periodenanzahl zu teilen ist, um die Liefergebietsfläche einer Durchschnittsperiode in dem untersuchten Sektor zu erhalten.

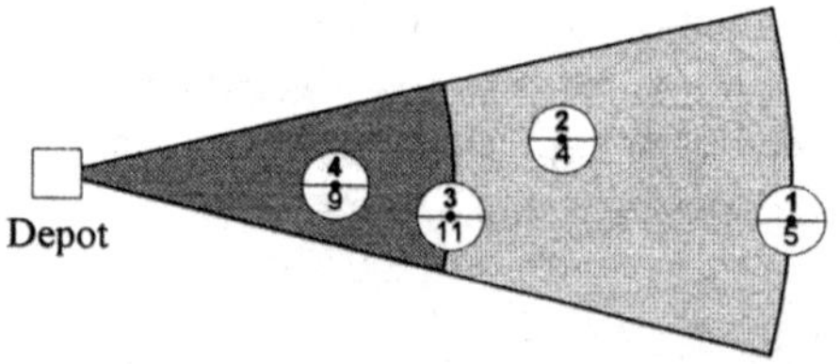

Abbildung 6.1: Flächenberechnung im Mehr-Perioden-Fall

Dieses am Beispiel erklärte Vorgehen soll noch einmal in allgemeiner Form dargestellt werden: Sei $\hat{s}$ einer von s^{max} Sektoren, in die das Liefergebiet eingeteilt wird, dann setzt sich die Menge $R_{\hat{s}}$ aller Randkunden in $\hat{s}$ aus jenen Kunden des Sektors zusammen, für die in größerer Entfernung zum Depot entweder keine Kunden oder nur Kunden mit einer geringeren Belieferungshäufigkeit auftreten. Sollten aufgrund dieses Kriteriums mehrere Kunden mit demselben

Abstand zum Depot als Randkunden identifiziert werden, so ist von jenen nur derjenige mit der größten Belieferungshäufigkeit auszuwählen. Kann dadurch kein Kunde eindeutig ermittelt werden, weil mehrere Kunden dieselbe für die Depot-Entfernung im Sektor maximale Belieferungshäufigkeit besitzen, wird einer von ihnen willkürlich als Randkunde bestimmt. Sei nun $\hat{k}$ der Randkunde mit der größten Depot-Entfernung in $\hat{s}$, dann berechnet sich der Flächeninhalt des Sektors $\hat{s}$ im Durchschnitt der t^{max} Perioden aus

$$Fl_{\hat{s}} = \frac{1}{s^{max} \cdot t^{max}} \cdot \left(\pi \cdot le_{0\hat{k}}^2 \cdot bh_{\hat{k}} + \sum_{k \in R_{\hat{s}} \setminus \{\hat{k}\}} \left(\pi \cdot le_{0k}^2 \cdot rh_k \right) \right) \tag{6.4}$$

mit $\quad rh_k = bh_k - \max\{bh_i \mid i \in R_{\hat{s}} \wedge le_{0i} > le_{0k}\} \qquad \forall k \in R_{\hat{s}} \setminus \{\hat{k}\}$

Der Kunde $\hat{k}$ mit dem depotfernsten Standort in $\hat{s}$ ist entsprechend seiner Belieferungshäufigkeit $bh_{\hat{k}}$-mal Randkunde. Für alle übrigen Randkunden in $\hat{s}$ beschreibt rh_k die Häufigkeit, mit welcher der Kunde k Randkunde ist. Begrenzt man den Sektor nach außen durch Kreisbögen in der Entfernung der Randkunden, so ergeben sich Kreisausschnitte, die mit der Randkunden-Häufigkeit rh_k des Kunden k gewichtet werden. Die Division dieser gewichteten Kreisausschnitte durch die Periodenanzahl t^{max} bestimmt die Liefergebietsfläche $Fl_{\hat{s}}$ im Sektor $\hat{s}$ für eine Durchschnittsperiode.

Das hier dargestellte Vorgehen zur Berechnung der Liefergebietsfläche geht davon aus, daß die Belieferungstermine der Kunden eines Sektors angeglichen werden können. Dieses ist sicherlich eine sinnvolle Annahme, um die Auslieferstrecken über alle Perioden zu minimieren. Jedoch lassen sich die Belieferungstermine nicht generell entsprechend den Wünschen des Auslieferers festlegen. Insbesondere auf Märkten mit substituierbaren Gütern besitzen die Kunden oft die Macht, dem Anbieter die Belieferungstermine zu diktieren. In diesem Fall kann die mit der Gleichung (6.4) ermittelte, mittlere Sektorenfläche kleiner sein als die tatsächliche und sich dadurch eine zu geringe Gesamtauslieferstrecke ergeben. Daß überhaupt Annahmen über die Belieferungszeitpunkte der Kunden getroffen werden müssen, obwohl die Belieferungstermine bei Betrachtung der einzelnen Perioden bekannt sind, hängt mit der aggregierten Datenbasis der Kunden im Mehr-Perioden-Fall zusammen, die für einen Kunden nur die Häufigkeit, nicht aber den Zeitpunkt der Belieferung enthält.

Ebenso wie im Ein-Perioden-Fall soll auch bei einem mehrperiodigen Planungszeitraum ein Sektor erweitert werden, wenn bei der Belieferung der Kunden in dem Sektor keine der gegebenen Tourrestriktionen vollständig ausgenutzt wird. In dem in Abbildung 6.1 dargestellten Beispiel ist Kunde 1 in 5 Perioden Randkunde. Zur Kontrolle, ob in diesen 5 Perioden die Mengenrestriktion überschritten wird, werden die Nachfragemengen der zu beliefernden

Kunden des Sektors auf eine für die 5 Perioden typische Durchschnittsperiode bezogen. Die Kunden 3 und 4 besitzen größere Belieferungshäufigkeiten als der Kunde 1, so daß angenommen wird, daß Kunde 1 stets in denselben Perioden beliefert wird wie die Kunden 3 und 4, deren Erwartungswerte bezüglich der Nachfragemengen somit vollständig in die Überprüfung der Mengenrestriktion eingehen. Der Kunde 2 wird hingegen in den 5 Perioden nur viermal besucht, so daß der Erwartungswert seiner Nachfragemengen nur mit dem Faktor 4/5 gewichtet wird. Nutzen die so gewichteten mittleren Nachfragemengen der zu beliefernden Kunden einschließlich der mittleren Nachfragemengen des Kunden 1 in Summe die Mengenrestriktion nicht vollständig aus, wird der Sektor mit dem Randkunden 1 in 5 Perioden erweitert. Das Vorgehen zur Überprüfung der Zeitrestriktion ist identisch. Anstelle gewichteter Erwartungswerte für die Nachfragemengen werden dann jedoch gewichtete mittlere Warenablieferungszeiten zuzüglich der Fahrzeit zwischen dem Depot und dem Randkunden mit der maximalen Tourdauer verglichen. Die beschriebene Kontrolle der Sektorerweiterung mit dem Randkunden 1 ist in gleicher Weise mit dem Randkunden 3 und 6 Perioden auszuführen. Die Erwartungswerte des Kunden 4 sind dabei mit dem Faktor 4/6 zu gewichten.

In dem betrachteten Beispiel ist die Situation denkbar, daß der Sektor mit dem Randkunden 1 und der Belieferungshäufigkeit 5 in jenen 4 Perioden nicht erweitert werden muß, in denen auch der Kunde 2 seine Ware erhält. Hingegen werden in der verbleibenden Periode die Tourrestriktionen durch den Wegfall des Kunden 2 nicht vollständig ausgenutzt, so daß nur in einer Periode eine Sektorerweiterung erforderlich ist. Auf eine solche Detaillierung wird verzichtet. Statt dessen wird ein Sektor entweder gar nicht oder mit der Häufigkeit erweitert, mit welcher der betrachtete Randkunde beliefert wird.

Um die Überprüfung der Tourrestriktionen in allgemeiner Form darzustellen, sind einige Bezeichnungen erforderlich. Sei $K_{\hat{s}}$ die Indexmenge aller Kunden im Sektor $\hat{s}$, $\hat{k}$ Randkunde in $\hat{s}$, und $K^{*}_{\hat{s},\hat{k}} = \left\{k \in K_{\hat{s}} \,|\, le_{0k} \le le_{0\hat{k}}\right\}$ die Menge all jener Kunden aus $\hat{s}$, die in wenigstens einer der Perioden beliefert werden, wenn $\hat{k}$ Randkunde ist, dann wird der Sektor $\hat{s}$ mit dem Randkunden $\hat{k}$ $bh_{\hat{k}}$-mal erweitert, wenn gilt

$$\sum_{k \in K^{*}_{\hat{s},\hat{k}}} \left(\overline{me_k} \cdot \frac{\min\left(bh_k; bh_{\hat{k}}\right)}{bh_{\hat{k}}} \right) \le me_{max}$$

oder

$$\frac{2 \cdot le_{0\hat{k}}}{dg} + \sum_{k \in K^{*}_{\hat{s},\hat{k}}} \left(\overline{ad_k} \cdot \frac{\min\left(bh_k; bh_{\hat{k}}\right)}{bh_{\hat{k}}} \right) \le ze_{max}.$$

Sollte sich für einen Sektor $\hat{s}$ mit zugehörigem Randkunden $\hat{k}$ die Notwendigkeit einer Erweiterung ergeben, so wird die Anzahl $AnzS_{\hat{s},\hat{k}}$ der Erweiterungssektoren unter der aus dem Ein-Perioden-Fall bekannten Annahme bestimmt, die Nachbarsektoren würden dem betrachteten Sektor entsprechen. Es gilt dann entsprechend Gleichung (5.7) auf Seite 111

$$AnzS_{\hat{s},\hat{k}} = \max\left(0; \min\left(\left\lceil \frac{me_{max}}{\sum_{k \in K^{*}_{\hat{s},\hat{k}}} \left(\overline{mek}_{k} \cdot \frac{\min(bh_{k}; bh_{\hat{k}})}{bh_{\hat{k}}} \right)} \right\rceil; \left\lceil \frac{ze_{max} - 2 \cdot le_{0\hat{k}}/dg}{\sum_{k \in K^{*}_{\hat{s},\hat{k}}} \left(\overline{ad}_{k} \cdot \frac{\min(bh_{k}; bh_{\hat{k}})}{bh_{\hat{k}}} \right)} \right\rceil; \left\lfloor \frac{s^{max} \cdot Fl_{max}}{\pi \cdot le^{2}_{0\hat{k}}} \right\rfloor; \left\lfloor \frac{s^{max}}{4} \right\rfloor \right) - 1 \right) \tag{6.5}$$

Die Art, in der die $AnzS_{\hat{s},\hat{k}}$ Erweiterungssektoren mit der Häufigkeit $bh_{\hat{k}}$ um den Sektor $\hat{s}$ angeordnet werden, entspricht dem Vorgehen im Ein-Perioden-Fall. Wenn $AnzS_{\hat{s},\hat{k}}$ eine gerade Zahl ist, wird $\hat{s}$ in jede der beiden Richtungen um $AnzS_{\hat{s},\hat{k}}/2$ Sektoren erweitert. Ist $AnzS_{\hat{s},\hat{k}}$ hingegen ungerade, werden $(AnzS_{\hat{s},\hat{k}} + 1)/2$ Sektoren an der Seite von $\hat{s}$ angeordnet, die dem Randkunden $\hat{k}$ näher liegt. An der anderen Seite werden $(AnzS_{\hat{s},\hat{k}} - 1)/2$ Sektoren hinzugefügt.

Die gesamte Liefergebietsfläche einer Durchschnittsperiode berechnet sich als Summe aller s^{max} mit Gleichung (6.4) bestimmten durchschnittlichen Sektorenflächen $Fl_{\hat{s}}$. Neben den Randkunden des Sektors $\hat{s}$ sind bei der Flächenberechnung von $Fl_{\hat{s}}$ wie im Ein-Perioden-Fall auch Sektorbegrenzungen von benachbarten Sektoren zu berücksichtigen, sofern deren Erweiterung den Sektor $\hat{s}$ einschließt. Indem jene Randkunden, die mit der in $\hat{s}$ hineinreichenden Sektorbegrenzung zusammenhängen, mit ihren Belieferungshäufigkeiten in die Herleitung der Indexmenge $R_{\hat{s}}$ einbezogen werden, obwohl sich deren Standort gar nicht im Sektor $\hat{s}$ befindet, läßt sich die Gleichung (6.4) zur Berechnung von $Fl_{\hat{s}}$ unmittelbar anwenden.

6.1.4 Berechnung der mittleren Kunden-Kunden-Entfernung

Die mittlere Kunden-Kunden-Entfernung wird im Ein-Perioden-Fall mit Hilfe der Gleichung (5.8) auf Seite 113 bestimmt, die folgendes Aussehen hat:

$$\overline{le} = \Theta\left(\delta \cdot br_{ges}^{2}\right) / \sqrt{\delta}$$

Um diese Gleichung auch im Mehr-Perioden-Fall anzuwenden, sind die Eingangsgrößen auf eine Durchschnittsperiode zu beziehen. Die durchschnittliche Anzahl an Kunden je Periode läßt sich als Quotient der Summe aller Belieferungshäufigkeiten und der Periodenanzahl bestimmen. Die Division der durchschnittlichen Kundenanzahl je Periode und der zuletzt ermittelten Liefergebietsfläche einer Durchschnittsperiode berechnet die mittlere Kundendichte δ im Liefergebiet bei der Auslieferung.

br_{ges} bezeichnet die kürzere Seite des in ein Rechteck transformierten Liefergebietes und ist entsprechend der Gleichung (5.9) auf Seite 114 das Ergebnis der Division aus der Liefergebietsfläche und der größten Entfernung lg_{ges} zwischen zwei Kunden im Liefergebiet. Die durchschnittliche Liefergebietsfläche ist bekannt, so daß zur Anwendung der Gleichung (5.9) im Mehr-Perioden-Fall lediglich lg_{ges} für eine Durchschnittsperiode zu ermitteln ist. Das Vorgehen dazu wird im folgenden zunächst an einem Beispiel beschrieben.

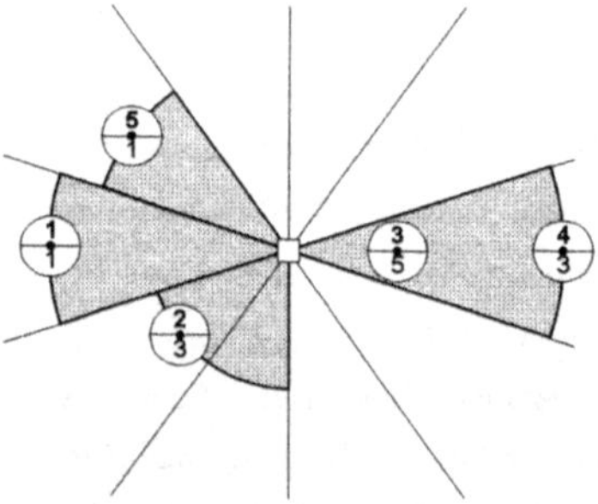

Abbildung 6.2: Berechnung von br_{ges} im Mehr-Perioden-Fall

Abbildung 6.2 zeigt ein Liefergebiet mit 10 Sektoren bei einem Planungshorizont von $t^{max} = 5$ Perioden. Die Flächenberechnung soll durch 5 Randkunden beeinflußt werden, die in der Abbildung durch Kreise dargestellt werden. Die obere Zahl im Kreis steht für die Kundennummer die untere für die Belieferungshäufigkeit. Zur Herleitung von lg_{ges} sind im Mehr-Perioden-Fall die größten Entfernungen zwischen Kunden im Liefergebiet je Periode zu suchen, wobei wie im Ein-Perioden-Fall lediglich Entfernungen zwischen Randkunden betrachtet werden sollen. Der größte Abstand zwischen zwei Randkunden besteht zwischen den Kunden 1 und 4. Aufgrund der Belieferungshäufigkeit des Kunden 1 kann diese Entfernung nur in einer Periode auftreten. Der nächstgrößte Abstand ergibt sich durch die Entfernung zwischen den Kunden 5 und 4. Weil jedoch davon ausgegangen wird, daß der Kunde 5 mit der Belieferungshäufigkeit 1 in derselben Periode beliefert wird wie der Kunde 1, spielt die Verbindung zwischen den Kunden 4 und 5 für die Berechnung von lg_{ges} keine Rolle. Die Entfernung zwischen den Kunden 2 und 4 stellt den nächstgrößten Abstand zwischen zwei Randkunden dar. In den 3 Perioden, in denen Kunde 4 beliefert wird, ist in einer Periode der Kunde 1 zu besuchen, so daß die Kunden 2 und 4 lediglich in 2 Perioden die äußersten Randkunden des Liefergebietes darstellen. Schließlich verbleibt der Kunde 3, der durch seinen Abstand zum Depot in 2 Perioden die maximale Entfernung im Liefergebiet bestimmt. Insgesamt berechnet sich die größte Entfernung zwischen zwei Randkunden im Durchschnitt der Perioden somit aus dem Ausdruck

$$lg_{ges} = \frac{le_{14} + 2 \cdot le_{24} + 2 \cdot le_{03}}{5}$$

Die Vorgehensschritte zur Berechnung von lg_{ges} bei einem Planungshorizont von t^{max} Perioden lauten in allgemeiner Form wie folgt:

1. Sei t der Zähler für die Anzahl an Perioden, in denen der maximale Abstand zwischen zwei Randkunden im Liefergebiet bereits bestimmt wurde, und lg_{sum} die Summe der ermittelten, maximalen Abstände über die t Perioden. Setze t = 0 und $lg_{sum} = 0$.
2. Suche die Randkunden $\hat{k}_1$ und $\hat{k}_2$, die jeweils eine Belieferungshäufigkeit größer als t und mit $le_{\hat{k}_1,\hat{k}_2}$ die größte Entfernung zwischen zwei Randkunden im Liefergebiet aufweisen. Setze $le^{max} = le_{\hat{k}_1,\hat{k}_2}$ und h als das Minimum der Belieferungshäufigkeiten der beiden Randkunden. Ist die Suche nach der größten Entfernung nicht eindeutig, weil mehrere Verbindungen zwischen Randkunden mit demselben Abstand auftreten, wähle die Verbindung mit dem größten Wert für h.
3. Suche den Randkunden $\hat{k}$, der eine Belieferungshäufigkeit größer als t und die größte Entfernung $le_{0\hat{k}}$ zum Depot aufweist. Wenn bei dieser Suche mehrere Randkunden den Depotabstand $le_{0\hat{k}}$ besitzen, ist derjenige mit der größten Belieferungshäufigkeit auszuwählen. Sollte $le_{0\hat{k}}$ größer sein als $le_{\hat{k}_1,\hat{k}_2}$, dann setze $le^{max} = le_{0\hat{k}}$ und h als die Belieferungshäufigkeit $bh_{\hat{k}}$ des Randkunden $\hat{k}$. Sollte gelten $le_{0\hat{k}} = le_{\hat{k}_1,\hat{k}_2}$, so ersetze h durch $bh_{\hat{k}}$ nur dann, wenn $bh_{\hat{k}}$ größer als h ist.
4. Setze $lg_{sum} = lg_{sum} + (h - t) \cdot le^{max}$ und t = h. Gehe zu Schritt 2, falls t kleiner als die maximale Belieferungshäufigkeit eines Kunden im Liefergebiet ist.
5. Berechne $lg_{ges} = lg_{sum} / t^{max}$.

Wenn es einem Unternehmen möglich ist, auf die Belieferungstermine der Kunden Einfluß zu nehmen, werden Fahrten zu den entferntesten Kunden in unterschiedlicher Richtung vom Depot nicht in derselben Periode stattfinden, um die Fahrer über die Perioden hinsichtlich der Einsatzzeit gleichmäßig auszulasten. Betrachtet man etwa das Beispiel aus der Abbildung 6.2, dann sollte der Tourdisponent darauf achten, den Kunden 4 nicht gerade in der Periode zu beliefern, in welcher der Kunde 1 besucht wird. Gerade dieses wird aber bei der Berechnung von lg_{ges} angenommen. Andererseits wird im Laufe des iterativen Vorgehens die ermittelte, maximale Entfernungen le^{max} von Iteration zu Iteration immer kleiner, weil mindestens einer der beiden Randkunden, die le^{max} für eine bestimmte Periodenanzahl determinieren, für nachfolgende Iterationen nicht mehr zur Verfügung steht. Dies kann sogar dazu führen, daß in einigen Perioden für le^{max} ein Wert von Null ermittelt wird. Ein solcher Fall tritt dann auf, wenn kein Kunde im Liefergebiet in jeder Periode beliefert wird. Denn gemäß dem Schritt 4 des Iterationsverfahrens entspricht die Anzahl der ermittelten Werte für le^{max} der maximalen Belieferungshäufigkeit eines Kunden im Liefergebiet.

Es ist außerordentlich schwierig, aus Informationen der aggregierten Auftragsdaten die Begrenzungen des Liefergebietes in den einzelnen Periode zu bestimmen. Bei dem hier beschriebenen Vorgehen werden im Laufe der Iterationen anfangs zu große Entfernungen für le^{max} durch zu kleine Werte kompensiert. Letztlich läßt sich dadurch nicht sicherstellen, den Durchschnitt der maximalen Entfernungen über alle Periode exakt zu ermitteln. Es ist aber eine vernünftige Näherung zu erwarten.

Die Division aus der mittleren Liefergebietsfläche und lg_{ges} bestimmt br_{ges}. Sollte sich dabei für br_{ges} ein größerer Wert ergeben als für lg_{ges}, so werden wie im Ein-Perioden-Fall die beiden Werte ausgetauscht, so daß br_{ges} höchstens genau so groß wie lg_{ges} sein kann.

6.1.5 Berechnung der Länge des repräsentativen Tourgebietes

Im Ein-Perioden-Fall wird die Länge lg des Tourgebietes aus der Tourgebietsfläche Fl, der Breite b eines Streifens, der sich zur Berechnung der mittleren Kunden-Kunden-Entfernung über das Liefergebiet erstreckt, und der mittleren Entfernung λ zwischen dem Depot und dem Mittelpunkt der Tourgebiete mit Hilfe der Gleichung (5.10) auf Seite 118 berechnet, die folgende Form hat:

$$lg = \min\left(\frac{Fl}{2b}; 2\lambda\right)$$

Im Mehr-Perioden-Fall soll diese Gleichung bezogen auf eine Durchschnittsperiode weiterhin benutzt werden. Die Division aus der Belieferungshäufigkeit aller Kunden und der Periodenanzahl bestimmt die mittlere Anzahl zu beliefernder Kunden einer Periode. Dividiert man diese Größe durch die durchschnittliche Anzahl n der Kunden pro Tour - die Vorgehensweise zur Herleitung von n im Mehr-Perioden-Fall wird anschließend beschrieben -, so ergibt sich die erforderliche Tourenanzahl einer Durchschnittsperiode. Aus dieser Tourenanzahl und der durchschnittlichen Liefergebietsfläche läßt sich der Flächeninhalt Fl des repräsentativen Tourgebietes als erste Eingangsgröße der Berechnungsgleichung von lg ermitteln. Die Streifenbreite b wird wie im Ein-Perioden-Fall aus der Gleichung $b = \min\left(\sqrt{3/\delta}; br_{ges}/2\right)$ bestimmt, wobei δ die mittlere Kundendichte im Liefergebiet einer Durchschnittsperiode repräsentiert und br_{ges} die aus der Herleitung der mittleren Kunden-Kunden-Entfernung bekannte kürzere Seite des in ein Rechteck transformierten Liefergebietes bezeichnet. Das Vorgehen zur Ermittlung von λ im Mehr-Perioden-Fall ist auf den Seiten 131 f. beschrieben, so daß alle Eingangsgrößen der Berechnungsgleichung von lg bekannt sind.

6.1.6 Berechnung der durchschnittlichen Anzahl Kunden pro Tour

Der im Kapitel 5.5 für den Ein-Perioden-Fall beschriebene wahrscheinlichkeitstheoretische Ansatz zur Berechnung der durchschnittlichen Anzahl n an Kunden pro Tour soll auf den Mehr-Perioden-Fall übertragen werden. Als einzige Anpassungsmaßnahme sind dazu die Erwartungswerte und Varianzen, mit denen über den zentralen Grenzwertsatz die Wahrscheinlichkeiten der Gleichung (5.17) auf Seite 125 bestimmt werden, auf den gesamten Betrachtungszeitraum zu beziehen.

Die Erwartungswerte und Varianzen bezüglich der Nachfragemenge und der Warenablieferungszeit werden aus den Auftragsgrößen und Ablieferungszeiten aller Kunden über alle Perioden erzeugt. Dasselbe Vorgehen gilt für die Herleitung des Erwartungswertes und der Varianz bezüglich der Depot-Kunden-Entfernung. Aus diesen beiden Größen und der mittleren Entfernung λ zwischen dem Depot und den Tourgebietsmittelpunkten aller Perioden können mit Hilfe der Gleichungen (5.15) auf Seite 123 der Erwartungswert und die Varianz der Depot-Tourgebietsmittelpunkt-Entfernung abgeschätzt werden. Schließlich lassen sich auch der Erwartungswert und die Varianz der Entfernung zwischen zwei Kunden im Liefergebiet einer Durchschnittsperiode über die Gleichungen (5.8) und (5.16) auf den Seiten 113 und 124 mit den Größen δ und br_{ges} bestimmen, die zur Berechnung der mittleren Kunden-Kunden-Entfernung im Mehr-Perioden-Fall verwendet werden.

Somit sind alle erforderlichen Werte bekannt, um mit Gleichung (5.17) die mittlere Anzahl n an Kunden pro Tour für den Mehr-Perioden-Fall zu berechnen.

6.1.7 Verfahrensablauf

Das Verfahren im Mehr-Perioden-Fall ist vom Aufbau dem Vorgehen bei Betrachtung nur einer Periode (vgl. Kapitel 5.6) sehr ähnlich. Dennoch sollen die einzelnen Verfahrensschritte als Zusammenfassung dieses Kapitels im folgenden beschrieben werden.

Gegeben ist ein Liefergebiet mit Kunden, deren Standorte, Warenablieferungszeiten und Nachfragemengen für eine vorgegebene Anzahl t^{max} an Perioden bekannt sind. Das Ziel ist es, die minimale Auslieferstrecke zur Belieferung dieser Kunden von einem gegebenen Depotstandort über alle Perioden zu bestimmen. Die Auslieferung erfolgt in Touren, deren Längen durch eine einheitliche Fahrzeugkapazität me_{max} und eine maximale Tourdauer ze_{max} beschränkt sind. Nachdem die Auftragsdaten aller Perioden so verdichtet werden, daß je Kunde neben dessen Standort nur noch dessen Belieferungshäufigkeit sowie die Erwartungswerte und Varianzen bezüglich seiner Nachfragemengen und Warenablieferungszeiten vorliegen, sind folgende Verfahrensschritte auszuführen:

1. Ermittle aus den Kundendaten die bezüglich des Erwartungswertes jeweils kleinsten t^{max} Aufträge hinsichtlich der Nachfragemenge und der Warenablieferungszeit. Identifiziere mit Hilfe dieser Größen und der zu Beginn dieses Kapitels beschriebenen Prozedur jene Aufträge, die nur in einer Stichfahrt ausgeliefert werden können. Bereinige die Kundendaten um die Stichfahrten-Aufträge.
2. Ordne jeden Kunden, für den in Touren zu erfüllende Aufträge bestehen, aufgrund seines Polarwinkels einem der s^{max} Liefergebietssektoren zu. Bestimme anschließend je Liefergebietssektor die Randkunden und berechne mit dem beschriebenen Vorgehen für den Mehr-Perioden-Fall den Flächeninhalt des Liefergebietes einer Durchschnittsperiode.
3. Ermittle
   - die mittlere Anzahl an Aufträgen je Periode als Division der Summe der Belieferungshäufigkeiten und der Periodenanzahl,
   - die mittlere Kundendichte δ im Liefergebiet einer Durchschnittsperiode als Division der mittleren Auftragsanzahl und der durchschnittlichen Liefergebietsfläche,
   - die kürzere Seite br_{ges} des in ein Rechteck transformierten Liefergebietes einer Durchschnittsperiode aus der mittleren Liefergebietsfläche und dem Durchschnitt der größten Entfernungen zwischen zwei Kunden im Liefergebiet je Periode mit Gleichung (5.9) auf Seite 114.

   Berechne aus δ und br_{ges} mit Hilfe von Gleichung (5.8) auf Seite 113 die mittlere Kunden-Kunden-Entfernung $\overline{le}$.
4. Bestimme die mittlere Entfernung λ zwischen dem Depot und dem Mittelpunkt der Tourgebiete über alle Perioden entsprechend dem beschriebenen Vorgehen für den Mehr-Perioden-Fall aus der Gleichung (6.3) auf Seite 132.

5. Berechne die Erwartungswerte und Varianzen bezüglich Auftragsgröße, Warenablieferungszeit, Depot-Tourgebietsmittelpunkt- und Kunden-Kunden-Entfernung über alle Perioden und ermittle mit diesen Größen und dem im Kapitel 5.5 beschriebenen Vorgehen die Anzahl n an Kunden, die im Durchschnitt über alle Perioden innerhalb einer Tour beliefert werden. Die Division aus der Summe der Belieferungshäufigkeiten und n ergibt die erforderliche Tourenanzahl.
6. Bestimme die Länge lg des repräsentativen Tourgebietes aus Gleichung (5.10) auf Seite 118 und den auf den Mehr-Perioden-Fall bezogenen Eingangsgrößen Fl, b und λ.
7. Berechne die Länge einer für das Liefergebiet repräsentativen Tour als Minimum der mit den Gleichungen (5.18) und (5.19) auf der Seite 126 ermittelten Werte.
8. Die Auslieferstrecke für die Belieferung aller Kunden des Liefergebietes setzt sich aus der Multiplikation der im Schritt 5 ermittelten Tourenanzahl mit der im Schritt 7 bestimmten mittleren Tourlänge zusammen zuzüglich der im Schritt 1 identifizierten Stichfahrten.

6.2 Der Mehr-Depot-Mehr-Perioden-Fall

Der Mehr-Depot-Mehr-Perioden-Fall ist dadurch gekennzeichnet, daß Kundenaufträge mit festen Belieferungsterminen über einen längeren Zeitraum bekannt sind und im Unterschied zu dem im Kapitel 6.1 beschriebenen Ein-Depot-Mehr-Perioden-Fall von mehreren gegebenen Auslieferungsdepots erfüllt werden können. Für jeden Kunden ist dann eine Entscheidung zu treffen, von welchem der Depots er über den gesamten Betrachtungszeitraum beliefert werden soll, um die Summe der an allen Depots anfallenden Auslieferstrecken zu minimieren. Die Anforderungen an ein Lösungsverfahren müssen daher über eine reine Kostenbewertung hinausgehen. Denn im Mittelpunkt der Betrachtung steht die Optimierung der Lager-Kunden-Zuordnung.

Im folgenden wird basierend auf dem im Kapitel 6.1 beschriebenen Verfahren für den Ein-Depot-Mehr-Perioden-Fall ein Vorgehen zur Lösung des Mehr-Depot-Mehr-Perioden-Problems entwickelt. Zunächst stellt Kapitel 6.2.1 das Grundprinzip des Verfahrens vor, wobei eine Lösung ausgehend von einer Anfangszuordnung der Kunden zu den Auslieferungsdepots durch den sukzessiven Austausch der Depot-Zuordnung für einzelne Kunden erzeugt wird. Die Vorgehensweise zur Bewertung eines Austauschschrittes ist Gegenstand des Kapitels 6.2.2. Die Strategie, welche veränderte Depot-Zuordnung eines Kunden ausgewählt und umgesetzt wird, beschreibt das Kapitel 6.2.3. Der gesamte Verfahrensablauf ist als Zusammenfassung dem Kapitel 6.2.4 zu entnehmen.

6.2.1 Grundprinzip des Verfahrens

Die Aufgabe, im Mehr-Depot-Fall jedem zu beliefernden Kunden genau ein Depot so zuzuordnen, daß die an allen Depots anfallenden Auslieferstrecken minimal sind, ist sehr schwierig zu lösen. Bereits im Kapitel 2.4 (vgl. Beispiel 2 auf Seite 23) wurden diese Schwierigkeiten im Ein-Perioden-Fall beschrieben. Denn nicht aus der isolierten Betrachtung eines Kunden läßt sich bestimmen, welchem Auslieferungslager er am günstigsten zuzuordnen ist. Die Vorteilhaftigkeit einer Zuordnung ergibt sich oft erst bei Berücksichtigung benachbarter Kunden und den Möglichkeiten, Touren zu bilden. Dieses Zuordnungsproblem ist bei einem Planungshorizont von mehreren Perioden und der Bedingung, jeder Kunde solle über den gesamten Planungszeitraum von genau einem Depot aus beliefert werden, noch schwieriger zu lösen.

Das Ein-Depot-Mehr-Perioden-Verfahren aus dem Kapitel 6.1 bietet die Möglichkeit, die mit der Belieferung von Kunden in Touren anfallenden Transportstrecken von *einem* Depot mit Hilfe einer Approximationsgleichung abzuschätzen. Dazu werden einzelne Parameter einer typischen Tour in einer Durchschnittsperiode aus spezifischen Größen der zu besuchenden Kunden hergeleitet. Verändert man nun das Liefergebiet des Depots durch die Heraus- oder Hinzunahme eines einzelnen Kunden und bestimmt die Parameter der typischen Tour neu, so lassen sich mit Hilfe der Approximationsgleichung die Auswirkungen einer veränderten Depot-Kunden-Zuordnung auf die anfallenden Transportstrecken ermitteln, ohne eine einzige Tour bilden zu müssen.

Diese für den Ein-Depot-Fall beschriebene Überlegung ist die Grundlage des Verfahrens im Mehr-Depot-Fall. Zunächst sind alle Kunden einem Depot eindeutig zuzuordnen, indem beispielsweise jeder Kunde vom nächstgelegenen Depot beliefert wird. Liegen die Kundendaten wiederum in der im Kapitel 6.1 beschriebenen aggregierten Form vor, so können die Auslieferstrecken von jedem Depot mit Hilfe des Ein-Depot-Mehr-Perioden-Verfahrens bestimmt werden. Ausgehend von der Anfangszuordnung läßt sich nun für jeden Kunden einzeln ermitteln, wie sich die Parameter der depotspezifischen Approximationsgleichungen und damit die anfallenden Transportstrecken verändern, wenn die bestehende Depot-Zuordnung des Kunden aufgelöst und er einem anderen Liefergebiet hinzugefügt wird. Um etwa beurteilen zu können, ob die Umordnung eines Kunden k vom Liefergebiet des Depots l_1 zum Liefergebiet des Depots l_2 vorteilhaft ist, müssen vier Werte berechnet werden:

1. die erforderlichen Transportstrecken im Liefergebiet des Depots l_1 mit Kunde k,
2. die erforderlichen Transportstrecken im Liefergebiet des Depots l_2 ohne Kunde k,
3. die erforderlichen Transportstrecken im Liefergebiet des Depots l_1 ohne Kunde k,
4. die erforderlichen Transportstrecken im Liefergebiet des Depots l_2 mit Kunde k.

Die ersten beiden Werte stellen in Summe die erforderlichen Transportstrecken vor der Umordnung des Kunden k von l_1 zu l_2 dar, die Summe der letzten beiden Werte die erforderlichen Transportstrecken nach der Umordnung. Sollte die zweite Summe kleiner sein als die erste, so ergibt sich insgesamt eine Reduktion der Transportstrecken und die veränderte Depot-Zuordnung des Kunden k wird in einer Einsparungsliste gespeichert. Nachdem alle möglichen Depot-Kunden-Kombinationen in der beschriebenen Weise auf eine Verringerung der Auslieferstrecken überprüft wurden, wäre es nun falsch, alle in der Einsparungsliste gespeicherten Einträge zu realisieren. Denn die Grundlage jeder ermittelten Einsparung ist die veränderte Depot-Zuordnung eines einzigen Kunden. Werden jedoch mehrere Kunden gleichzeitig in ihrer Depot-Zuordnung verändert, so spiegeln die ausgewiesenen Einsparungen nicht die tatsächlichen Auswirkungen wider.

Infolgedessen wird aus der Einsparungsliste nur *eine* veränderte Depot-Zuordnung realisiert. Es bestehen unterschiedliche Strategien, welche Austauschmöglichkeit aus der Einsparungsliste umgesetzt wird. Diese Strategien sollen später im Kapitel 6.2.3 dargestellt werden. Unabhängig von der gewählten Vorgehensweise entstehen nach der Realisierung eines Austausches zwei neue Liefergebiete, und die Einsparungsliste muß aktualisiert werden. Alle darin enthaltenen Einträge behalten ihre Gültigkeit, sofern sie nichts mit den beiden neuen Liefergebieten zu tun haben. Alle anderen Einträge sind zu löschen. Zur Vervollständigung der Einsparungsliste ist dann für alle Kunden, die nicht zu den beiden Liefergebieten gehören, zu überprüfen, ob sich ein Wechsel in eines der beiden neu entstandenen Liefergebiete lohnt. Sollte sich durch eine veränderte Depot-Zuordnung ein Vorteil ergeben, so ist diese in der Einsparungsliste festzuhalten. Darüber hinaus ist für jeden Kunden der beiden neuen Liefergebiete die Zuordnung zu jedem anderen Depot zu untersuchen und im Falle einer Verringerung der gesamten Auslieferstrecken in der Einsparungsliste zu speichern. Die Einsparungsliste ist nun vollständig, so daß wiederum entsprechend der Auswahlstrategie die Depot-Zuordnung eines Kunden verändert und dadurch eine zusätzliche Einsparung realisiert werden kann. Der Ablauf mit der erneuten Aktualisierung der Einsparungsliste und der Realisierung einer Einsparung wird so lange wiederholt, bis eine Abbruchbedingung erfüllt ist.

Bei Austauschverfahren, wie dem hier beschriebenen, sind in der Regel sehr viele Austauschmöglichkeiten zu bewerten. Viele der Depot-Kunden-Zuordnungen brauchen jedoch nicht in Frage gestellt zu werden, weil durch eine Veränderung der Depot-Zuordnung keine Reduktion der Auslieferstrecke zu erwarten ist. Einsparungen werden sich insbesondere für Kunden ergeben, die vor der Veränderung ihrer Depot-Zuordnung zumindest in einigen Perioden in Stichfahrten besucht werden und danach öfter in Touren beliefert werden können. Darüber hinaus ist es sicherlich vernünftig, die Depot-Zuordnung jener Kunden zu überprüfen, die am Rand ihres Liefergebietes liegen und nur einen geringen Abstand zu einem anderen Auslieferungsdepot aufweisen. Algorithmisch läßt sich diese Einschränkung zu untersuchender Depot-

Kunden-Kombinationen umsetzen, indem nur Kunden betrachtet werden, die in der bestehenden Depot-Zuordnung entweder in Stichfahrten besucht werden oder in den Approximationsgleichungen bei der Flächenberechnung als Randkunden auftreten. Für jeden dieser Kunden werden dann nur Zuordnungen zu Depots überprüft, die von dem betrachteten Kunden nicht weiter entfernt sind als eine vorgegebene Entfernung.

Die Verwendung einer solchen maximalen Entfernung kann dazu führen, daß die Depot-Zuordnung eines Kunden gegen eine andere nicht ausgetauscht wird, selbst wenn sich dadurch eine Reduktion der Transportstrecken ergeben würde, weil die Entfernung des Kunden zum neuen Auslieferungsdepot die maximale Auslieferentfernung übersteigt. Es ist jedoch zu bedenken, daß für ein Unternehmen mit zunehmender Entfernung vom Depot die Flexibilität abnimmt, auf kurzfristige Kundenbestellungen einzugehen. Vor diesem Hintergrund können bei weit vom Depot entfernten Kunden Einsparungen der Transportstrecken aufgrund der aus der Datenbasis bekannten Belieferungstermine durch unplanmäßige Belieferungen, wie sie in der Praxis auftreten, überkompensiert werden. Bei der Bestimmung der maximalen Entfernung sind daher Aspekte des Lieferservices zu berücksichtigen

Läßt man die Stichfahrten-Kunden einmal außer acht, so führt die Einschränkung, die Depot-Zuordnung nur für Kunden zu untersuchen, die in den Approximationsgleichungen bei der Flächenberechnung als Randkunden auftreten, dazu, daß als Lösung des Mehr-Depot-Verfahrens stets überschneidungsfreie Liefergebiete zu erwarten sind. Das bedeutet keinesfalls, daß sich die Liefergebiete im Laufe des Iterationsprozesses nach der Realisierung einer veränderten Depot-Zuordnung nie überschneiden würden. Jedoch lösen sich diese Überschneidungen im weiteren Vorgehen auf. Abbildung 6.3 zeigt beispielsweise zwei Depots mit jeweils einem Liefergebietssektor und vier durch Kreise gekennzeichnete Kunden. Die obere Zahl im Kreis bezeichnet wiederum die Kundennummer die untere die Belieferungshäufigkeit. Die Kunden 2, 3 und 4 stellen Randkunden dar, für die eine veränderte Depot-Zuordnung zu überprüfen ist. Betrachtet man bei einer Kundenumordnung nun insbesondere die Auswirkungen auf die Liefergebietsfläche, so erscheint es nicht vorteilhaft, den Kunden 3 vom Depot 2 zu beliefern. Hingegen ergeben sich Einsparungen, wenn der Kunde 2 mit seiner Belieferungshäufigkeit von 7 dem Depot 2 zugeordnet wird und in Touren gemeinsam mit dem achtmal zu beliefernden Kunden 4 besucht werden kann. Durch den Austausch der Depot-Zuordnung des Kunden 2 überschneiden sich die beiden Liefergebiete. Die gestrichelte Linie in Abbildung 6.3 stellt die Erweiterung des Liefergebietes vom Depot 2 dar. Anschließend würde durch die Zuordnung des Kunden 3 zum Depot 2 die Liefergebietsfläche des Depots 2 gleichbleiben und sich die des Depots 1 verringern. Es besteht damit ein starker Anreiz diesen Austausch zu realisieren. Dann sind die beiden Liefergebiete aber wieder überschneidungsfrei. Im Ein-Perioden-Fall können auch zwischenzeitliche Überschneidungen nicht auftreten, weil nur Kunden am äußersten Rand des Liefergebietes in ihrer Depot-Zuordnung überprüft werden.

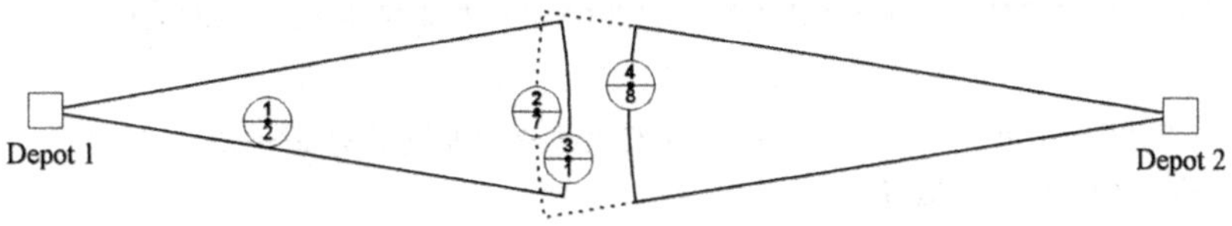

Abbildung 6.3: Kundenumordnungen mit vorläufiger Überschneidung der Liefergebiete

Um die Auswirkungen einer veränderten Depot-Zuordnung für einen Kunden zu bewerten, wäre es für einen schnellen Ablauf nützlich, wenn die Tourparameter, die in die Approximationsgleichungen eingehen und sich nach der Umordnung eines Kunden ergeben, aus den Parametern vor der Umordnung und den Eigenschaften des umzuordnenden Kunden abgeleitet werden könnten. Leider ist dies nicht möglich. Zur exakten Bestimmung der Tourparameter im Sinne der Berechnungsvorschriften des Mehr-Perioden-Verfahrens ist es sogar erforderlich, alle Kunden des Liefergebietes erneut zu betrachten, obwohl nur ein einziger Kunde aus einem Liefergebiet herausgenommen und einem anderen hinzugefügt wird.

Um das Mehr-Depot-Mehr-Perioden-Verfahren zu beschleunigen, werden die Tourparameter zur Beurteilung einer veränderten Depot-Kunden-Zuordnung deshalb nur näherungsweise ermittelt. Die Einträge in der Einsparungsliste stellen folglich auch nur näherungsweise bestimmte Einsparungen dar. Nachdem eine veränderte Depot-Kunden-Zuordnung entsprechend der Auswahlstrategie aus der Liste bestimmt wurde, werden jedoch noch vor deren Realisierung die Tourparameter im Sinne der Berechnungsvorschriften des Ein-Depot-Mehr-Perioden-Verfahrens exakt berechnet und überprüft, ob sich auch mit den exakten Parametern eine Reduktion der Transportstrecken ergibt. Sollte dies nicht der Fall sein, so wird die angebliche Einsparung aus der Liste gestrichen, und entsprechend der Auswahlstrategie eine andere Austauschmöglichkeit ausgewählt, die wiederum mit Hilfe der exakten Tourparameter auf eine tatsächliche Einsparung überprüft wird.

Weil nach der Anfangszuordnung der Kunden zu den Depots und ebenso zu jedem Austausch der Depot-Zuordnung die Parameter der Approximationsformel exakt bestimmt werden, liegen die exakten Parameter und Tourlängen der gerade bestehenden Zuordnung stets vor. Entsprechend den auf Seite 143 aufgeführten vier Werten, die zur Beurteilung einer veränderten Zuordnung bekannt sein müssen, genügt es daher, die Tourparameter für die erforderlichen Transportstrecken nach einer Kundenumordnung anzunähern (Werte 3 und 4). Im folgenden wird ein Vorgehen beschrieben, mit dem die Tourparameter nach der Umordnung eines Kunden aus den Parametern vor der Umordnung und den Eigenschaften des umzuordnenden Kunden näherungsweise berechnet werden können.

6.2.2 Näherungen der Tourparameter für die Bewertung eines Austauschschrittes

Näherung der Entfernung zwischen dem Depot und dem Mittelpunkt des repräsentativen Tourgebietes

Zur Berechnung der mittleren Entfernung λ zwischen dem Depot und den Tourgebietsmittelpunkten dient im Mehr-Perioden-Fall die Gleichung (6.3) auf Seite 132. Es ist erkennbar, daß λ dort von der durchschnittlichen Anzahl n_k an Kunden abhängt, mit denen der Kunde k in einer gemeinsamen Tour beliefert wird ($k=1,\dots,k^{max}$). n_k ist in Gleichung (6.1) wiederum von der mittleren Kunden-Kunden-Entfernung $\overline{le}$ und der Summe bh_{ges} der Belieferungshäufigkeiten aller Kunden abhängig. Sowohl $\overline{le}$ als auch bh_{ges} sind Größen, die durch alle im Liefergebiet auftretenden Kunden beeinflußt werden. Die Veränderung des Liefergebietes durch Hinzu- oder Herausnahme eines einzigen Kunden wirkt sich daher auf bh_{ges} und in der Regel auch auf $\overline{le}$ aus. Folglich kann für jeden Kunden k, der dem veränderten Liefergebiet angehört, n_k einen anderen Wert annehmen. Unter Umständen führt die neu berechnete mittlere Kunden-Kunden-Entfernung $\overline{le}$ sogar dazu, daß für einen Kunden k nicht mehr die Mengen-, sondern die Zeitrestriktion den Wert n_k determiniert, oder aber nicht mehr die Zeit-, sondern die Mengenrestriktion ausschlaggebend für n_k ist. Benutzt man zur Herleitung von n_k die Gleichung (6.2), so nimmt die Anzahl der Größen, die von allen zu beliefernden Kunden beeinflußt werden, sogar noch zu. Neben $\overline{le}$ und bh_{ges} treten dort auch noch die Summe ad_{ges} der Ablieferungszeiten und die Summe me_{ges} der Nachfragemengen über alle Kunden und alle Perioden auf. Um λ mit der Gleichung (6.3) exakt zu berechnen, ist es folglich unvermeidbar, nach der Umordnung eines Kunden von einem Liefergebiet in ein anderes n_k für jeden Kunden k des Liefergebietes neu zu ermitteln.

Als Näherung für λ wird angenommen, daß bei der Umordnung eines Kunden $\hat{k}$ von einem Liefergebiet in ein anderes n_k für alle nicht umzuordnenden Kunden unverändert bleibt. Aufgrund dieser Annahme muß zur Herleitung von λ mit Hilfe der Gleichung (6.3) in dem Liefergebiet mit dem hinzuzufügenden Kunden im Zähler und Nenner dann lediglich der Summand des Kunden $\hat{k}$ zu den bestehenden Summanden hinzuaddiert werden. Im Liefergebiet, aus dem $\hat{k}$ herausgenommen wird, ist im Zähler und Nenner der Summand von $\hat{k}$ zu subtrahieren. Zur Berechnung der in die Summanden des Kunden $\hat{k}$ eingehenden Werte $n_{\hat{k}}$ mit Hilfe der Gleichung (6.1) kann die depotspezifische mittlere Kunden-Kunden-Entfernung $\overline{le}$ vereinfachend aus der Zuordnung vor der Kundenumordnung übernommen werden. Hinsichtlich der übrigen Eingangsgrößen bh_{ges} sowie ad_{ges} und me_{ges} in Gleichung (6.2) läßt sich die veränderte Depot-Zuordnung problemlos berücksichtigen. Bei der Hinzunahme von $\hat{k}$ zu einem Liefergebiet wird die Belieferungshäufigkeit, die Warenablieferungszeit und die Nachfragemenge von $\hat{k}$ einfach zu bh_{ges}, ad_{ges} und me_{ges} vor der Umordnung von $\hat{k}$ hinzuaddiert. Bei der Herausnahme von $\hat{k}$ müssen die kundenspezifischen Daten subtrahiert werden.

Näherung der mittleren Kunden-Kunden-Entfernung

Die mittlere Kunden-Kunden-Entfernung $\overline{le}$ wird im Ein- wie im Mehr-Perioden-Fall mit Hilfe der Gleichung (5.8) auf Seite 113 bestimmt. Somit besteht eine Abhängigkeit von $\overline{le}$ zur durchschnittlichen Kundendichte δ und zur kürzeren Seite br_{ges} des in ein Rechteck transformierten Liefergebietes.

Die durchschnittliche Kundendichte δ ist der Quotient aus der mittleren Anzahl zu beliefernder Kunden einer Periode und der Liefergebietsfläche einer Durchschnittsperiode. Es bereitet keine Schwierigkeiten, die Summe bh_{ges} der Belieferungshäufigkeiten aller Kunden eines Liefergebietes nach der Veränderung einer Depot-Zuordnung für einen Kunden aus den Daten vor der Kundenumordnung zu berechnen. Folglich kann auch die mittlere Anzahl zu beliefernder Kunden einer Periode als Quotient von bh_{ges} und der Periodenanzahl problemlos ermittelt werden.

Die Auswirkungen der Heraus- oder Hinzunahme eines Kunden $\hat{k}$ auf die Liefergebietsfläche lassen sich wie folgt bestimmen. Nachdem anhand der Polarkoordinate von $\hat{k}$ der Liefergebietssektor $\hat{s}$ festgestellt werden kann, in dem $\hat{k}$ liegt, sind die Randkunden in $\hat{s}$ und die Sektorerweiterungen je Randkunde neu zu ermitteln. Die Hinzunahme des Kunden $\hat{k}$ in den Sektor $\hat{s}$ kann dazu führen, daß $\hat{k}$ Randkunde wird und wegen der Belieferungshäufigkeit andere Kunden des Sektors $\hat{s}$ als Randkunden ersetzt. Hingegen können durch die Herausnahme eines Kunden aus dem Sektor $\hat{s}$ Kunden aus $\hat{s}$ zu Randkunden werden, die vor der Liefergebietsveränderung nicht Randkunden waren. Für die neuen Randkunden ist eine Sektorerweiterung durchzuführen, während die Sektorerweiterung ehemaliger Randkunden entfernt werden muß. Unter Umständen ist auch die Sektorerweiterung jener Kunden anzupassen, die trotz der veränderten Depot-Zuordnung eines Kunden Randkunden geblieben sind. Denn die Heraus- oder Hinzunahme eines Kunden kann Auswirkungen auf die mit Gleichung (6.5) auf Seite 136 bestimmte Anzahl an Erweiterungssektoren haben, wenn der in der Depot-Zuordnung veränderte Kunde im Sektor nicht der Kunde mit der größten Entfernung zum Depot ist.

Um die Liefergebietsfläche nach der veränderten Depot-Zuordnung eines einzelnen Kunden aus den Daten vor dessen Umordnung entsprechend dem Mehr-Perioden-Vorgehen exakt bestimmen zu können, genügt es, je Depot die Kunden eines Liefergebietssektors zu untersuchen. Weil neben der Liefergebietsfläche auch die mittlere Anzahl zu beliefernder Kunden einer Periode exakt bestimmt werden kann, läßt sich auch die mittlere Kundendichte δ exakt berechnen.

Weitaus schwieriger ist die exakte Herleitung von br_{ges}, der zweiten Einflußgröße auf die mittlere Kunden-Kunden-Entfernung $\overline{le}$. br_{ges} ist entsprechend der Gleichung (5.9) auf Seite 114 abhängig von dem Parameter lg_{ges}, der den Durchschnitt der maximalen Entfernungen zwischen zwei Randkunden über alle Perioden darstellt. Betrachtet man etwa das Beispiel in der Abbildung 6.2 auf Seite 137 und nimmt an, daß der Kunde 1 aus dem Liefergebiet herausgenommen wird und dadurch in einer Periode die Entfernung le_{54} zwischen den Kunden 5 und 4 anstelle der Entfernung le_{14} zwischen den Kunden 1 und 4 als maximale Entfernung zwischen zwei Randkunden auftritt, dann geht mit le_{54} ein Wert in die Berechnung von lg_{ges} ein, der vor der Herausnahme des Kunden 1 für lg_{ges} gar keine Rolle gespielt hat. Auch bei der Hinzunahme eines Kunden zu einem Liefergebiet ist nicht davon auszugehen, daß alle für die Herleitung von lg_{ges} relevanten maximalen Entfernungen einer Periode vor der Liefergebietsveränderung auch danach auftreten. Welche Entfernungen hinzukommen und welche entfallen, läßt sich jedoch ohne erneute Überprüfung der Entfernungen zwischen den Randkunden nicht unmittelbar erkennen, so daß als Näherung vereinfachend angenommen wird, lg_{ges} würde sich trotz der Umordnung eines Kunden nicht verändern.

Näherung der Länge des repräsentativen Tourgebietes

Die auf den Mehr-Perioden-Fall übertragene Gleichung (5.10) auf Seite 118 zeigt, daß die Länge lg des repräsentativen Tourgebietes abhängig ist von dem Flächeninhalt Fl des Tourgebietes, der Breite b eines Streifens, der sich zur Berechnung der mittleren Kunden-Kunden-Entfernung über das Liefergebiet einer Durchschnittsperiode erstreckt, und der Entfernung λ zwischen dem Depot und dem Mittelpunkt des repräsentativen Tourgebietes. Einige dieser Eingangsgrößen werden zur Bewertung einer Kundenumordnung nur näherungsweise bestimmt, so daß damit auch lg als Ergebnis nur eine Näherung darstellt.

Der Flächeninhalt Fl des repräsentativen Tourgebietes ist der Quotient aus der in einer Durchschnittsperiode auftretenden Liefergebietsfläche und Tourenanzahl. Wie im Rahmen der Näherungsberechnung der mittleren Kunden-Kunden-Entfernung beschrieben wurde, läßt sich der Einfluß einer Kundenumordnung auf die Liefergebietsfläche ohne größere Schwierigkeiten exakt bestimmen. Zur Herleitung der erforderlichen Tourenanzahl wird der Parameter n benötigt, der die mittlere Kundenanzahl pro Tour darstellt. Weil n, wie weiter unten beschrieben wird, bei einer Kundenumordnung selber nur approximativ ermittelt wird, ist auch der Flächeninhalt Fl des repräsentativen Tourgebietes nur eine Näherung.

Die Streifenbreite b ist als Minimum aus $\sqrt{3/\delta}$ und $br_{ges}/2$ entweder abhängig von der Kundendichte δ oder der Breitseite br_{ges} des in ein Rechteck transformierten Liefergebietes. Im Rahmen der Näherungsberechnung für die mittlere Kunden-Kunden-Entfernung wird δ bei einer Kundenumordnung exakt bestimmt. br_{ges} bleibt hingegen unverändert und stellt damit auch nur eine Näherung dar.

Schließlich wurde auch für die Berechnung der Entfernung λ zwischen dem Depot und dem Mittelpunkt des repräsentativen Tourgebietes ein Näherungsverfahren beschrieben, so daß bei einer Kundenumordnung von den Eingangsgrößen der Berechnungsformel von lg höchstens der Parameter b exakt berechnet wird.

Näherung der durchschnittlichen Anzahl Kunden pro Tour

Im Mehr-Perioden-Fall wird die durchschnittliche Anzahl n an Kunden pro Tour mit Hilfe eines wahrscheinlichkeitstheoretischen Ansatzes ermittelt. Die zur Berechnung der Wahrscheinlichkeiten erforderlichen Erwartungswerte und Varianzen bezüglich der Nachfragemenge, der Warenablieferungszeit und der Depot-Kunden-Entfernung lassen sich für ein Liefergebiet, in dem ein Kunde herausgenommen oder hinzugefügt wird, recht einfach aus den entsprechenden Erwartungswerten und Varianzen vor der Kundenumordnung bestimmen. Wie beschrieben, ist eine exakte Berechnung des Erwartungswertes bezüglich der Kunden-Kunden-Entfernung und ebenso der Varianz hingegen nicht so einfach möglich, so daß diese Größen nur näherungsweise ermittelt werden können. Weil selbst für eine Näherung von n zur Beurteilung der veränderten Depot-Zuordnung eines einzigen Kunden dann immer noch eine Vielzahl von Wahrscheinlichkeiten zu berechnen sind, wird ein vereinfachtes Vorgehen gewählt.

Sei n die mittlere Kundenanzahl pro Tour und bh_{ges} die Summe der Belieferungshäufigkeiten aller zu beliefernden Kunden eines Liefergebietes vor der Umordnung des Kunden $\hat{k}$, dann beschreibt der Quotient bh_{ges}/n die zugehörige Anzahl at_{ges} der Auslieferungstouren. Schätzt man wie bei der Herleitung von λ mit Hilfe der Gleichung (6.1) oder (6.2) auf der Seite 131 die durchschnittliche Anzahl $n_{\hat{k}}$ an Kunden ab, mit denen der Kunde $\hat{k}$ in einer gemeinsamen Tour beliefert wird, dann approximiert der Ausdruck $bh_{\hat{k}}/n_{\hat{k}}$ die Tourenanzahl, die mit der Belieferung des Kunden $\hat{k}$ zusammenhängt. $bh_{\hat{k}}$ stellt dabei die Belieferungshäufigkeit des

Kunden $\hat{k}$ dar. Soll nun $\hat{k}$ aus seinem Liefergebiet herausgenommen werden, so läßt sich mit $at_{ges} - bh_{\hat{k}}/n_{\hat{k}}$ die erforderliche Tourenanzahl und mit

$$\frac{bh_{ges} - bh_{\hat{k}}}{at_{ges} - bh_{\hat{k}}/n_{\hat{k}}}$$

die mittlere Kundenanzahl n pro Tour nach der veränderten Depot-Zuordnung annähern. Soll der Kunde $\hat{k}$ einem Liefergebiet hinzugefügt werden, so wird n über den Ausdruck

$$\frac{bh_{ges} + bh_{\hat{k}}}{at_{ges} + bh_{\hat{k}}/n_{\hat{k}}}$$

approximiert.

6.2.3 Austauschstrategie

Nachdem beschrieben wurde, welche Depot-Kunden-Zuordnungen im Rahmen des Mehr-Depot-Mehr-Perioden-Verfahrens überprüft werden und wie die Bewertung eines Austauschschrittes näherungsweise erfolgt, stellt sich die Frage, welche veränderte Depot-Kunden-Zuordnung, die zu einer Einsparung der Transportstrecken führt, zur Realisierung ausgewählt wird. In der Literatur findet man im Zusammenhang mit Austauschverfahren folgende Auswahlstrategien[1]:

1. Die erste gefundene Einsparung wird realisiert, und die Suche nach einer Lösungsverbesserung
    - beginnt wieder mit dem ersten Kunden.
    - wird mit dem nächsten Kunden fortgesetzt.
2. Für den ersten Kunden, bei dem sich eine Einsparung ergibt, wird die maximale Verbesserung realisiert, und die Suche nach einer Lösungsverbesserung
    - beginnt wieder mit dem ersten Kunden.
    - wird mit dem nächsten Kunden fortgesetzt.
3. Es werden für alle Kunden die sich ergebenden Einsparungen berechnet und die beste realisiert.
4. Aus allen Einsparungsmöglichkeiten wird zufällig eine ausgewählt.

---

1 Vgl. z.B. EBERHARD [1987, S. 129]

Innerhalb eines Austauschverfahrens werden die Schritte der Auswahl und Realisierung einer Austauschmöglichkeit so lange wiederholt, bis durch einen einzelnen Austauschschritt keine Lösungsverbesserung mehr erzielt werden kann.

Jedes Austauschverfahren, das auf einer dieser Austauschstrategien basiert, stellt eine Heuristik dar und kann damit nicht garantieren, daß die erzeugte Lösung optimal ist. Betrachtet man beispielsweise das Mehr-Depot-Mehr-Perioden-Verfahren mit der Austauschstrategie, jeweils die Kundenumordnung in einem Austauschschritt zu realisieren, die mit der höchsten Einsparung der Transportstrecken verbunden ist (Strategie 3), so scheint diese Vorgehensregel sehr sinnvoll. Wie kurzsichtig diese Strategie aber ist, veranschaulicht die Abbildung 6.4. Dort sind bei einem Planungshorizont von einer Periode zwei Liefergebiete mit den Randkunden 3 und 4 dargestellt. Angenommen, die Veränderung der Depot-Zuordnung des Kunden 4 bringt die größte erzielbare Einsparung der Auslieferstrecken mit sich, dann wird Kunde 4 entsprechend dem beschriebenen Mehr-Depot-Mehr-Perioden-Verfahren dem Depot 1 zugewiesen. Dadurch wird jedoch die Möglichkeit verhindert, eine noch größere Einsparung zu realisieren, indem die Kunden 2 und 3 zusammen vom Depot 2 beliefert werden.

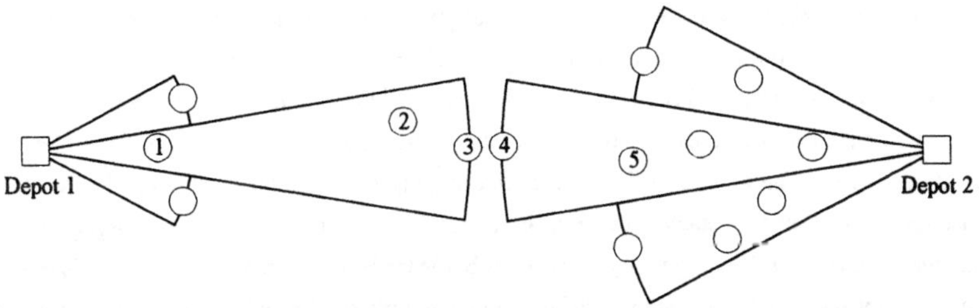

Abbildung 6.4: Probleme des Mehr-Depot-Mehr-Perioden-Verfahrens und der Austauschstrategie, stets die höchste Einsparung zu realisieren

Abgesehen davon, daß die Entscheidung einer veränderten Depot-Zuordnung für einen Kunden von Transportstrecken abhängig gemacht wird, die das Ergebnis einer Approximationsgleichung sind, liefert das Mehr-Depot-Mehr-Perioden-Verfahren mit einer der genannten Austauschstrategien als Ergebnis nur ein lokales Minimum, das im Einzelfall aber wesentlich von dem globalen Minimum abweichen kann. Es kann daher zweckmäßig sein, unterschiedliche Lösungen zu erzeugen, aus denen dann die beste ausgewählt wird. Lösungsalternativen lassen sich generieren, indem entweder von einer anderen Anfangszuordnung der Kunden zu den Depots ausgegangen wird, oder eine andere Austauschstrategie ausgewählt wird.

In neueren Veröffentlichungen sind Ansätze zu finden, mit Hilfe lokaler Suchverfahren (Local Search) die Generierung lokaler Optima zu vermeiden. Als besonders geeignet, erweisen sich dabei die Methode des Tabu Search, des Simulated Annealing und genetische Algorithmen. Alle drei Methoden dienen der Steuerung des Verfahrensablaufs einer Heuristik. Weil die Steuerung selbst wiederum auf heuristischen Regeln basiert, werden diese Methoden auch als Metaheuristiken bezeichnet. Im folgenden soll nur kurz die Grundidee des Tabu Search beschrieben werden. Zum Simulated Annealing und den genetischen Algorithmen wird auf die Literatur verwiesen[1].

Die Tabu Search-Metaheuristik wurde insbesondere durch die Arbeiten von GLOVER beeinflußt[2]. Während ein konventionelles Verbesserungsverfahren mit einer der beschrieben Austauschstrategien beendet ist, sobald sich keine Lösungsverbesserung mehr ergibt, akzeptiert Tabu Search zwischenzeitlich auch Lösungen, die schlechter sind als die bisher beste, um lokale Optima zu überwinden. Wenn man beispielsweise im beschriebenen Mehr-Depot-Verfahren die jeweils beste Kundenumordnung realisieren würde, selbst wenn diese mit einem Anstieg der Auslieferentfernungen verbunden wäre, bestände die Gefahr, nach einigen Iterationen stets dieselben Kundenumordnungen auszuwählen. Denn sobald die erste Umordnung für einen Kunden realisiert wird, die zu einer Lösungsverschlechterung führt, ergibt sich in der nächsten Iteration bei der Wiederherstellung der alten Depot-Zuordnung des Kunden eine Reduktion der Auslieferentfernungen. Um dann eine Zyklusbildung der Lösungen zu verhindern, wird eine Tabu-Liste eingerichtet, in der die vorgenommenen Modifikationen der letzten Iterationen verzeichnet sind. Alle Kundenumordnungen der Tabu-Liste sind für weitere Lösungsveränderungen zunächst gesperrt. Erst wenn die Tabu-Liste mit einer vorgegebenen, maximalen Anzahl an Einträgen gefüllt ist, wird bei jeder Neuaufnahme in die Tabu-Liste jene Kundenumordnung aus der Liste gestrichen, die für die meiste Anzahl an Iterationen verboten war (First-in-first-out-Prinzip). Das Verfahren bricht ab, sobald eine vorgegebene Iterationsanzahl erreicht ist, oder die Anzahl an Iterationen seit der letzten Lösungsverbesserung einen vorgegebenen Wert überschritten hat.

Innerhalb des Iterationsprozesses wird eine Vielzahl an zulässigen Lösungen erzeugt, von denen die beste als Lösung des Problems ausgewählt wird. Unterschiedliche Ergebnisse des Verfahrens können insbesondere dadurch erzielt werden, daß verschiedene Werte für die Größe der Tabu-Liste vorgegeben werden oder die Einträge aus der Tabu-Liste nach unterschiedlichen Strategien gestrichen werden.

---

1 Die Metaheuristik des Simulated Annealing ist beispielsweise Gegenstand der Veröffentlichung von DOWSLAND [1993]. Eine ausführliche Einführung in die genetischen Algorithmen ist z.B. bei GOLDBERG [1989] oder REEVES [1993] zu finden.

2 Vgl. z.B. GLOVER [1989], [1990] und [1993]

Die Tabu Search-Metaheuristik wird zur Steuerung von heuristischen Lösungsverfahren in vielen Anwendungsbereichen benutzt. Die Veröffentlichung von HAMMER et. al. [1993] beschreibt beispielsweise Anwendungen für Probleme der Produktionsplanung, der quadratischen Zuordnung, der Tourenplanung und vieler weiterer Aufgabenstellungen. Auch zur Lösung des WLRPs wird Tabu Search verwendet[1].

Der Vergleich geeigneter Austauschstrategien für ein Austauschverfahren ist nicht Gegenstand dieser Arbeit. Ziel dieses Abschnitts ist es, für die Kostenwirkung eines einzelnen Austauschschrittes Schätzverfahren bereitzustellen, wie sie in jeder Austauschheuristik benötigt werden. Für die numerische Erprobung des entwickelten Mehr-Depot-Mehr-Perioden-Verfahrens im Kapitel 7 wird daher willkürlich jene Austauschstrategie ausgewählt, bei der je Austauschschritt die höchste Einsparung der Transportstrecken realisiert wird. Ob sich durch eine andere konventionelle Austauschstrategie oder durch den Einsatz einer der Metaheuristiken bessere Ergebnisse erzielen lassen, sollte Gegenstand späterer Untersuchungen sein.

6.2.4 Verfahrensablauf

Als Zusammenfassung der Betrachtungen im Mehr-Depot-Mehr-Perioden-Fall wird im folgenden der Verfahrensablauf dargestellt.

Gegeben sind die Standorte einiger Auslieferungsdepots und eine Vielzahl an Kunden, deren Standorte, Warenablieferungszeiten und Nachfragemengen für eine vorgegebene Anzahl t^{max} an Perioden bekannt sind. Das Ziel ist es, jeden Kunden einem Depot eindeutig zuzuordnen, so daß die Auslieferstrecke zur Belieferung der Kunden von den Depots über alle Perioden minimal ist. Die Auslieferung erfolgt in Touren, deren Längen durch Mengen- und Zeitrestriktionen beschränkt sind. Nachdem die Auftragsdaten aller Perioden so verdichtet wurden, daß je Kunde neben dessen Standort nur noch dessen Belieferungshäufigkeit sowie die Erwartungswerte und Varianzen bezüglich seiner Nachfragemengen und Warenablieferungszeiten bei einer Belieferung vorliegen, sind folgende Verfahrensschritte auszuführen:

[1] Vgl. z.B. NAGY/SALHI [1996]

1. Bilde eine Anfangszuordnung der Kunden zu den Depots, indem jeder Kunde dem nächstgelegenen Depot eindeutig zugeordnet wird.
2. Schätze für jedes Depot und das zugehörige, im Schritt 1 bestimmte Liefergebiet die bei der Auslieferung anfallenden Transportstrecken mit Hilfe des Ein-Depot-Mehr-Perioden-Verfahrens aus dem Kapitel 6.1 ab.
3. Für jeden Kunden, der in mindestens einer Stichfahrt beliefert wird oder im Rahmen der Flächenberechnung in einem der Liefergebiete als Randkunde auftritt, ermittle näherungsweise, wie sich die Parameter der Approximationsgleichung im Mehr-Perioden-Ansatz verändern und damit die gesamten Auslieferstrecken, wenn die bestehende Depot-Zuordnung aufgelöst und der Kunde einem anderen Liefergebiet hinzugefügt wird. Der Abstand zwischen dem Randkunden und dem Depot eines neuen Liefergebietes soll dabei eine vorgegebene Entfernung nicht überschreiten. Wenn sich für einen Kunden durch die Auslieferung von einem anderen Depot insgesamt eine Reduktion der Transportstrecken ergibt, so wird diese veränderte Depot-Zuordnung mit der dabei entstehenden Einsparung in einer Einsparungsliste gespeichert.
4. Ist die Einsparungsliste leer, so beende das Verfahren. Sonst leite für die veränderte Depot-Zuordnung mit der größten Einsparung die Parameter der Approximationsgleichung im Mehr-Perioden-Ansatz exakt her. Ergibt sich mit den exakten Parametern keine Einsparung, so lösche den Eintrag aus der Einsparungsliste und wiederhole den Schritt 4. Ergibt sich jedoch eine Einsparung, so realisiere diese. Die damit verbundene Umordnung eines Kunden führt zu zwei veränderten Liefergebieten.
5. Aktualisiere die Einsparungsliste. Weil sich lediglich zwei Liefergebiete verändert haben, genügt es zu überprüfen, ob sich durch folgende veränderte Depot-Kunden-Zuordnungen gegenüber der bestehenden Zuordnung auf Basis der Approximationsgleichungen und den näherungsweise bestimmten Eingangsparameter eine Reduktion der Transportstrecken ergibt:
   - Zuordnung der Stichfahrten-Kunden und Randkunden der beiden veränderten Liefergebiete zu allen Depots
   - Zuordnung aller übrigen Stichfahrten-Kunden und Randkunden zu den Depots mit verändertem Liefergebiet

   Sollten sich durch diese Kundenumordnungen Einsparungen ergeben, die in der Einsparungsliste noch nicht registriert sind, so sind diese der Einsparungsliste hinzuzufügen. Enthält die Liste für eine der Umordnungen einen anderen Wert als die ermittelte Einsparung, so wird der Listenwert angepaßt. Ist die ermittelte Einsparung negativ, liegt also keine Reduktion der Transportstrecken vor, so muß der Eintrag aus der Liste gestrichen werden. Gehe zu Schritt 4 zurück.

Die Depot-Zuordnung wird nicht nur für die Randkunden der Liefergebiete überprüft, sondern auch für Kunden, die in Stichfahrten beliefert werden. Für jene Kunden lohnt sich die Veränderung der Depot-Zuordnung insbesondere dann, wenn das neue Liefergebiet gegenüber dem bestehenden öfter die Möglichkeit bietet, Kundenaufträge in Touren einzubinden. In welchem Umfang Stichfahrten von einem Depot gefahren werden müssen, hängt aber entsprechend dem Vorgehen zur Identifikation von Stichfahrten stark von den minimalen Nachfragemengen und Warenablieferungszeiten ab, die im Liefergebiet auftreten. Vereinfachend werden diese Größen bei der Überprüfung der Depot-Zuordnung in den Schritten 3 und 5 nicht verändert. Eine exakte Herleitung, verbunden mit der Kontrolle einer tatsächlichen Einsparung, erfolgt erst im Schritt 4.

6.3 Einbettung in ein Vorgehen zur Distributionsplanung

Das Ziel dieser Arbeit ist es, ein Verfahren zu entwickeln, das die Kosten einer vorgegebenen Distributionsstruktur bestimmt und damit zur Lösung des MPWLRPs eingesetzt werden kann. Das im Kapitel 6.2 beschriebene Mehr-Depot-Mehr-Perioden-Verfahren ist in der Lage, für eine aus Auslieferungsdepots und Kunden bestehende einstufige Struktur die Liefergebiete zu optimieren und die dabei anfallenden Auslieferentfernungen zu berechnen. Im Unterschied dazu treten im MPWLRP jedoch neben Kunden und Depots bzw. Lagern auch Werke auf. Zur Erweiterung des Mehr-Depot-Mehr-Perioden-Verfahrens sind daher entsprechend dem Modell im Kapitel 2.6 zu den Auslieferungskosten ab Lager, die sich als Multiplikation der gesamten Auslieferentfernungen ab Lager mit den Kosten pro Entfernungseinheit berechnen, zusätzlich die anfallenden Transportkosten zwischen den Werken und Lagern sowie die fixen und variablen Lagerkosten zu berücksichtigen.

Die Integration dieser Zusatzkosten in das Mehr-Depot-Mehr-Perioden-Verfahren stellt prinzipiell kein großes Problem dar. Zunächst ist eine Anfangszuordnung auf Basis der kürzesten Entfernung nicht nur der Kunden zu den Lagern, sondern auch der Lager zu den Werken vorzunehmen. Weil die Lagerkosten und ebenso die Transportkosten zwischen den Werken und Lagern mengenproportional sind, lassen sich die Auswirkungen der Belieferung eines Kunden über ein anderes als das zugeordnete Lager auf die insgesamt anfallenden Distributionskosten leicht berechnen. Zu den veränderten Auslieferungskosten ab Lager, die gemäß dem beschriebenen Mehr-Depot-Verfahren ermittelt werden, sind die veränderten Kosten bis zur Auslieferung hinzuzuaddieren. Diese Kosten der Anlieferung über ein spezielles Lager ergeben sich für einen Kunden als Multiplikation seiner Nachfragemengen mit der Summe aus den Kostensätzen für die Lagerung und den Transport zwischen dem Lager und dem beliefernden Werk.

Wenn man bei den Einträgen in die Einsparungsliste neben den Aus- auch die Anlieferungskosten berücksichtigt, kann somit der gesamte Ablauf des Mehr-Depot-Mehr-Perioden-Verfahrens ohne zusätzliche Anpassungen übernommen werden. Das Ergebnis sind optimierte Mengenströme und die damit verbundenen Kosten einer gegebenen, zweistufigen Distributionsstruktur, wie sie im MPWLRP auftritt. Wie viele und welche Lagerstandorte optimal sind, ergibt sich aus dem wiederholten Einsatz des Mehr-Depot-Mehr-Perioden-Verfahrens mit alternativen Lagerstandortkonfigurationen oder durch die Einbindung in ein Standardverfahren zur Standortplanung.

Es gibt viele Distributionsstrukturen, die durch das im Kapitel 2.6 beschriebene Modell nicht abgebildet werden. Dennoch läßt sich das Mehr-Depot-Mehr-Perioden-Verfahren auch in vielen dieser Fälle zur Distributionsplanung einsetzen. Dazu sind oftmals nur wenige Anpassungen am Verfahren auszuführen, die im folgen skizziert werden.

Ein wichtiger Distributionsweg kann die Direktbelieferung eines Kunden ab Werk sein. Im Rahmen des Mehr-Depot-Mehr-Perioden-Verfahrens ist dann bereits in der Anfangszuordnung eine Zuordnung von Kunden zu Werken zuzulassen. Beim anschließenden Vergleich alternativer Belieferungsmöglichkeiten für einen Kunden sind nicht nur die anfallenden Kosten über ein potentielles Auslieferungslager zu ermitteln, sondern auch den Belieferungskosten ab Werk gegenüberzustellen, die sich als Multiplikation der Entfernung des Kunden zum Werk und einem Transportkostensatz pro Entfernungseinheit berechnen. In der Praxis gilt das Hauptaugenmerk der Warendistribution im Werk in der Regel der Lagerversorgung. Dabei werden meist unkommissionierte, produktreine Paletten versendet. Für den Versand speziell an Kleinkunden ist hingegen ein erheblicher Kommissionieraufwand erforderlich, weshalb die Möglichkeit zur Direktbelieferung ab Werk oft nur für Kunden mit sehr großen Abnahmemengen angeboten wird. Indem in den Vergleich alternativer Belieferungsmöglichkeiten die Direktbelieferung ab Werk nur für zuvor definierte Großkunden berücksichtigt wird, läßt sich auch diese Besonderheit in das Mehr-Depot-Mehr-Perioden-Verfahren mühelos integrieren.

In der Praxis sind die Lager- und Transportkosten der Anlieferung oft nicht proportional zur durchgesetzten Menge, sondern weisen eine starke Degression der Stückkosten auf. Die Kostenfunktionen sind dann konkav oder annähernd konkav. In diesem Fall tritt das Problem auf, die mit den Nachfragemengen eines Kunden zusammenhängenden Lager- und Transportkosten der Anlieferung zu bestimmen, weil diese Kosten von den insgesamt über das Lager auszuliefernden Mengen abhängen. Um dennoch das Mehr-Depot-Mehr-Perioden-Verfahren einsetzen zu können, müssen die konkaven Kostenfunktionen linearisiert werden. Ein heuristisches Vorgehen hierfür besteht darin, ausgehend von einer bestehenden Zuordnung von Kunden zu Lagern und von Lagern zu Werken den Durchsatz je Lager zu bestimmen. Aus dieser Durchsatzmenge lassen sich mit Hilfe der konkaven Kostenfunktionen die anfallenden Kosten für jedes Lager und jede zulässige Werk-Lager-Verbindung ermitteln. Zur Linearisierung werden diese Kosten um mögliche Fixkosten vermindert und durch die Lager-Durchsatzmenge dividiert[1]. Basierend auf den erzeugten Kostensätzen kann schließlich das Mehr-Depot-Mehr-Perioden-Verfahren angewendet werden. Als Ergebnis erhält man eine neue Zuordnung mit neuen Lager-Durchsatzmengen, aus denen erneut an den Mengenfluß angepaßte Kostensätze hergeleitet werden. Die Schritte der Ermittlung von Kostensätzen und der Erzeugung eines darauf basierenden optimalen Mengenflusses werden so lange wiederholt, bis sich der Mengenfluß gegenüber der letzten Iteration nicht mehr verändert oder eine vorgegebene Anzahl an Iterationen erreicht ist. Von den ermittelten Mengenflüssen ist derjenige als Lösung auszugeben, der die geringsten Gesamtkosten aufweist.

Viele Unternehmen besitzen Distributionsstrukturen mit mehr als zwei Distributionsstufen[2]. Gegenüber dem zur Untersuchung von zweistufigen Distributionsstrukturen erweiterten Mehr-Depot-Mehr-Perioden-Verfahren stellt die Berücksichtigung weiterer Distributionsstufen keine zusätzlichen Anforderungen an das Lösungsvorgehen dar, solange alle anfallenden Kosten vom Werk bis zum Auslieferungslager linear sind und entweder einer Distributionsstufe oder einer Verbindung zwischen zwei Distributionsstufen eindeutig zugewiesen werden können. In einer dreistufigen Distributionsstruktur mit Werken, Zentrallagern, Umschlagpunkten und Kunden kann es jedoch möglicherweise sinnvoll sein, die Umschlagpunkte vom Zentrallager nicht, wie bisher angenommen, in Stichfahrten, sondern in Touren zu beliefern. Wie bei der Tourenauslieferung zum Kunden tritt in diesem Fall das Problem auf, einer Transportverbindung zwischen einem Zentrallager und einem Umschlagpunkt einen Kostensatz zuzuweisen. Die Angabe eines Kostensatzes pro Mengeneinheit in der Anlieferung ist aber zwingend notwendig, um mit dem Mehr-Depot-Verfahren mehrstufige Distributionsstrukturen bewerten zu können.

Zur Lösung dieses Problems wird wiederum ein heuristisches, iteratives Vorgehen gewählt, das die gesuchten Transportkostensätze zwischen Zentrallagern und Umschlagpunkten über die Formel (3.5) des Ring-Modells auf Seite 53 erzeugt. In der folgenden Beschreibung des Vorgehens wird dabei zunächst davon ausgegangen, daß der Warenfluß vom Werk über die Zentrallager und Umschlagpunkte zum Kunden erfolgt, ohne eine Distributionsstufe auszulassen. Eine Direktbelieferung der Kunden ab Werk oder Zentrallager ist somit nicht zulässig. Die Kosten, die mit dem Transport zwischen Werken und Zentrallagern sowie mit dem Warenfluß durch die Zentrallager und Umschlagpunkte verbunden sind, seien linear.

---

1 Varianten der beschriebenen Linearisierung beschreibt PARASCHIS [1989, S. 102 ff.].

2 Vgl. beispielsweise die typische, dreistufige Distributionsstruktur eines Unternehmens der Konsumgüterbranche in Abbildung 2.2 auf Seite 20.

1. Bilde eine Anfangszuordnung von Kunden zu Umschlagpunkten, von Umschlagpunkten zu Zentrallagern und von Zentrallagern zu Werken. Dadurch sind die Durchsatzmengen in den Umschlagpunkten und Zentrallagern bekannt.
2. Berechne für jeden Umschlagpunkt die Transportmenge *einer* Belieferung, indem die Durchsatzmenge durch die Belieferungshäufigkeit des Umschlagpunktes dividiert wird[1]. Ermittle für jede zulässige Zentrallager-Umschlagpunkt-Verbindung einen Kostensatz pro Mengeneinheit. Approximiere dazu die Kosten für eine Belieferung von einem Zentrallager zu einem Umschlagpunkt mit Hilfe der Gleichung (3.5). Weil die Kostenfunktion (3.5) nichtlinear ist, ergeben sich die Kostensätze als Quotient der mit (3.5) ermittelten Kosten und der Transportmenge einer Belieferung.
3. Optimiere die Zuordnung der Kunden zu den Umschlagpunkten unter Berücksichtigung aller Distributionskosten vom Werk bis zum Kunden durch den Einsatz des Mehr-Depot-Mehr-Perioden-Verfahrens. Dabei werden bis auf die Auslieferungskosten ab Umschlagpunkt alle Kosten über Kostensätze pro Mengeneinheit bestimmt.
4. Bestimme aufgrund der in Schritt 3 erzeugten Umschlagpunkt-Kunden-Zuordnung die Durchsatzmenge je Umschlagpunkt neu. Betrachte anschließend nur die Distributionsstufen mit Werken, Lagern und Umschlagpunkten. Interpretiere die Umschlagpunkte als Kunden, deren Nachfragemenge der Durchsatzmenge eines Umschlagpunktes entspricht. Optimiere den Warenfluß vom Werk bis zu den Umschlagpunkten durch den Einsatz des Mehr-Depot-Mehr-Perioden-Verfahrens unter Berücksichtigung der Kosten für den Transport zwischen den Werken und Zentrallagern sowie für den Warenfluß durch die Zentrallager und Umschlagpunkte.
5. Berechne die Distributionskosten, die mit dem ermittelten Warenfluß vom Werk bis zum Kunden zusammenhängen. Die Transportkosten zur Belieferung der Kunden und der Umschlagpunkte können unmittelbar den Ergebnissen der Schritte 3 und 4 entnommen werden. Alle übrigen Kosten ergeben sich aufgrund der Durchsatzmengen der Zentrallager und Umschlagpunkte, den Transportmengen zwischen den Werken und Zentrallagern und den zugehörigen Kostenfunktionen.
6. Sollte sich der Warenfluß gegenüber der letzten Iteration verändert haben und die maximale, vorgegebene Anzahl an Iterationen noch nicht erreicht sein, dann gehe zu Schritt 2. Sonst beende das Verfahren.

Im Laufe des iterativen Vorgehens werden mehrere alternative Mengenflüsse vom Werk bis zum Kunden erzeugt und mit Kosten bewertet. Jener Mengenfluß, der mit den geringsten Distributionskosten verbunden ist, wird als Lösung ausgegeben.

---

[1] Weil Umschlagpunkte bestandslose Lager sind, ist in der Regel eine tägliche Belieferung erforderlich.

Um Direktbelieferungen der Kunden vom Lager zuzulassen, muß an jedem Lagerstandort ein fiktiver Umschlagpunkt definiert werden, der von dem korrespondierenden Lager ohne Transportkosten und von den übrigen Lagern gar nicht beliefert werden kann. Anschließend kann das beschriebene Iterationsverfahren ohne zusätzliche Modifikationen angewendet werden.

7 Erprobung der Verfahren an realen Daten

Basierend auf dem im Kapitel 4 beschriebenen Verfahren von DAGANZO wurde im Kapitel 5 ein Verfahren für das klassische Tourenplanungsproblem mit Mengen- und Zeitrestriktionen entwickelt, mit dem die Auslieferentfernungen von einem Depot zur Belieferung von Kunden eines gegebenen Liefergebietes bei einem Planungshorizont von einer Periode abgeschätzt werden können. Im Kapitel 6 wurde diese Aufgabenstellung erweitert und ein Lösungsverfahren sowohl bei einem Betrachtungszeitraum von mehreren Perioden als auch unter Berücksichtigung mehrerer Auslieferungsdepots hergeleitet. Das Mehr-Depot-Mehr-Perioden-Verfahren läßt sich dabei auch zur Lösung des in dieser Arbeit untersuchten MPWLRPs einsetzen.

In diesem Kapitel sollen die entwickelten Verfahren zur Überprüfung ihrer Approximations- und Lösungsgüte auf reale Daten angewendet werden. Dazu wird zunächst die Datenbasis vorgestellt. Die Struktur der Daten, die für die Distributionsplanung in der betrieblichen Praxis als typisch zu bezeichnen ist, läßt es sinnvoll erscheinen, Kunden zu Gruppen zusammenzufassen. Daraus ergibt sich eine geringfügig veränderte Vorgehensweise der Approximationsverfahren, nach deren Beschreibung die Verfahrensergebnisse dargestellt werden.

7.1 Datenbasis und problemspezifische Anpassung der Approximationsverfahren

Der Autor hat während seiner Tätigkeit für eine Logistik-Unternehmensberatung an einem Projekt mitgearbeitet, bei dem die Distributionsstruktur eines Unternehmens der Konsumgüterbranche für Deutschland optimiert wurde. Die Grundlage der Untersuchungen waren aufgezeichnete, aktuelle Lieferdaten, die folgenden Satzaufbau haben:

- Auslieferungsdatum
- PLZ des Auslieferungsdepots
- Kundennummer
- PLZ des Kunden
- Nachfragemenge des Kunden in Kilogramm

Weil von einer konstanten Dauer zur Ablieferung der Nachfragemengen bei jedem Auftrag von 12 Minuten auszugehen ist, werden kundenspezifische Warenablieferungszeiten nicht benötigt.

Das untersuchte Unternehmen verfügt über knapp 40 Auslieferungsdepots, die sich über ganz Deutschland verteilen. Die Auslieferung an die Kunden erfolgt ausschließlich mit Lkw. Das Geschäft ist durch eine starke Saisonalität im Jahresverlauf geprägt, so daß zur Optimierung der Distributionsstruktur Lieferdaten über den Zeitraum eines gesamten Geschäftsjahres aus der Vergangenheit herangezogen wurden.

Die in dieser Arbeit entwickelten Approximationsverfahren werden im folgenden auf diese Lieferdaten angewendet. Das Ziel ist dabei weniger, eine umfassende Distributionsanalyse durchzuführen als vielmehr das Verhalten der Verfahren bei unterschiedlichen Rahmenbedingungen zu beobachten. Aufgrund fehlender Informationen ist es zur Beurteilung der Verfahrensergebnisse erforderlich, Vergleichszahlen durch einen tourenbildenden Algorithmus zu erzeugen. Weil die Tourenbildung jedoch abhängig von der Anzahl und Größe der betrachteten Probleme sehr rechenintensiv und damit zeitaufwendig sein kann - dieses ist schließlich der Grund für die Herleitung von Approximationsverfahren -, soll im Rahmen dieser Untersuchung der Umfang der Lieferdaten in zweifacher Hinsicht reduziert werden. Einerseits werden lediglich zehn Depots mit ihren Kunden im Ruhr- und Rhein-Main-Gebiet ausgewählt, andererseits werden je Monat und Depot nur ein Spitzen- und ein Durchschnittstag bezüglich der Anzahl zu beliefernder Kunden untersucht. Je Depot beschränkt sich die Betrachtung also auf 24 ausgewählte Tage.

Auf eine Anpassung der Lieferdaten zur Berücksichtigung von erwarteten, zukünftigen Entwicklungen, wie dieses in der Distributionsplanung vielfach üblich ist (vgl. Kapitel 2.2.2), wird hier verzichtet. Weil es sich bei dem zugrunde liegenden Datenmaterial jedoch um vertrauliche Informationen handelt, werden die Nachfragemengen jedes Lieferdatensatzes mit einem konstanten Faktor multipliziert.

Abbildung 7.1 zeigt die aggregierte Nachfrage aller Kunden in den 10 ausgewählten Liefergebieten pro Tag im Jahresverlauf. Dabei werden in der Darstellung die unter Umständen je nach Depot unterschiedlichen Spitzentage eines Monats zu einem Tag zusammengefaßt. Dasselbe gilt für die Durchschnittstage. In der Schreibweise für den Liefertag deutet die Zahl auf den Monat, der Buchstabe auf den Durchschnitts- oder Spitzentag hin. 3D verweist somit beispielsweise auf den Durchschnittstag im Monat März.

Es ist eine deutliche Saisonalität der Nachfrage zu erkennen. Während in den Wintermonaten das Gewicht der auszuliefernden Waren an einem Durchschnittstag teilweise deutlich unter 150 to liegt, ist zur Jahresmitte die Ausliefertonnage eines Durchschnittstages mehr als viermal so groß. Betrachtet man die Monatsspitzen, so ist der Unterschied zwischen der Haupt- und der Nebensaison noch weit größer.

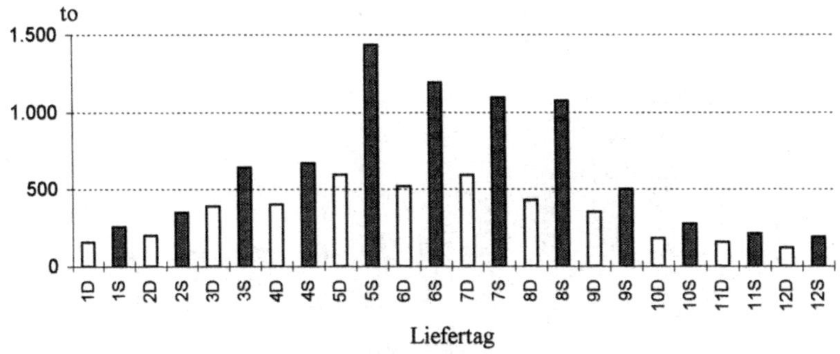

Abbildung 7.1: Nachfrage pro Tag im Jahresverlauf

Die Saisonalität spiegelt sich auch in der Anzahl zu beliefernder Kunden pro Tag wider (vgl. Abbildung 7.2). Jedoch sind die prozentualen Abweichungen zwischen der Hoch- und der Nebensaison und ebenso zwischen dem Spitzen- und dem Durchschnittstag eines Monats nicht so ausgeprägt wie bei der Betrachtung der Ausliefertonnage.

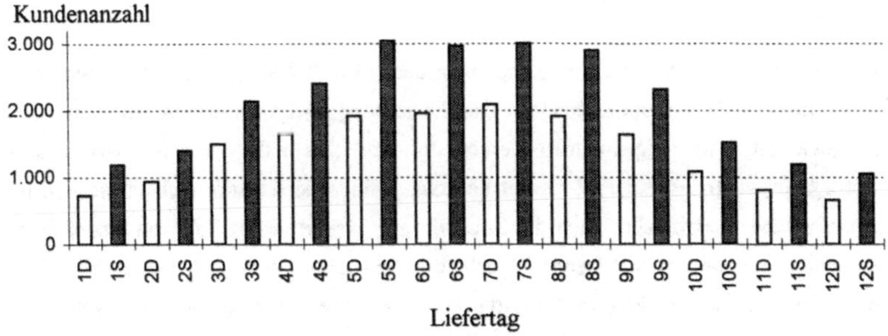

Abbildung 7.2: Anzahl zu beliefernder Kunden pro Tag im Jahresverlauf

In den 10 Auslieferungsdepots sind an den ausgewählten Tagen über das Jahr 41.947 Aufträge bei einer Gesamttonnage von 11.990 to zu erfüllen. Dieses entspricht einer durchschnittlichen Auftragsgröße von 286 kg. Abbildung 7.3 veranschaulicht, mit welcher Häufigkeit Auftragsgrößen auftreten. Mit mehr als 12.000 Aufträgen und einem Anteil von fast 30% an dem gesamten Auftragsaufkommen stellt die Klasse zwischen 100 und 200 kg die größte Gruppe dar. Bei 90% aller Aufträge ist die Ausliefertonnage kleiner als 600 kg.

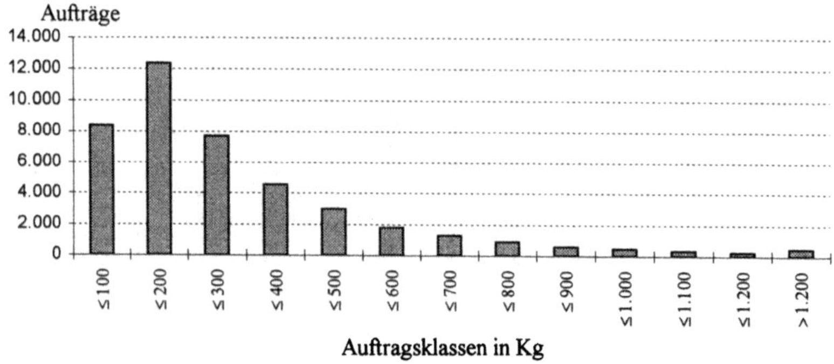

Abbildung 7.3: Häufigkeitsverteilung der Auftragsklassen

Insgesamt sind 15.433 Kunden zu beliefern, die sich geographisch auf 884 unterschiedliche Postleitzahlen (PLZen) verteilen. Dabei handelt es sich nicht um die heute in Deutschland üblichen 5-stelligen, sondern um die bis 1993 gültigen, gröberen 4-stelligen PLZen. Als Koordinaten sind von jeder auftretenden PLZ die geographischen Längen- und Breitengrade bekannt, mit deren Hilfe die Luftlinienentfernung zwischen zwei unterschiedlichen PLZen ermittelt werden kann. Zur Berechnung der Straßenentfernung wird die Luftlinienentfernung mit dem Umwegfaktor 1,3 multipliziert[1].

Die Standorte von verschiedenen Kunden mit derselben PLZ sind anhand der Angaben aus den Lieferdaten nicht zu unterscheiden. Die Entfernung zwischen diesen Kunden soll daher konstant mit 1 km angenommen werden. In 41% aller Fälle, in denen ein Lkw in dem Betrachtungszeitraum ein PLZ-Gebiet besucht, befindet sich darin auch tatsächlich nur eine Anlieferstelle. Es tritt aber auch die Situation auf, wo an einem Tag von einem Depot 179 Kunden in demselben PLZ-Gebiet zu beliefern sind. Dieser Fall stellt jedoch eine Ausnahme dar. Hinter 80% aller PLZ-Gebiete, die an einem Tag auf einer Tour angefahren werden, stehen bis zu 5 Kunden, hinter 90% aller PLZ-Gebiete bis zu 10 Kunden.

Es erscheint sinnvoll, Kunden, die zu einem PLZ-Gebiet gehören, aufgrund ihrer räumlichen Nähe gemeinsam in einer Tour zu beliefern. Vor diesem Hintergrund ist es naheliegend, in den entwickelten Approximationsverfahren nicht jeden Kunden einzeln zu berücksichtigen, sondern Kunden eines PLZ-Gebietes zu einer Gruppe zusammenzufassen und als zu beliefernde Einheit zu betrachten. Zu diesem Zweck werden die Lieferdaten über die Kundennummer verdichtet, so daß eine Datei mit folgendem Satzaufbau entsteht:

---

[1] Vgl. dazu die Herleitung von Straßenumwegfaktoren auf den Seiten 16 f.

- Auslieferungsdatum
- PLZ des Auslieferungsdepots
- Kunden-PLZ
- Anzahl der Aufträge, die in das PLZ-Gebiet auszuliefern sind
- Nachfragemenge aller Aufträge im PLZ-Gebiet
- Aufenthaltszeit bei Erfüllung aller Aufträge im PLZ-Gebiet

Sei ag_p die Anzahl der Aufträge im PLZ-Gebiet p an einem Auslieferungstag und dg die mittlere Geschwindigkeit des Auslieferungsfahrzeugs, dann berechnet sich die Aufenthaltszeit bei Erfüllung aller Aufträge im PLZ-Gebiet bei einer Warenablieferungszeit von 12 Minuten = 0,2 Stunden je Auftrag und einer Kunden-Kunden-Entfernung von 1 km innerhalb des PLZ-Gebietes über den Ausdruck

$$ag_p \cdot 0{,}2 + \left(ag_p - 1\right)/dg\,.$$

Verdichtet man die auf Kunden-PLZen aggregierte Datei zusätzlich über das Auslieferungsdatum, so erhält man die zur Anwendung des Mehr-Depot-Mehr-Perioden-Verfahrens erforderliche aggregierte Lieferdatei. Der Satzaufbau ist dann wie folgt:

- PLZ des Auslieferungsdepots
- Kunden-PLZ
- Belieferungshäufigkeit des PLZ-Gebietes
- Anzahl der Aufträge, die in das PLZ-Gebiet auszuliefern sind
- Erwartungswert und Varianz der Nachfragemenge bei einer Belieferung des PLZ-Gebietes
- Erwartungswert und Varianz der Aufenthaltszeit bei einer Belieferung des PLZ-Gebietes

Faßt man nun jedes PLZ-Gebiet als *eine* Ablieferungsstelle auf, deren Nachfragemenge und Warenablieferungszeit durch die in das PLZ-Gebiet auszuliefernden Aufträgen bestimmt sind, so lassen sich die entwickelten Approximationsverfahren nach geringfügigen Anpassungen unmittelbar anwenden. Die Anpassungsmaßnahmen werden im folgenden für den Mehr-Perioden-Fall beschrieben, können aber problemlos auf den Ein-Perioden-Fall übertragen werden, indem die Belieferungshäufigkeit einer PLZ auf 1 gesetzt wird.

Bei der *Identifikation von Stichfahrten*, die vom Depot zu einer PLZ verlaufen, die Aufträge innerhalb der PLZ erfüllen und wieder zurück zum Depot führen, ist zu bedenken, daß vorwiegend Kleinaufträge auszuliefern sind (vgl. Abbildung 7.3). Weil darüber hinaus die Warenablieferungszeit bei einem einzelnen Auftrag mit konstant 12 Minuten sehr gering ist und in 41% aller Fälle, in denen ein Lkw auf einer Tour ein PLZ-Gebiet besucht, darin nur ein Auftrag auszuführen ist, ist trotz der Zusammenfassung von Kunden innerhalb eines PLZ-Gebietes kaum zu erwarten, daß die geringste Nachfragemenge und die geringste Warenablieferungszeit einer PLZ in einem Liefergebiet groß genug sind, um mit Hilfe der in den Kapiteln 5 und 6 beschriebenen Vorgehen Stichfahrten zu PLZ-Gebieten zu identifizieren. Auf eine Anwendung dieses Vorgehens im Rahmen der Fallstudie wird daher verzichtet.

Jedoch können bereits durch die isolierte Belieferung der in einem einzelnen PLZ-Gebiet zusammengefaßten Kunden sowohl die Mengen- als auch die Zeitrestriktion überschritten werden. Mit Hilfe der Gleichung (6.1) auf Seite 131 kann die Anzahl n_p^{inPLZ} der Aufträge bestimmt werden, die innerhalb einer im PLZ-Gebiet p verlaufenden Tour erfüllt werden können. Für die mittlere Kunden-Kunden-Entfernung $\overline{le}$ ist dabei die Entfernung zwischen zwei Kunden mit derselben PLZ, also 1 km, anzusetzen. Die mittlere Warenablieferungszeit $\overline{ad}_k$ entspricht der Konstante 0,2 Stunden und die mittlere Auftragsgröße $\overline{mek}_k$ dem Quotienten aus der Gesamtnachfragemenge und der Anzahl an Aufträgen in p. Sei $\overline{ag}_p$ die durchschnittliche Auftragsanzahl bei einer Fahrt zur PLZ p, die sich als Quotient aller Aufträge in p und der Belieferungshäufigkeit von p bestimmen läßt, dann beschreibt die Division aus $\overline{ag}_p$ und n_p^{inPLZ} die Anzahl der Stichfahrten bei *einem* Besuch von p. Bei einer Belieferungshäufigkeit des PLZ-Gebietes p von bh_p^{PLZ} wird die Anzahl stf_p der Stichfahrten zu p über alle Perioden somit berechnet mit Hilfe von

$$stf_p = bh_p^{PLZ} \cdot \left\lfloor \frac{\overline{ag}_p}{n_p^{inPLZ}} \right\rfloor,$$

wobei $\lfloor x \rfloor$ die kleinste ganze Zahl ist, die kleiner oder gleich x ist. Jede dieser Stichfahrten zur PLZ p mit dem Abstand le_{0p} zum Depot besitzt die Länge

$$2 \cdot le_{0p} + \left(n_p^{inPLZ} - 1\right).$$

Insgesamt werden auf diese Weise $\left\lfloor stf_p \cdot n_p^{inPLZ} \right\rfloor$ Aufträge durch Stichfahrten zum PLZ-Gebiet p ausgeliefert. Die restlichen Aufträge werden in Touren erfüllt, die mehr als eine PLZ anfahren.

Überprüft man in der beschriebenen Weise alle von einem Depot zu beliefernden PLZen hinsichtlich durchzuführender Stichfahrten, so lassen sich die Längen jener Touren, welche die

Restaufträge der PLZ-Gebiete erfüllen, mit Hilfe der entwickelten Approximationsgleichungen berechnen. Zur Herleitung der Parameter der repräsentativen Tour dürfen dabei für PLZen, in denen Stichfahrten identifiziert wurden, die Angaben aus den Lieferdaten nicht bedenkenlos verwendet werden. Denn diese Informationen beziehen sich auf alle im PLZ-Gebiet auszuführenden Aufträge. Folglich ist nach der Identifikation von Stichfahrten in einem PLZ-Gebiet dessen Lieferdatensatz zu korrigieren. Neben der Auftragsanzahl, die der Anzahl der Restaufträge entspricht, ist unter Umständen auch die Belieferungshäufigkeit des PLZ-Gebietes zu modifizieren. Sollte die Anzahl der Restaufträge nämlich kleiner sein als die Belieferungshäufigkeit, so ist die Belieferungshäufigkeit auf die Anzahl der Restaufträge zu reduzieren. Darüber hinaus sind der Erwartungswert und die Varianz bezüglich der Nachfragemenge und der Aufenthaltszeit bei einer Belieferung des PLZ-Gebietes anzupassen. Der Erwartungswert der Nachfragemenge berechnet sich als Multiplikation der mittleren Auftragsgröße und der durchschnittlichen Anzahl an Restaufträgen bei einer Belieferung. Entsprechend ist vorzugehen, um den Erwartungswert der Aufenthaltszeit zu bestimmen. Die Varianzen lassen sich nicht über auftragsspezifische Varianzen ermitteln und werden daher vereinfachend mit Null angenommen.

Nun können die entwickelten Approximationsverfahren angewendet werden, wobei jede PLZ als einzelne Ablieferungsstelle zu interpretieren ist, deren Nachfragemenge und Warenablieferungszeit durch die nach der Identifikation von Stichfahrten im PLZ-Gebiet verbliebenen Aufträge bestimmt werden. Bei der Herleitung der Parameter für die repräsentative Tour sind lediglich die kundenspezifischen durch PLZ-spezifische Daten zu ersetzen.

So wird die *Entfernung λ zwischen dem Depot und dem Mittelpunkt des repräsentativen Tourgebietes* mit Hilfe der Gleichung (6.3) auf Seite 132 berechnet, indem als Eingangsgrößen für d_{0k} die Depot-PLZ-Entfernungen d_{0p}, für bh_k die Belieferungshäufigkeiten der PLZen bh_p^{PLZ} und für n_k die Anzahl n_p^{PLZ} an PLZen eingesetzt werden, die mit der PLZ p in einer Tour beliefert werden können.

Ähnlich ist vorzugehen, um die *mittlere Entfernung* $\overline{le}^{PLZ}$ *zwischen zwei PLZen* zu berechnen. $\overline{le}^{PLZ}$ wird wegen Gleichung (5.8) auf Seite 113 durch die kürzere Seite br_{ges} des als rechteckig angenommenen Liefergebietes in der Durchschnittsperiode und durch die mittlere Dichte δ der Ablieferungsstellen im Liefergebiet der Durchschnittsperiode bestimmt. Zur Herleitung beider Größen werden anstelle von Kunden mit ihren Belieferungshäufigkeiten bh_k PLZen mit den Belieferungshäufigkeiten bh_p^{PLZ} betrachtet.

Die *Länge* lg^{PLZ} *des repräsentativen Tourgebietes* ist wegen Gleichung (5.10) auf Seite 118 abhängig von der Streifenbreite b, die der Berechnung von $\overline{le}^{PLZ}$ entstammt.

Die *durchschnittliche Anzahl* n^{PLZ} *an PLZen pro Tour* wird über den im Kapitel 5.5 beschriebenen wahrscheinlichkeitstheoretischen Ansatz bestimmt. Die Erwartungswerte und Varianzen, mit denen über den zentralen Grenzwertsatz die Wahrscheinlichkeiten der Gleichung (5.17) auf Seite 125 ermittelt werden, sind nicht auf einen einzelnen Auftrag, sondern auf eine PLZ zu beziehen.

Bei der Berechnung der *Länge* TL^{PLZ} *einer für das Liefergebiet repräsentativen Tour* ist zu beachten, daß neben den Entfernungen zwischen dem Depot und dem Tourgebiet sowie den Fahrstrecken zwischen einzelnen PLZen innerhalb der Tour auch Transporte in jedem PLZ-Gebiet anfallen können. Sei $\overline{ag}$ die mittlere Anzahl an Aufträgen je PLZ, die sich als Quotient aller auszuführenden Aufträge und der Belieferungshäufigkeit aller PLZen ergibt, so sind in jedem PLZ-Gebiet $\overline{ag} - 1$ Transportstrecken zwischen zwei Aufträgen zurückzulegen, die mit jeweils 1 km angenommen werden. Aufgrund dessen ist die Gleichung (5.18) auf Seite 126 zur Berechnung von TL^{PLZ} zu modifizieren durch

$$TL^{PLZ} = 2 \cdot \left(\lambda^{PLZ} - \frac{lg^{PLZ}}{2} \right) + n^{PLZ} \cdot \left(\overline{le}^{PLZ} + \overline{ag} - 1 \right). \tag{7.1}$$

Für kleine Werte von n^{PLZ}, wenn $\overline{le}^{PLZ} > lg^{PLZ}$ ist, läßt sich analog der Gleichung (5.19) die Tourenlänge wie folgt besser approximieren:

$$TL^{PLZ} = 2 \cdot \lambda^{PLZ} + n^{PLZ} \cdot \left(\overline{le}^{PLZ} + \overline{ag} - 1 \right) - \overline{le}^{PLZ} \tag{7.2}$$

Die Tourenanzahl wird als Quotient der Belieferungshäufigkeit aller PLZen und n^{PLZ} berechnet.

Alle Verfahren, die in den folgenden Abschnitten dieses Kapitels auf die Daten des Konsumgüterunternehmens angewendet werden, wurden in der Programmiersprache Turbo Pascal auf einem PC mit Intel Pentium-Prozessor, 200 MHz, implementiert. Die angegebenen Rechenzeiten beziehen sich auf Programmläufe auf diesem Computer.

7.2 Verfahrensvergleich im Ein-Depot-Ein-Perioden-Fall

Der Auszug der zu untersuchenden Lieferdaten enthält Auslieferungsaufträge von 10 Depots an jeweils 24 Liefertagen. Folglich liegen 240 Tourenplanungsprobleme mit einem Depot und einem Zeithorizont von 1 Periode vor. Die Anzahl an einem Tag zu beliefernder Kunden schwankt zwischen 18 und 672 Kunden in 8 bis 88 PLZ-Gebieten. Im Mittel liegen 175 Kundenaufträge in 32 PLZ-Gebieten vor. Für jede der 240 Aufgabenstellungen sollen mit Hilfe des im Kapitel 5 beschriebenen Ein-Depot-Ein-Perioden-Verfahrens die gesamte Auslieferstrecke und die Tourenanzahl approximiert und den Approximationsergebnissen des Verfahrens von DAGANZO (Kapitel 4), des Verfahrens von CHRISTOFIDES/EILON (Gleichung (4.2) auf Seite 67) und des Ring-Modells (Gleichung (3.5) auf Seite 53) gegenübergestellt werden.

Zur Beurteilung der Approximationsqualität werden Vergleichszahlen durch einen Tourenplanungsalgorithmus erzeugt. Um dabei nicht ein bestehendes Optimierungspotential zu verschenken, ist es sinnvoll, nicht jede PLZ, sondern jeden Kunden als einzelne Ablieferungsstelle zu betrachten. Weil dann jedoch in vielen der 240 Probleme die Kundenanzahl zu groß ist, um mit einem exakten Verfahren die optimale Lösung zu finden, werden alle Aufgabenstellung mit einem heuristischen Vorgehen gelöst. Die in der Praxis auch bei kommerziellen Anwendungen am häufigsten eingesetzte Heuristik für Tourenplanungsprobleme ist das von CLARKE/WRIGHT [1964] entwickelte Savings-Verfahren. Dabei versucht man, eine zulässige Anfangslösung, in der die Belieferung jedes Kunden in einer Stichfahrt erfolgt, durch Kombination von jeweils zwei Touren sukzessive zu verbessern, ohne dabei die Tourrestriktionen zu verletzen. Seien k_1 und k_2 zwei Kunden mit dem Abstand $le_{k_1k_2}$ zueinander und der Entfernung le_{0k_1} bzw. le_{0k_2} zum Depot. Wenn k_1 und k_2 zu unterschiedlichen Touren gehören und erster oder letzter Kunde innerhalb ihrer Tour sind, dann ergibt die Kombination der beiden Touren durch Verknüpfung über die Kunden k_1 und k_2 eine Ersparnis (ein Saving) von

$$sav_{k_1k_2} = le_{0k_1} + le_{0k_2} - le_{k_1k_2}$$

Die Ersparnis ist um so größer, je dichter k_1 und k_2 beieinander liegen und je weiter sie vom Depot entfernt sind.

In jeder Iteration wird unter Beachtung der Tourrestriktionen diejenige Kombination zweier Touren realisiert, die mit der größten Ersparnis verbunden ist. Das Verfahren bricht ab, sobald keine positiven Savings-Werte mehr vorliegen oder durch die Realisierung jeder möglichen Ersparnis die Tourrestriktionen verletzt würden.

Oft läßt sich die ermittelte Lösung durch ein r-optimales Verfahren verbessern. Dabei handelt es sich um ein Vertauschungsverfahren, bei dem iterativ versucht wird, in jeder Tour des ermittelten Tourenplans r Verbindungen zwischen jeweils zwei Kunden durch r andere Verbindungen auszutauschen und dadurch die Tourenlänge schrittweise zu verkürzen[1]. Weil der Rechenaufwand mit zunehmendem r erheblich ansteigt, werden üblicherweise nur 2- und 3-optimale Verfahren eingesetzt.

[1] Ein 3-optimales Verfahren beschreibt beispielsweise LIN [1965].

In der Literatur gibt es Ansätze, die das Savings-Verfahren modifizieren, um bessere Lösungen zu erzeugen. PAESSENS [1988] schlägt beispielsweise vor, den Savings-Wert wie folgt zu berechnen:

$$sav_{k_1k_2} = le_{0k_1} + le_{0k_2} - \alpha \cdot le_{k_1k_2} + \beta \cdot \left| le_{0k_1} - le_{0k_2} \right|$$

Indem man für α verschiedene Werte aus dem Intervall]0;3] und für β Werte aus dem Intervall [0;1] einsetzt, lassen sich unterschiedliche Tourenpläne erzeugen, von denen der beste als Lösung ausgewiesen wird. Während das klassische Savings-Verfahren mit den Parametern α=1 und β=0 bevorzugt Kunden zu Touren kombiniert, die nahe beieinander liegen und dadurch einen ähnlichen Abstand zum Depot aufweisen, können durch die Wahl eines kleinen Wertes für α und eines großen Wertes für β auch Touren entstehen, in denen die Kunden sehr unterschiedliche Depotabstände besitzen. In einem solchen Fall sind Tourenpläne mit Blütenblattstruktur zu erwarten, wie sie der bekannte Sweep-Algorithmus von GILLET/MILLER [1974] erzeugt.

Die Vergleichszahlen der hier untersuchten Probleme werden mit Hilfe des modifizierten Savings-Verfahren von PAESSENS [1988] generiert. Der Parameter α variiert dabei zwischen 0,8 und 1,9 und der Parameter β zwischen 0 und 1 jeweils in 1/10-Schritten, so daß die Lösung zu einer Aufgabenstellung aus insgesamt $12 \cdot 11 = 132$ Tourenplänen ausgewählt wird. Die Touren des besten Tourenplans werden darüber hinaus durch ein 2-optimales Verfahren verbessert.

Um die Approximationsverfahren unter verschiedenen Rahmenbedingungen zu testen, werden für jede der 240 Aufgabenstellungen neun unterschiedliche Tourrestriktionen vorgegeben. Dreimal beeinflussen ausschließlich Mengen-, dreimal ausschließlich Zeit- und dreimal Mengen- und Zeitrestriktionen die Tourenbildung. Zur Beurteilung der Approximationsqualität eines Verfahrens werden somit $240 \cdot 9 = 2.160$ Tourenplanungsprobleme ausgewertet. Wesentlich für die Tourenplanung mit Zeitrestriktionen ist die Durchschnittsgeschwindigkeit des Auslieferungsfahrzeuges, die mit 40 km/h angenommen wird.

Tabelle 7.1 zeigt in einer komprimierten Darstellung die Ergebnisse des modifizierten Savings-Verfahrens. In jeder Zeile sind die Ergebnisse von 240 Tourenplanungsproblemen mit denselben Tourrestriktionen zusammengefaßt. Die ersten beiden Spalten beschreiben mit me_{max} und ze_{max} die Mengen- und Zeitrestriktionen. Daran schließen sich die Auslieferentfernungen und die Tourenanzahl als Summe über die zugehörigen Aufgabenstellungen an. Die letzten drei Spalten geben darüber Auskunft, wie viele Kunden (nicht PLZen) pro Tour im Durchschnitt beliefert werden und wie hoch der mittlere Nutzungsgrad hinsichtlich der Mengen- und Zeitkapazitäten einer Tour ist.

Restriktionen		Summe über alle Probleme		Durchschnitt pro Tour		
me_{max} (to)	ze_{max} (h)	km	Tourenanzahl	Kundenanzahl	Nutzung me_{max}	Nutzung ze_{max}
1,5	-	542.007	8.389	5,0	95%	-
3,0	-	334.102	4.232	9,9	94%	-
5,0	-	255.460	2.614	16,0	92%	-
-	3,5	841.427	8.133	5,2	-	103%
-	5,0	439.917	3.989	10,5	-	97%
-	6,5	300.590	2.598	16,1	-	94%
1,5	3,5	943.254	11.501	3,6	69%	79%
3,0	5,0	480.613	5.291	7,9	76%	77%
5,0	6,5	318.414	3.187	13,2	75%	79%

Tabelle 7.1: Ergebnisse des modifizierten Savings-Verfahrens

Es ist erkennbar, daß eine Vielzahl an Touren gebildet wird, die je nach Aufgabenstellung im Mittel zwischen 3,6 und 16,1 Kunden enthalten. Wenn die Tourenbildung ausschließlich durch Zeit- *oder* Mengenrestriktionen beschränkt wird, läßt sich in den untersuchten Aufgabenstellungen eine sehr gute Nutzung der Tourkapazitäten von stets mehr als 92% erreichen. Liegen hingegen Zeit- *und* Mengenrestriktionen vor, ergeben sich im Mittel deutlich schlechtere Auslastungsgrade. Der Grund dafür ist, daß Touren beispielsweise in der Nähe des Depots aufgrund der Mengenrestriktion beendet werden müssen, obwohl die maximal mögliche Tourdauer noch lange nicht ausgeschöpft ist. Hingegen werden Touren in großer Entfernung vom Depot durch die Zeitrestriktion beschränkt, obwohl die Fahrzeugkapazität die Fahrt zu weiteren Kunden zuließe.

Der in der Tabelle erkennbare mittlere Auslastungsgrad von 103% bei einer Zeitrestriktion von 3,5 Stunden ist erklärungsbedürftig. Bei einer Durchschnittsgeschwindigkeit von 40 km/h und einer Warenablieferungszeit beim Kunden von 0,2 Stunden darf ein Kunde höchstens 66 km vom beliefernden Depot entfernt sein, um innerhalb der maximalen Tourdauer erreichbar zu sein. Der Standort einiger Kunden ist jedoch weiter vom Depot entfernt. Im Rahmen des modifizierten Savings-Verfahren werden diese Kunden in einer Stichfahrt beliefert, auch wenn dadurch die Zeitrestriktion verletzt wird. Als Folge ergibt sich dann eine Nutzung der Zeitkapazität von über 100%. Bei der Belieferung von 4,9% der 41.947 auszuführenden Aufträge wird die Zeitrestriktion von 3,5 Stunden überschritten. Wenn die maximale Tourdauer 5 Stunden beträgt, lassen sich Kunden bis zu einer Depot-Entfernung von 96 km innerhalb der Zeitrestriktion beliefern. Für 0,6% der Aufträge besteht jedoch ein größerer Depotabstand.

Eine Belieferungszeit von mehr als 6,5 Stunden tritt bei keinem Kunden auf. Die Mengenrestriktionen werden bei der isolierten Belieferung keines Kunden verletzt, weil die Größe aller auszuliefernden Aufträge unterhalb der kleinsten, untersuchten Fahrzeugkapazität von 1,5 to liegt.

Wie sich die Tourenlängen des Ein-Depot-Ein-Perioden-Verfahrens aus Kapitel 5[1] (im folgenden mit EDEP-Verfahren abgekürzt) von denen des tourenbildenden modifizierten Savings-Verfahrens unterscheiden, ist Tabelle 7.2 zu entnehmen. Wiederum sind in jeder Zeile die Ergebnisse von 240 Tourenplanungsproblemen mit denselben Tourrestriktionen zusammengefaßt. Neben den ersten beiden Spalten mit den Mengen- und Zeitrestriktionen me_{max} und ze_{max} sind in der dritten und vierten Spalte der Durchschnitt und das Maximum der absoluten, prozentualen Abweichungen der Tourenlängen über die betrachteten Aufgabenstellungen dargestellt. Die letzten beiden Spalten beschreiben, wie oft die approximierten Tourenlängen über oder unter den Tourenlängen des modifizierten Savings-Algorithmus liegen.

Restriktionen		Absolute Abweichungen in %		Häufigkeiten	
me_{max} (to)	ze_{max} (h)	durchschn.	max.	zu hoch	zu tief
1,5	-	3,3	34,8	127	112
3,0	-	4,4	34,4	96	143
5,0	-	6,1	56,5	88	151
-	3,5	2,4	9,4	42	197
-	5,0	3,5	16,3	76	164
-	6,5	4,1	21,8	94	146
1,5	3,5	2,0	15,3	175	64
3,0	5,0	4,4	16,2	189	51
5,0	6,5	5,3	21,3	190	50
TOTAL		3,9	56,5	1.077	1.078

Tabelle 7.2: Approximationsqualität des EDEP-Verfahrens hinsichtlich der Tourenlängen

Über alle 2.160 Tourenplanungsprobleme berechnet das EDEP-Verfahren Tourenlängen, die im Durchschnitt um 3,9% von den Tourenlängen des modifizierten Savings-Verfahren abweichen. Dabei liegt der approximierte Wert fast genauso oft unter dem Vergleichswert wie darüber. Es zeigt sich, daß die Approximationsergebnisse um so besser sind, je stärker die Restriktionen greifen. Der Grund dafür liegt darin, daß bei sehr engen Tourrestriktionen viele

[1] Zur Berechnung der mittleren Entfernung λ^{PLZ} zwischen dem Depot und dem Mittelpunkt des repräsentativen Tourgebietes wird die Anzahl n_p der PLZen, mit denen die PLZ p in einer Tour beliefert wird, mit Hilfe der Gleichung (5.1) auf der Seite 100 bestimmt.

Stichfahrten zu einzelnen PLZ-Gebiet identifiziert werden können, die in dieser Form oft auch von dem Tourenplanungsalgorithmus ermittelt werden. Weil die mit Stichfahrten verbundenen Transportstrecken im Rahmen des Appoximationsverfahrens exakt bestimmt werden können, ergeben sich folglich um so bessere Näherungen für die gesamten Auslieferentfernungen, je mehr Stichfahrten erkannt werden. So ist beispielsweise die mittlere Abweichung von 6,1% bei einer Mengenrestriktion von 5 to mit einem Anteil der Stichfahrten-Entfernungen an den gesamten Tourenlängen von durchschnittlich 19% verbunden. Dieser Anteil steigt auf 44%, wenn die Mengenrestriktion auf 1,5 to sinkt. Dadurch verbessert sich die Approximationsgüte, denn die mittlere Abweichung verringert sich auf 3,3%.

In der Tabelle 7.2 fällt auf, daß die größten Abweichungen bei Aufgabenstellungen auftreten, in denen ausschließlich Mengenrestriktionen für die Tourenbildung relevant sind. Während bei der Berücksichtigung von Zeitrestriktionen die approximierten Tourenlängen um höchstens 21,8% von den Ergebnissen des modifizierten Savings-Verfahren abweichen, beträgt der maximale Unterschied bei ausschließlicher Vorgabe von Mengenrestriktionen zwischen 34,4% und 56,5%. Dieser Zusammenhang läßt sich mit der Berechnung der Liefergebietsfläche erklären.

Grundlage für die vorgenommene Flächenberechnung ist die Aufteilung des Liefergebietes in 20 gleich große Sektoren. Sollten bei der Belieferung aller Kunden eines Sektors die Tourrestriktionen nicht vollständig ausgeschöpft werden, so wird dieser Sektor um die mit Hilfe der Gleichung (5.7) auf Seite 111 berechnete Anzahl an Sektoren erweitert. Eine wichtige Rolle spielt dabei die maximale Fläche Fl_{max}, die der erweiterte Sektor nicht überschreiten darf. Im Rahmen dieser Fallstudie wird Fl_{max} bei einer gegebenen Zeitrestriktion von ze_{max} und einer Durchschnittsgeschwindigkeit von 40 km/h entsprechend dem Vorgehen auf Seite 111 berechnet über

$$Fl_{max} = \frac{\pi \cdot \left(\frac{ze_{max} \cdot 40}{2} \right)^2}{20}.$$

$ze_{max} \cdot 40/2$ stellt den maximalen Abstand zum Depot dar, den ein Fahrzeug bei einer Geschwindigkeit von 40 km/h innerhalb der Zeitrestriktion ze_{max} erreichen kann, wenn es wieder zum Depot zurückkehren soll. Fl_{max} orientiert sich folglich an dem Flächeninhalt eines Sektors in nicht erweiterter Form mit einem Randkunden im Abstand $ze_{max} \cdot 40/2$ zum Depot.

Diese Beschränkung der Liefergebietsfläche bei der Erweiterung eines Sektors ist bei der Berücksichtigung von Zeitrestriktionen sehr sinnvoll, weil sich mit zunehmender Entfernung eines Kunden zum Depot die Möglichkeit verringert, Kunden aus benachbarten Sektoren in einer gemeinsamen Tour zu besuchen. Liegen jedoch keine Zeitrestriktionen vor, bestehen also alleine Mengenrestriktionen, so gilt der beschriebene Zusammenhang nicht. Denn auch für einen noch so weit vom Depot entfernten Kunden läßt sich bei isolierter Betrachtung nicht vorhersagen, über wie viele der benachbarten Sektoren maximal eine den Kunden beliefernde Tour verläuft. Aus diesem Grund wird im Rahmen dieser Fallstudie bei ausschließlicher Beschränkung der Touren durch Mengenrestriktion darauf verzichtet, in der Gleichung (5.7) die Anzahl an Erweiterungssektoren durch die Vorgabe einer maximalen Sektorenfläche Fl_{max} zu begrenzen. Die übrigen Bestimmungsgrößen in (5.7) behalten aber ihre Gültigkeit. Dennoch können bei der Berechnung der Liefergebietsfläche im Vergleich zu Tourenplanungsproblemen mit Zeitrestriktion wesentlich größere Fehler auftreten, was die größeren maximalen Abweichungen in Tabelle 7.2 erklärt.

Die Basis der Flächenberechnung bei allen vorgenommenen Approximationen der Fallstudie ist die Aufteilung des Liefergebietes in $s^{max} = 20$ Sektoren. Es ist im Kapitel 5.3.1 leider nicht gelungen, eine Gleichung zur Berechnung von s^{max} herzuleiten. Daher stellt sich die Frage, wie stark die Wahl der Sektorenanzahl die approximierten Tourenlängen beeinflußt. Beispielhaft sollen die Tourenlängen für die 240 Tourenplanungsprobleme bei einer Mengenrestriktion von $me_{max} = 5$ to und einer Zeitrestriktion von $ze_{max} = 6{,}5$ h mit Hilfe des EDEP-Verfahrens abgeschätzt werden, wobei die Berechnung der Liefergebietsfläche alternativ mit 10, 30 und 50 Sektoren erfolgt. Wie sich die ermittelten Ergebnisse von denen mit $s^{max} = 20$ und dem modifizierten Savings-Verfahren unterscheiden, zeigt Tabelle 7.3.

	absolute Abweichungen in % zu		
	EDEP-Verfahren mit $s^{max} = 20$		Savings modifiziert
s^{max}	Fläche	Tourenlänge	Tourenlänge
10	13,6	2,3	6,2
30	10,6	2,1	4,8
50	21,3	4,5	4,8

Tabelle 7.3: Auswirkungen einer veränderten Sektorenanzahl bei der Berechnung der Liefergebietsfläche im EDEP-Verfahren

Für $s^{max} = 10$ weicht die Liefergebietsfläche im Durchschnitt über alle 240 Probleme um 13,6% von der Fläche mit $s^{max} = 20$ ab. Dabei ist in 72% aller Fälle der ermittelte Flächeninhalt für $s^{max} = 10$ größer als für $s^{max} = 20$, was aufgrund der gröberen Flächenberechnung bei einer geringeren Sektorenanzahl zu erwarten ist. Daß sich nicht in allen 240 Tourenplanungsproblemen größere Liefergebietsflächen ergeben, hängt damit zusammen, daß die Sektoren bei einer größeren Sektorenanzahl schmaler sind als bei einer kleineren Sektorenanzahl und deshalb unter Umständen häufiger erweitert werden. Weil die erweiterten Sektoren für $s^{max} = 20$ jedoch eine größere Fläche umfassen können als die nicht erweiterten Sektoren für $s^{max} = 10$, kann die Liefergebietsfläche trotz kleinerer Sektorenanzahl größer sein. Mit der veränderten Fläche des Liefergebietes bei 10 Sektoren berechnen sich auch andere Tourenlängen, die im Mittel um 2,3% von denen abweichen, die bei einer Flächenberechnung mit 20 Sektoren entstehen. Bezogen auf die Tourenlängen des modifizierten Savings-Verfahrens ergibt sich eine durchschnittliche Abweichung von 6,2%. Verglichen mit der mittleren Abweichung des EDEP-Verfahrens bei $s^{max} = 20$ von 5,3% sind die Approximationen somit im Mittel um 0,9% schlechter. Erhöht man die Sektorenanzahl auf 30 oder gar 50, so verbessern sich die Näherungen geringfügig um durchschnittlich 0,5%, so daß sich die mittlere Abweichung gegenüber den Tourenlängen des modifizierten Savings-Verfahren auf 4,8% verringert.

Die Verwendung unterschiedlicher Werte für die Sektorenanzahl bringt folglich in den hier betrachteten Beispielen keine nennenswerten Veränderungen der Approximationsergebnisse mit sich. Bei engeren Restriktionsgrenzen nimmt die Anzahl der Kunden zu, die in Stichfahrten beliefert werden. Dadurch verringert sich der Anteil jener Transportentfernungen an den gesamten Auslieferstrecken, die durch Touren mit mehr als einem Kunden entstehen und bei der Approximation von der Flächenberechnung beeinflußt werden. Es ist somit zu erwarten, daß sich die Approximationsergebnisse für unterschiedliche Werte der Sektorenanzahl um so mehr annähern, je stärker die Tourrestriktionen greifen.

Neben den Tourenlängen ist auch die in jedem Tourenplanungsproblem bestimmte Tourenanzahl von Interesse, die mit Hilfe des im Kapitel 5.5 beschriebenen, wahrscheinlichkeitstheoretischen Ansatzes approximiert wird. Tabelle 7.4 zeigt die Approximationsergebnisse im Vergleich zu den ermittelten Touren des modifizierten Savings-Verfahrens.

Ebenso wie sich die approximierten Tourenlängen in der Tabelle 7.2 den tatsächlichen Auslieferstrecken um so mehr annähern, je stärker die Tourrestriktionen greifen, verbessern sich auch die Approximationsergebnisse des EDEP-Verfahrens hinsichtlich der Tourenanzahl. Insgesamt ist jedoch gegenüber den Tourenlängen eine über alle 2.160 Tourenplanungsprobleme schlechtere Approximationsqualität feststellbar. Die durchschnittliche, absolute Abweichung der Tourenanzahl beträgt 7,0% gegenüber 3,9%.

In 1.370 Tourenplanungsproblemen, das sind 63% aller Aufgabenstellungen, ergibt sich eine zu kleine Tourenanzahl. Dieses hängt insbesondere damit zusammen, daß sich die im Approximationsverfahren bestimmte durchschnittliche Anzahl an PLZen pro Tour daran orientiert,

Restriktionen		Absolute Abweichungen in %		Häufigkeiten	
me_{max} (to)	ze_{max} (h)	durchschn.	max.	zu hoch	zu tief
1,5	-	3,9	22,3	127	112
3,0	-	8,1	43,8	40	199
5,0	-	13,0	59,0	16	221
-	3,5	3,8	22,0	29	207
-	5,0	6,7	34,3	26	212
-	6,5	9,4	39,0	21	218
1,5	3,5	3,9	19,7	196	43
3,0	5,0	6,1	27,4	178	62
5,0	6,5	8,0	39,0	141	96
TOTAL		7,0	59,0	774	1.370

Tabelle 7.4: Approximationsqualität des EDEP-Verfahrens hinsichtlich der Tourenanzahl

daß alle Touren die zur Verfügung stehenden Kapazitäten gut ausnutzen. Davon ist in der Realität aber nicht immer auszugehen. Denn wenn es gelingt, die Touren so zu planen, daß nahezu alle Touren die Tourrestriktionen gut ausschöpfen, so verbleiben in der Regel Aufträge, die sich nicht mehr in die gebildeten Touren integrieren lassen und daher in einer eigenen Tour zusammengefaßt werden müssen. Diese Tour mit den Restaufträgen nutzt die Tourkapazitäten unter Umständen aber nur sehr schlecht aus und enthält weit weniger Anlieferungsstellen als die anderen Touren. Bei einer großen Tourenanzahl besteht zwar kaum ein Unterschied, ob die durchschnittliche Anzahl an PLZen pro Tour auf Basis aller Touren oder, wie beim Approximationsverfahren, nur auf Basis jener Touren ermittelt wird, welche die Kapazitäten gut nutzen. Bei einer kleinen Tourenanzahl ist hingegen der Einfluß der Tour mit den Restaufträgen so groß, daß der wahrscheinlichkeitstheoretische Ansatz eine zu große durchschnittliche Anzahl an PLZen pro Tour bestimmt und die daraus abgeleitete Tourenanzahl von der tatsächlichen prozentual stark abweicht.

Im folgenden sollen die Approximationsergebnisse des Verfahrens von DAGANZO aus Kapitel 4 für die untersuchten Tourenplanungsprobleme dargestellt werden, um beurteilen zu können, welche Auswirkungen die vorgenommenen Veränderungen des EDEP-Verfahrens auf die abgeschätzten Auslieferentfernungen haben.

Das Verfahren von DAGANZO benutzt als Approximationsformeln die Gleichungen (4.15) und (4.17) auf der Seite 81. Um eine bessere Vergleichbarkeit zu den Ergebnissen des EDEP-Verfahrens herzustellen, werden wiederum die PLZ-Gebiete und nicht die einzelnen Kunden als Ablieferungsstellen betrachtet. Ebenso werden vor der Anwendung der Approximationsformeln Stichfahrten identifiziert. Das Verfahren von DAGANZO unterscheidet sich von dem

EDEP-Verfahren insofern nur in der Herleitung der Eingangsgrößen der Approximationsformeln, das sind die Entfernung λ^{PLZ} zwischen dem Depot und dem Mittelpunkt des repräsentativen Tourgebietes, die Länge lg^{PLZ} des repräsentativen Tourgebietes, die durchschnittliche Anzahl n^{PLZ} an PLZen pro Tour und die mittlere Entfernung $\overline{le}^{PLZ}$ zwischen zwei PLZen. Zur Berechnung der Liefergebietsfläche wird im Verfahren von DAGANZO mangels konkreter Angaben das Vorgehen des EDEP-Verfahrens aus Kapitel 5.3.1 übernommen. Die Anzahl n^{PLZ} der PLZen pro Tour ist für die Approximationsformel von DAGANZO vorzugeben und wird als Quotient bestimmt aus der Anzahl in Touren zu beliefernder PLZen und der um die ermittelten Stichfahrten verminderten Tourenanzahl, die ohne Tourenbildung eigentlich gar nicht bekannt ist und daher den Ergebnissen des modifizierten Savings-Verfahrens entnommen wird. Die von DAGANZO für kleine Werte von n entwickelte Approximationsformel (4.17) wird angewendet, wenn die mit (4.17) abgeschätzte Tourenlänge kleiner ist als die der Gleichung (4.15) und $n < 3$ gilt. Eine Übersicht über die approximierten Tourenlängen des Verfahrens von DAGANZO im Vergleich zu den Ergebnissen des modifizierten Savings-Verfahren ist Tabelle 7.5 zu entnehmen.

Restriktionen		Absolute Abweichungen in %		Häufigkeiten	
me_{max} (kg)	ze_{max} (h)	durchschn.	max.	zu hoch	zu tief
1.500	-	7,1	40,1	199	41
3.000	-	10,0	40,2	216	24
5.000	-	11,5	53,7	213	27
-	3,5	1,8	20,2	150	88
-	5,0	4,5	27,2	152	88
-	6,5	5,9	29,1	176	63
1.500	3,5	1,7	9,9	128	110
3.000	5,0	4,1	27,0	151	89
5.000	6,5	5,8	29,1	173	66
TOTAL		5,8	53,7	1.558	596

Tabelle 7.5: Approximationsqualität des Verfahrens von DAGANZO hinsichtlich der Tourenlängen

Die durchschnittliche Abweichung von 5,8% über alle 2.160 Tourenplanungsprobleme liegt knapp 2 Prozentpunkte über dem Mittelwert von 3,9% des EDEP-Verfahrens. In 72% aller Fälle überschätzt das Verfahren von DAGANZO die Auslieferentfernungen.

Die schlechtesten Ergebnisse liefert das Verfahren von DAGANZO, wenn ausschließlich Mengenrestriktionen die Tourenbildung beschränken. In diesen Fällen bestehen auch die größten Unterschiede zum EDEP-Verfahren. Ein wesentlicher Grund dafür liegt in der Berechnung der Entfernung λ^{PLZ} zwischen dem Depot und dem Mittelpunkt des repräsentativen Tourgebietes. In den vorliegenden Tourenplanungsproblemen befinden sich in der Nähe des Depotstandortes oft PLZ-Gebiete, die jeweils für eine Vielzahl von Kunden stehen und dadurch mit einer großen Nachfragemenge zu beliefern sind. Hingegen ist in großer Entfernung vom Depot die Anzahl der Kunden und damit die Belieferungsmenge je PLZ oft relativ gering. Bei den Aufgabenstellungen mit ausschließlich Mengenrestriktionen gehören dann den Touren, die in der Nähe des Depots verlaufen, wenige PLZen, den Touren in großer Depot-Entfernung viele PLZen an. Für die Berechnung von λ^{PLZ} müssen die Depot-PLZ-Entfernungen der depotnahen PLZen daher mit einer stärkeren Gewichtung eingehen als die depotfernen PLZen. Das EDEP-Verfahren trägt diesem Zusammenhang Rechnung, indem jede Depot-PLZ-Entfernung unter Berücksichtigung der mit der PLZ in einer Tour zu beliefernden Anzahl an PLZen gewichtet wird (vgl. Gleichung (5.4) auf Seite 100). Hingegen gewichtet das Verfahren von DAGANZO alle Depot-PLZ-Entfernungen gleich. Folglich ergibt sich für λ^{PLZ} und somit für die daraus abgeleitete Tourenlänge ein größerer Wert als im EDEP-Verfahren. Tabelle 7.5 zeigt, daß in nahezu allen Tourenplanungsproblemen mit ausschließlich Mengenrestriktionen die mit dem Verfahren von DAGANZO approximierten Tourenlängen über den Ergebnissen des modifizierten Saving-Verfahrens liegen.

Sobald Zeitrestriktionen die Tourenbildung beeinflussen, nähern sich die Gewichtungen der Depot-PLZ-Entfernungen in den beschrieben Fällen an. Zwar ist die Aufenthaltszeit in PLZ-Gebieten mit vielen Kunden in der Nähe des Depots deutlich größer als in PLZ-Gebieten mit wenig Kunden in großer Entfernung vom Depot. Dafür tritt ein Ausgleich in der Inanspruchnahme der maximalen Tourdauer durch die wesentlich längeren Anfahrzeit zu depotfernen PLZen auf. Die Anzahl in Touren zu beliefernder PLZen nähern sich somit für depotnahe und depotferne PLZen an, so daß sich der Fehler einer Gleichgewichtung der Depot-PLZ-Entfernungen abschwächt. Die damit verbundenen besseren Approximationsergebnisse sind in Tabelle 7.5 zu erkennen.

Auch mit der Approximationsgleichung (4.2) von CHRISTOFIDES/EILON auf der Seite 67 lassen sich die Auslieferentfernungen für ein Tourenplanungsproblem abschätzen. Um diese Formel auf die zu untersuchenden Aufgabenstellungen anzuwenden, wird der Parameter α auf 1,8 und β auf 1,1 gesetzt. Im Gegensatz zu den beiden bislang untersuchten Verfahren werden hier, wie vorgesehen, Kunden und nicht PLZen als Ablieferungsstellen betrachtet. Die vorzugebende Anzahl n an Kunden pro Tour wird, wie schon beim Verfahren von DAGANZO, aus der Anzahl zu beliefernder Kunden und der eigentlich nicht bekannten Tourenanzahl bestimmt, die dem Tourenplan des modifizierten Savings-Verfahrens entnommen wird. Zur Berechnung der Liefergebietsfläche dient das Vorgehen des EDEP-Verfahrens aus dem Kapitel 5.3.1. Die Approximationsergebnisse der Gleichung von CHRISTOFIDES/EILON zeigt Tabelle 7.6.

Gemessen an dem Durchschnitt der absoluten, prozentualen Abweichungen schneidet das Verfahren von CHRISTOFIDES/EILON mit einem Wert von 15,7% wesentlich schlechter ab als das Verfahren von DAGANZO und das EDEP-Verfahren. Anders als bei diesen beiden Verfahren ist nicht erkennbar, daß sich die Approximationsqualität verbessert, je enger die Tourrestriktionen sind. Ein entscheidender Grund dafür liegt sicherlich darin, daß zum Verfahren nicht die Identifikation von Stichfahrten gehört.

Restriktionen		Absolute Abweichungen in %		Häufigkeiten	
me_{max} (to)	ze_{max} (h)	durchschn.	max.	zu hoch	zu tief
1,5	-	8,9	50,9	161	79
3,0	-	15,8	70,8	203	37
5,0	-	21,3	78,4	211	29
-	3,5	23,3	55,4	6	234
-	5,0	13,8	51,0	73	167
-	6,5	14,2	55,0	160	80
1,5	3,5	17,8	42,9	16	224
3,0	5,0	12,1	48,5	101	138
5,0	6,5	14,0	55,0	179	61
TOTAL		15,7	78,4	1.110	1.049

Tabelle 7.6: Approximationsqualität des Verfahrens von CHRISTOFIDES/EILON hinsichtlich der Tourenlängen

Als viertes soll das Verfahren des Ring-Modells auf die 2.160 Tourenplanungsprobleme angewendet werden. Die Approximationsformel zur Berechnung der kundenanteiligen Transportkosten an den gesamten Auslieferungskosten an einem Depot ist durch die Gleichung (3.5) auf der Seite 53 gegeben. Setzt man den Transportkostensatz je Entfernungseinheit auf 1 und je Zeiteinheit auf 0 (d.h. tkle = 1, tkze = 0), so lassen sich mit Gleichung (3.5) die kundenanteiligen Transportentfernungen ermitteln. Als Ablieferungsstelle wird jeder Kunde einzeln betrachtet, wobei die mittlere Entfernung $\overline{le}$ zwischen zwei Kunden unter Berücksichtigung der mittleren Entfernung $\overline{le}^{PLZ}$ zwischen zwei PLZen und der mittleren Entfernung $\overline{le}^{inPLZ}$ zwischen zwei Kunden innerhalb eines PLZ-Gebietes bestimmt wird. In einem Tourenplanungsproblem mit k^{max} Kunden und plz^{max} PLZen berechnet sich $\overline{le}$ aus

$$\overline{le} = \frac{plz^{max} \cdot \overline{le}^{PLZ} + \left(k^{max} - plz^{max}\right) \cdot \overline{le}^{inPLZ}}{k^{max}}.$$

$\overline{le}^{inPLZ}$ entspricht 1 km. Um $\overline{le}^{PLZ}$ herzuleiten, wird die Gleichung (5.8) des EDEP-Verfahrens auf Seite 113 mit PLZen als Ablieferungsstellen verwendet. Die Berechnung der Liefergebietsfläche erfolgt ebenfalls nach dem Vorgehen des EDEP-Verfahrens aus dem Kapitel 5.3.1. Tabelle 7.7 zeigt das Approximationsverhalten des Ring-Modells im Vergleich zum modifizierten Savings-Verfahren.

Restriktionen		Absolute Abweichungen in %		Häufigkeiten	
me_{max} (to)	ze_{max} (h)	durchschn.	max.	zu hoch	zu tief
1,5	-	3,7	27,0	95	145
3,0	-	6,1	42,5	188	52
5,0	-	8,5	30,9	216	24
-	3,5	6,3	56,7	117	122
-	5,0	9,3	68,1	177	62
-	6,5	13,5	70,2	213	27
1,5	3,5	5,4	46,3	98	141
3,0	5,0	8,6	60,4	174	66
5,0	6,5	13,3	69,0	223	17
TOTAL		8,3	70,2	1.501	656

Tabelle 7.7: Approximationsqualität des Ring-Modells hinsichtlich der Tourenlängen

Der Durchschnitt der absoluten, prozentualen Abweichungen bezüglich der Tourenlängen beträgt 8,3%. Dabei ergibt sich in fast 70% aller Tourenplanungsprobleme ein zu großer Wert. Die Approximationsqualität ist wiederum um so besser, je stärker die Tourrestriktionen greifen. Dieser Zusammenhang deckt sich mit den Ergebnissen, die TÜSHAUS [1995, S. 5] bei der Anwendung des Ring-Modells erzielt hat. Ein wesentlicher Grund dafür ist, daß sich gute Approximationen insbesondere dann ergeben, wenn die Kunden einer Tour die knappe Fahrzeug- oder Zeitkapazität in ähnlicher Weise nutzen. Diese Übereinstimmung ist aber eher bei wenigen als bei vielen Kunden einer Tour zu erwarten.

Anders als beim Verfahren von DAGANZO oder dem Verfahren von CHRISTOFIDES/EILON ist es beim Ring-Modell nicht erforderlich, die durchschnittliche Anzahl an Kunden pro Tour oder die Tourenanzahl vorzugeben. Mit Hilfe der Gleichung (3.4) auf der Seite 53 wird im Ring-Modell für jeden Kunden k die Anzahl n_k der Kunden bestimmt, die mit k in einer gemeinsamen Tour beliefert werden. Der Ausdruck $1/n_k$ beschreibt folglich den

Anteil des Kunden k an einer Tour, so daß mit der Summe über alle Kundenanteile einer Tour die erforderliche Tourenanzahl abgeschätzt werden kann. Tabelle 7.8 vergleicht die Anzahl der approximierten Touren mit denen des modifizierten Savings-Verfahrens.

Restriktionen		Absolute Abweichungen in %		Häufigkeiten	
me_{max} (to)	ze_{max} (h)	durchschn.	max.	zu hoch	zu tief
1,5	-	6,3	25,0	0	240
3,0	-	8,1	42,5	0	239
5,0	-	13,2	60,0	0	237
-	3,5	6,5	54,3	48	186
-	5,0	7,7	63,8	61	174
-	6,5	8,8	60,0	71	153
1,5	3,5	5,1	18,5	28	207
3,0	5,0	6,4	52,5	53	180
5,0	6,5	7,6	51,3	66	164
TOTAL		7,7	63,8	327	1.780

Tabelle 7.8: Approximationsqualität des Ring-Modells hinsichtlich der Tourenanzahl

Die Approximationsqualität ist gemessen am Durchschnitt der absoluten, prozentualen Abweichungen mit 7,7% nur unwesentlich schlechter als die des EDEP-Verfahrens (vgl. Tabelle 7.4). Aufgrund der meist zu hoch abgeschätzten Tourenlängen erscheint es jedoch verwunderlich, daß in 85% aller Fälle die approximierte Tourenanzahl im Ring-Modell zu klein ist. Angesichts der Vorgehensweise, mit der die Tourenanzahl bestimmt wird, ist die Tendenz des Unterschätzens aber zu erwarten. Denn die Berechnung von n_k für jeden Kunden k geht davon aus, daß die Zeit- oder Mengenkapazitäten jeder Tour stets vollständig ausgenutzt werden. Dieser Auslastungsgrad von 100% ist in den untersuchten Aufgabenstellungen jedoch nur in den wenigsten Touren erreichbar. Folglich sind die Werte für n_k in der Regel zu groß und mit den Tourenanteilen $1/n_k$ die gesamte Tourenanzahl zu klein.

Daß überhaupt eine zu große Tourenanzahl ermittelt werden kann, hängt damit zusammen, daß sich die Werte $1/n_k$ für die Kunden, die tatsächlich in einer Tour beliefert werden, keineswegs zu eins addieren müssen und sogar größer als eins sein können. Auf Seite 55 ist ein Beispiel beschrieben, in dem bei gegebenen Mengen- und Zeitrestriktionen die Summe der $1/n_k$ für zwei Kunden einer Tour 1,8 ist. Aber auch bei ausschließlicher Berücksichtigung von Zeitrestriktionen kann ein Wert größer als eins auftreten, wenn etwa, anders als zur Herleitung von n_k im Ring-Modell vorausgesetzt, die Depot-Entfernung von Kunden einer Tour unterschiedlich ist. Wird die Tourenbildung hingegen lediglich durch Mengenrestriktionen beschränkt, dann kann die Summe der $1/n_k$ für die Kunden einer Tour höchstens den Wert eins annehmen, so daß die

Anzahl aller Touren in einem Tourenplanungsproblem nie überschätzt werden kann. Dieses verdeutlicht auch die Tabelle 7.8.

Zum Abschluß der Untersuchungen des Ein-Depot-Ein-Perioden-Falls sollen die Abweichungen der vier betrachteten Approximationsverfahren zu den ermittelten Tourenlängen des modifizierten Savings-Verfahren zusammenfassend gegenübergestellt werden. Tabelle 7.9 zeigt für jedes der vier Verfahren den Durchschnitt und das Maximum der absoluten, prozentualen Abweichungen über die betrachteten 2.160 realen Tourenplanungsprobleme sowie die Häufigkeiten, mit denen die approximierten Tourenlängen über oder unter den minimalen Ausliefer-entfernungen des modifizierten Saving-Verfahrens liegen.

Verfahren	Absolute Abweichungen in %		Häufigkeiten	
	durchschn.	max.	zu hoch	zu tief
EDEP-Verfahren	3,9	56,5	1.077	1.078
DAGANZO	5,8	53,7	1.558	596
CHRISTOFIDES/EILON	15,7	78,4	1.110	1.049
Ring-Modell	8,3	70,2	1.501	656

Tabelle 7.9: Vergleich der Approximationsverfahren im Ein-Depot-Ein-Perioden-Fall

Die von der Struktur einfachste Approximationsformel, die von CHRISTOFIDES/EILON, liefert die schlechtesten Ergebnisse. Eine deutliche Qualitätssteigerung kann mit dem Verfahren des Ring-Modells und dem Verfahren von DAGANZO erzielt werden. Am besten schneidet das EDEP-Verfahren ab. Das gegenüber dem Verfahren von DAGANZO veränderte Vorgehen zur Berechnung der Entfernung zwischen dem Depot und dem Mittelpunkt des repräsentativen Tourgebietes, aber auch zwischen zwei PLZen einer Tour, die Modifikationen bei der Bestimmung der Länge des repräsentativen Tourgebietes sowie die Herleitung der mittleren Anzahl an PLZen pro Tour führen offenbar zu einer Verbesserung der Approximationsqualität.

Interessanterweise ergeben sich für das Verfahren von DAGANZO und das von CHRISTOFIDES/EILON durch die Kenntnis der durchschnittlichen Kundenanzahl pro Tour bzw. der Tourenanzahl vor der Anwendung der Approximationsformel keine nennenswerten Vorteile in der Abschätzung der Tourenlängen. Problematisch an der bloßen Vorgabe der Tourenanzahl ist, daß nicht erkennbar ist, wie gut die einzelnen Touren die Zeit- und Mengenkapazitäten nutzen. Denn beide Verfahren liefern für eine spezielle Tourenanzahl bei gegebenen Standorten für die Kunden und das Depot stets nur einen Wert als Summe der Auslieferentfernungen unabhängig vom Auslastungsgrad der Kapazitäten. Vor diesem Hintergrund ist der scheinbare Vorteil, die Tourenanzahl bereits vor der Approximation der Tourenlängen zu kennen, ein

Nachteil gegenüber dem EDEP-Verfahren und dem Ring-Modell, die eine reelle Tourenanzahl bei bestmöglicher Ausnutzung der Tourkapazitäten selbst berechnen.

Die Rechenzeiten der vier Approximationsverfahren sind sehr niedrig. So benötigt das EDEP-Verfahren als das rechenintensivste der vier Verfahren beispielsweise zur Abschätzung der Tourenlängen der 240 Tourenplanungsprobleme mit einer Fahrzeugkapazität von 5 to und einer maximalen Tourdauer von 6,5 h lediglich 2,3 Sekunden. Im Vergleich dazu hat das modifizierte Savings-Verfahren mit knapp 25 Minuten einen rund 650mal so hohen Zeitbedarf.

7.3 Das Ein-Depot-Mehr-Perioden-Verfahren

Das im Kapitel 6.1 beschriebenen Ein-Depot-Mehr-Perioden-Verfahren (im folgenden abgekürzt mit EDMP-Verfahren), das die Tourenlängen von einem Depot über mehrere Perioden abschätzt und auf einer Erweiterung des EDEP-Verfahrens basiert, soll in diesem Kapitel auf die Lieferdaten des Konsumgüterunternehmens angewendet werden. Dazu müssen einerseits die Lieferdaten über das Auslieferungsdatum verdichtet werden, so daß nur noch erkennbar ist, wie oft aber nicht in welcher Periode ein Kunde zu beliefern ist. Andererseits erfolgt entsprechend dem Vorgehen im Kapitel 7.1 (vgl. die Seiten 164 ff.) eine Verdichtung über die Kundennummer, so daß jedes PLZ-Gebiet innerhalb des Verfahrens als Ablieferungseinheit betrachtet werden kann. Die ursprüngliche Datenbasis enthält die Lieferdaten von 10 Depots an jeweils 24 Auslieferungstagen. Die Datenverdichtung führt nun dazu, daß anstelle von 240 Tourenplanungsproblemen mit einem Zeithorizont von einer Periode 10 Aufgabenstellungen mit jeweils 24 Perioden vorliegen.

Um das EDMP-Verfahren unter verschiedenen Rahmenbedingungen zu untersuchen, werden für die 10 Aufgabenstellungen wiederum die 9 unterschiedlichen, aus dem Ein-Perioden-Fall bekannten Tourrestriktionen vorgegeben. Dreimal beeinflussen ausschließlich Mengen-, dreimal ausschließlich Zeit- und dreimal Mengen- und Zeitrestriktionen die Tourenbildung. Folglich wird das Approximationsverhalten des EDMP-Verfahrens anhand von 90 Mehr-Perioden-Problemen beurteilt. Als Vergleichszahlen für die Approximationsergebnisse können die bereits im Ein-Perioden-Fall berechneten Tourenlängen des modifizierten Savings-Verfahren übernommen werden, indem die Ergebnisse je Depot über die Perioden summiert werden.

Tabelle 7.10 zeigt in einer komprimierten Darstellung, wie stark die approximierten Tourenlängen des EDMP-Verfahrens von den mit dem modifizierten Savings-Verfahren ermittelten

Auslieferentfernungen abweichen[1]. Jede Zeile faßt die Ergebnisse von 10 Mehr-Perioden-Problemen zusammen. Für jede Problemgruppe, die durch die Mengenrestriktion me_{max} und die Zeitrestriktion ze_{max} determiniert wird, ist neben dem Durchschnitt und dem Maximum der absoluten, prozentualen Abweichung auch die Häufigkeit abzulesen, mit der die approximierten Ergebnisse über oder unter den tatsächlichen Werten liegen.

Restriktionen		Absolute Abweichungen in %		Häufigkeiten	
me_{max} (to)	ze_{max} (h)	durchschn.	max.	zu hoch	zu tief
1,5	-	1,7	5,4	2	8
3,0	-	3,2	7,2	3	7
5,0	-	5,2	16,0	5	5
-	3,5	2,8	4,6	0	10
-	5,0	3,0	5,7	0	10
-	6,5	4,0	7,1	0	10
1,5	3,5	3,5	8,0	2	8
3,0	5,0	2,5	7,0	6	4
5,0	6,5	2,1	7,4	7	3
TOTAL		3,1	16,0	25	65

Tabelle 7.10: Approximationsqualität des EDMP-Verfahrens hinsichtlich der Tourenlängen

In der Tabelle 7.10 ist ein ausgezeichnetes Approximationsverhalten des EDMP-Verfahrens zu erkennen. Die durchschnittliche Abweichung von 3,1% ist dafür nur *ein* Indiz. Daneben fallen die sehr niedrigen maximalen Abweichungen auf. Die größte ermittelte Abweichung von 16% bei einer Mengenrestriktion von 5 to stellt gegenüber den anderen maximalen Abweichungen einen Ausreißer dar. Ansonsten ergeben sich höchstens Abweichungen von 8%.

Tendenziell besteht die Gefahr, mit dem EDMP-Verfahren die Tourenlängen zu unterschätzen. Dieses entspricht durchaus den Erwartungen. Denn im Rahmen der Berechnung der Liefergebietsfläche in einer Durchschnittsperiode, zu der wiederum 20 Sektoren verwendet werden, wird davon ausgegangen, daß sich die Belieferungstermine der Kunden im Sinne einer Minimierung der Auslieferstrecken über alle Perioden aufeinander abstimmen lassen (vgl. dazu die Ausführungen auf der Seite 134). Diese angenommene Terminangleichung von Kunden einer Region wird von Seiten des betrachteten Unternehmens auch verfolgt. Andererseits gibt es immer wieder Situationen, in denen Kunden kurzfristig einen Auftrag erteilen und auch trotz

[1] Zur Berechnung der mittleren Entfernung λ^{PLZ} zwischen dem Depot und dem Mittelpunkt des repräsentativen Tourgebietes wird die Anzahl n_p der PLZen, mit denen die PLZ p in einer Tour beliefert wird, mit Hilfe der Gleichung (6.1) auf der Seite 132 bestimmt.

möglicher Umwege beliefert werden, um von Unternehmensseite einen guten Lieferservice anzubieten. Das EDMP-Verfahren berücksichtigt diese Extrawege im Rahmen der Flächenberechnung nicht, sondern nimmt an, daß ein solcher Auftrag dann erfüllt wird, wenn auch andere Kunden in der Umgebung besucht werden. Folglich ergibt sich dann aufgrund des Vorgehens eine zu kleine durchschnittliche Liefergebietsfläche und dadurch eine zu kleine Entfernung zwischen zwei PLZen, so daß die approximierten Auslieferentfernungen einen zu kleinen Wert annehmen.

Bei ausschließlicher Vorgabe von Mengen- oder Zeitrestriktionen ist wie beim EDEP-Verfahren im Ein-Perioden-Fall der Trend zu beobachten, daß die Tourenlängen um so besser approximiert werden, je stärker die Tourrestriktionen greifen. Wird die Tourenbildung jedoch durch Mengen- und Zeitrestriktionen beeinflußt, so gilt anders als im Ein-Perioden-Fall der umgekehrte Trend. Es ist sehr schwierig, dafür eine Erklärung zu finden.

Neben den Tourenlängen wird auch die Anzahl der Touren durch das EDMP-Verfahren abgeschätzt. Dabei kommt der im Kapitel 5.5 beschriebene, auf den Mehr-Perioden-Fall übertragene, wahrscheinlichkeitstheoretische Ansatz zum Einsatz. Tabelle 7.11 zeigt das Approximationsverhalten bezüglich der Tourenanzahl im Vergleich zu den ermittelten Touren des modifizierten Savings-Verfahrens.

Restriktionen		Absolute Abweichungen in %		Häufigkeiten	
me_{max} (to)	ze_{max} (h)	durchschn.	max.	zu hoch	zu tief
1,5	-	1,9	6,0	9	1
3,0	-	3,8	10,8	3	7
5,0	-	9,1	21,1	0	10
-	3,5	2,9	6,4	1	9
-	5,0	5,1	9,4	0	10
-	6,5	8,3	12,5	0	10
1,5	3,5	2,6	4,6	3	7
3,0	5,0	3,5	6,6	8	2
5,0	6,5	5,0	8,8	7	3
TOTAL		4,7	21,1	31	59

Tabelle 7.11: Approximationsqualität des EDMP-Verfahrens hinsichtlich der Tourenanzahl

Gegenüber den approximierten Werten für die Tourenanzahl im Ein-Perioden-Fall (vgl. Tabelle 7.4) ergeben sich im Mehr-Perioden-Fall deutlich bessere Näherungen. Im Vergleich zu den ermittelten Tourenlängen der Tabelle 7.10 ist die durchschnittliche Abweichung von 4,7% jedoch schlechter. Dabei ist erkennbar, daß bei Problemen mit größeren Abweichungen hinsichtlich der Tourenanzahl in der Regel auch die Tourenlängen schlechter abgeschätzt werden. Andersherum stellen sich gute Näherungen der Auslieferentfernungen ein, wenn bereits die Tourenanzahl gut approximiert wird. Insgesamt wird die Tourenanzahl häufiger zu niedrig als zu hoch abgeschätzt, jedoch nicht in dem Maße wie die Tourenlängen. Im Unterschied zu den Ergebnissen der Tabelle 7.10 gilt für die Approximation der Tourenanzahl auch bei Vorgabe von Mengen- und Zeitrestriktionen, daß die Approximationsqualität um so besser ist, je enger die Tourrestriktionen sind.

Mit Hilfe des EDMP-Verfahrens lassen sich in dem untersuchten Fall des Konsumgüterunternehmens für die Kundenbelieferung von einem Depot über einen Zeitraum von mehreren Perioden ausgezeichnete Näherungen sowohl der Auslieferentfernungen als auch der Tourenanzahl erzielen. Dieses Ergebnis ist deswegen so erstaunlich, weil das Geschäft des Unternehmens durch eine starke Saisonalität geprägt wird. Es ist offenbar gelungen, trotz unterschiedlichem Auftragsaufkommen und -volumen im Zeitablauf eine repräsentative Tour einer Durchschnittsperiode zu konstruieren und daraus die Auslieferentfernungen und die Anzahl der Touren über alle Perioden zu bestimmen.

Die Rechenzeit des EDMP-Verfahrens sind extrem kurz. So benötigt das Verfahren beispielsweise zur Abschätzung der Tourenlängen in den 10 Ein-Depot-Mehr-Perioden-Problemen mit einer Fahrzeugkapazität von 5 to und einer maximalen Tourdauer von 6,5 h in Summe 0,7 CPU-Sekunden. Um die Vergleichszahlen mit dem modifizierten Savings-Verfahren zu produzieren, sind knapp 25 Minuten erforderlich.

7.4 Das Mehr-Depot-Mehr-Perioden-Verfahren

Im folgenden werden die Lieferdaten des Konsumgüterunternehmens auf das im Kapitel 6.2 entwickelte Mehr-Depot-Mehr-Perioden-Verfahren (im folgenden mit MDMP-Verfahren abgekürzt) angewendet. Dabei soll entsprechend dem Modell des zweistufigen MPWLRPs aus dem Kapitel 2.6 neben Kunden und vollsortimentierten Lagern auch ein Werk berücksichtigt werden. Somit fallen nicht nur Kosten für die Auslieferung vom Lager zum Kunden an, sondern auch für die Lagerung, das Handling und die Anlieferungstransporte zwischen dem Werk und den Lagern.

Die nachfolgenden Untersuchungen haben nicht das Ziel, auf Basis der in den Lieferdaten enthaltenen Aufträge eine optimale Distributionsstruktur zu entwickeln. Vielmehr soll mit Hilfe des MDMP-Verfahrens für eine vorgegebene Struktur der Warenfluß optimiert werden. Wie viele und welche Lagerstandorte optimal sind, ergibt sich dann aus dem wiederholten Einsatz des Verfahrens mit alternativen Lagerstandortkonfigurationen oder durch die Einbindung in ein Standardverfahren zur Standortplanung.

Im Mehr-Depot-Fall ist die Depot-Zuordnung eines Kunden zu optimieren, so daß die in den Lieferdaten enthaltenen Auslieferungslager keine Bedeutung mehr haben. Aufgrund der sehr guten Erfahrungen mit der Zusammenfassung von Kunden zu einem PLZ-Gebiet im Rahmen des EDEP- und des EDMP-Verfahrens werden die ursprünglichen Lieferdaten in eine Auftragsdatei mit folgendem Satzaufbau transformiert:

- Kunden-PLZ
- Belieferungshäufigkeit des PLZ-Gebietes
- Anzahl der Aufträge, die in das PLZ-Gebiet auszuliefern sind
- Erwartungswert und Varianz der Nachfragemenge bei einer Belieferung des PLZ-Gebietes
- Erwartungswert und Varianz der Aufenthaltszeit bei einer Belieferung des PLZ-Gebietes

Im weiteren wird eine zweistufige Distributionsstruktur mit stets denselben Lagerstandorten bei verschiedenen Tourrestriktionen unter Anwendung des MDMP-Verfahrens bewertet. Als Lager werden die zehn Depots vorgegeben, die bereits in den Lieferdaten enthalten sind. Ihre Standorte befinden sich in Düsseldorf, Mühlheim, Dortmund, Köln, Koblenz, Trier, Siegen, Neu-Isenburg, Heppenheim und Gießen. Es wird angenommen, daß beim Lager Düsseldorf auch das Werk liegt, in dem das gesamte Sortiment in ausreichender Menge produziert wird.

Für die Transporte zwischen dem Werk und den Lagern stehen Lkw zur Verfügung mit einem Fassungsvermögen von 15 to. Die Kosten, die mit der Lagerversorgung ab Werk verbunden sind, ergeben sich aufgrund von Kostensätzen für das Fahrzeug von 2 DM/km und in Höhe von 40 DM/h für den Fahrer. Darüber hinaus entstehen pro Fahrt Fixkosten von 300 DM. Unter der Annahme, daß die Lager vom Werk aus in Stichfahrten mit Lkw beliefert werden, die immer die gesamte Fahrzeugkapazität von 15 to nutzen und eine Durchschnittsgeschwindigkeit von 60 km/h fahren, errechnet sich für ein Lager l im Abstand le_{wl} vom Werk ein Tansportkostensatz pro 100 kg von

$$\frac{\left(\frac{40\,\text{DM/h}}{60\,\text{km/h}} + 2\,\text{DM/km}\right) \cdot le_{wl} + 300\,\text{DM/Fahrt}}{15.000\,\text{kg}} \cdot 100.$$

Für die Belieferung des Düsseldorfer Werkslagers fallen keine Transportkosten an. Die Auslieferung über ein anderes als das Düsseldorfer Lager ist mit zusätzlichen Lager- und Handlingskosten in Höhe von 5 DM pro 100 kg verbunden. Faßt man je Lager die anfallenden

Kosten des Transports für die Lagerbelieferung, der Lagerung und des Handlings zu einem Kostensatz pro 100 kg zusammen, so ergeben sich folgende Werte:

Düssel-dorf	Mühl-heim	Dort-mund	Köln	Koblenz	Trier	Siegen	Neu-Isenburg	Heppen-heim	Gießen
0,00	7,55	8,33	7,76	9,58	10,77	9,19	11,34	12,07	10,47

Tabelle 7.12: Kostensätze pro 100 kg je Lager für Lagerbelieferung, Lagerung und Handling

Die Transporte ab Lager zum Kunden erfolgen in Touren. Für die Lkw wird dabei eine Durchschnittsgeschwindigkeit von 40 km/h angenommen. Pro Transportkilometer entstehen Kosten für das Fahrzeug von 1 DM und pro Auslieferstunde für den Fahrer in Höhe von 40 DM. Dadurch errechnet sich insgesamt ein Kostensatz je Kilometer von

$$1\,\mathrm{DM/km} + \frac{40\,\mathrm{DM/h}}{40\,\mathrm{km/h}} = 2\,\mathrm{DM/km}.$$

Weil die Warenablieferungszeiten beim Kunden nicht beeinflußbar sind und unabhängig von der gewählten Distributionsstruktur stets in demselben Umfang anfallen, werden Kosten, die sich durch den Aufenthalt beim Kunden ergeben, nicht berücksichtigt. Dieses bedeutet nicht, daß die Warenablieferungszeiten aus der Betrachtung vollkommen ausgeschlossen werden. Im Rahmen der Tourenbildung unter Zeitrestriktionen spielen sie weiterhin eine wichtige Rolle.

Im Rahmen des MDMP-Verfahrens wird zunächst in der Anfangszuordnung jeder Kunde bzw. jede Kunden-PLZ vom nächstgelegenen Lager beliefert. Anschließend wird für jede PLZ, die in mindestens einer Periode am Rand eines Liefergebietes liegt oder Zielort einer Stichfahrt ist, überprüft, wie sich die Veränderung der Depot-Zuordnung auf die Gesamtkosten auswirkt. Schließlich wird diejenige Depot-Zuordnung verändert, die zu den höchsten Einsparungen führt. Die Schritte der Überprüfung und Realisierung einer Veränderung werden so lange wiederholt, bis sich für keine PLZ durch die Belieferung von einem anderen Depot eine Verringerung der Gesamtkosten mehr ergibt.

Bei der Zuordnung der PLZen zu den Lagern ist nicht nur die Minimierung der anfallenden Kosten als Ziel zu verfolgen. Aus Gründen des Lieferservices soll keine PLZ einen größeren Abstand zum Depot aufweisen als 130 km. Die Zuordnung zu einem Depot wird für einen Kunden daher nur dann überprüft, wenn der Abstand geringer als 130 km ist. Folglich verzichtet das Unternehmen unter Umständen auf die Realisierung zusätzlicher Einsparungen, falls zwischen einer PLZ und dem kostengünstigsten Depot mehr als 130 km liegen sollten. Ist der Abstand einer PLZ zu allen Depots größer als 130 km, so wird diese PLZ entsprechend der Anfangszuordnung vom nächstgelegenen Depot beliefert.

Tabelle 7.13 zeigt die Kosten der Anfangs- und Endzuordnung je Lager, die sich durch den Einsatz des MDMP-Verfahrens ergeben, wenn die Tourenbildung zur Belieferung der Kunden ab Lager ausschließlich durch eine Lkw-Kapazität von 5 to beschränkt wird. Nach der ersten Spalte mit den zehn Lagerstandorten sind jeweils vier Spalten mit wichtigen Kenngrößen der Anfangs- und Endzuordnung zu sehen. Außer der Anzahl zugeordneter PLZen sind die Kosten des Vorlaufs (=VL), des Nachlaufs (=NL) und die Gesamtkosten in TDM zu erkennen. Zu Vorlaufkosten werden jene Kosten zusammengefaßt, die mit dem Transport vom Werk zum Lager sowie mit der Lagerung und dem Handling im Lager zusammenhängen. Die Nachlaufkosten geben die Transportkosten der Kundenbelieferung ab Lager wieder.

	Anfangszuordnung				Endzuordnung			
Lager	Anz PLZ	Kosten VL	Kosten NL	Kosten Ges	Anz PLZ	Kosten VL	Kosten NL	Kosten Ges
Düssdf	40	0,0	35,2	35,2	149	0,0	336,9	336,9
Mühlhm	46	165,8	62,2	227,9	35	34,8	24,0	58,8
Dortmd	69	218,3	94,2	312,5	28	33,0	29,3	62,3
Köln	75	109,6	40,9	150,4	48	35,4	25,4	60,7
Koblenz	108	51,9	29,7	81,6	107	55,2	32,4	87,6
Trier	102	33,9	27,3	61,3	102	33,9	27,3	61,3
Siegen	60	46,9	25,5	72,5	35	24,9	12,0	36,9
Neu-Ibg	105	147,6	41,5	189,1	108	147,7	41,9	189,6
Hepphm	191	120,1	55,9	176,0	182	113,2	51,6	164,7
Gießen	88	53,3	30,1	83,4	90	53,5	29,5	83,0
TOTAL	884	947,4	442,6	1.390,0	884	531,5	610,4	1.141,9

Tabelle 7.13: Kostenübersicht der Anfangs- und Endzuordnung für das MDMP-Verfahren bei einer Mengenrestriktion von 5 to

Die Tabelle zeigt, daß die Gesamtkosten für Transport, Lagerung und Handling bei einer Zuordnung von Kunden-PLZen zu den Lagern auf Basis der nächsten Entfernung 1.390 TDM betragen. Durch die Veränderung der Zuordnung gemäß dem Ergebnis des MDMP-Verfahrens sinken die Gesamtkosten um 248,1 TDM auf 1.141,9 TDM. Dieses entspricht einer Kostenreduktion von 17,8%. Veränderungen ergeben sich insbesondere dadurch, daß Kunden, die in der Anfangszuordnung von den Lagern Mühlheim, Dortmund, Köln und Siegen beliefert wurden, in der Endzuordnung ihre Waren vom Werkslager Düsseldorf erhalten. Offenbar wiegt der Vorteil, das Lager Düsseldorf vom Werk ohne zusätzlich zu berücksichtigende Kosten beliefern zu können, den Nachteil einer teurer werdenden Auslieferung auf. Dieses verdeutlicht auch die Kostenübersicht. Die Kosten der Endzuordnung unterscheiden sich von denen der Anfangszuordnung dadurch, daß die Vorlaufkosten um 415,9 TDM niedriger sind, während sich die Nachlaufkosten um 167,8 TDM erhöht haben.

Ausgehend von der Anfangszuordnung schlägt das MDMP-Verfahren 140 die Gesamtkosten reduzierende Veränderungen in der Depot-PLZ-Zuordnung vor, ehe die Endzuordnung erreicht ist. Zur Bewertung jeder veränderten Depot-Zuordnung werden die Kosten vor und nach einer PLZ-Umordnung berechnet. Die Kosten vor einer Umordnung können der gerade vorliegenden Zuordnung entnommen werden und basieren daher auf exakten Tourparametern der Approximationsformeln. Die Tourparameter und Kosten nach einer Umordnung werden hingegen nur näherungsweise bestimmt. Eine vorgeschlagene Veränderung der Depot-Zuordnung für eine PLZ wird aber nur dann realisiert, wenn sich auch mit den exakten Tourparametern eine Kostenersparnis errechnen läßt. Im Laufe des Vorgehens werden aus diesem Grund 5 Vorschläge nicht umgesetzt, so daß die Endzuordnung das Ergebnis von 135 veränderten Depot-PLZ-Zuordnungen ist.

Die Abweichungen zwischen den Kosten, die auf näherungsweise und exakt bestimmten Tourparametern im Nachlauf basieren, sind nicht wesentlich. Betrachtet man sich die Summe der Nachlaufkosten der beiden Depots, deren Liefergebiete sich durch den Depot-Austausch einer Kunden-PLZ verändern, so weichen die exakten von den näherungsweise bestimmten Kosten nach einer PLZ-Umordnung im Durchschnitt über alle 140 Vorschläge absolut um weniger als 90 DM ab. Dieses entspricht einer absoluten, prozentualen Abweichung von durchschnittlich 0,4‰. Das beschriebene Vorgehen, mit dem die Tourparameter der Approximationsformeln näherungsweise bestimmt werden, ist offenbar geeignet, die mit exakten Werten ermittelten Tourenlängen gut anzunähern.

Auf Basis der Anfangszuordnung gibt es 139 PLZen, die aufgrund ihrer Randlage, oder weil zu ihnen Stichfahrten führen, in ihrer Depot-Zuordnung überprüft werden. Weil bei einer möglichen Umordnung nicht alle, sondern nur jene Depots als potentielle Auslieferungsstellen berücksichtigt werden, die zu einer PLZ einen Abstand von weniger als 130 km haben, werden zur Realisierung des ersten Austauschschrittes die Auswirkungen von lediglich 428 und anschließend von durchschnittlich 177 veränderten Depot-Kunden-Zuordnungen bewertet. Insgesamt benötigt das MDMP-Verfahren bis zum Erreichen der Endzuordnung eine Rechenzeit von 27,3 Sekunden.

Die Optimierung der Depot-PLZ-Zuordnungen kann durch die vorzugebende maximale Depot-PLZ-Entfernung beeinflußt werden. Verringert man diesen Wert im vorliegenden Fall beispielsweise von 130 km auf 80 km, so führt das MDMP-Verfahren nur 88 Austauschritte aus und berechnet für die Endzuordnung Gesamtkosten von 1171,2 TDM. Die Verbesserung des Lieferservices für einige Kunden durch eine größere Nähe zum Depot ist folglich mit zusätzlichen Kosten von 29,3 TDM verbunden.

Es stellt sich die Frage, ob die vom MDMP-Verfahren ausgewiesenen Kostenreduktionen gegenüber der Anfangszuordnung tatsächliche Einsparungen darstellen. Denn während die Vorlaufkosten anhand der Kostensätze der Tabelle 7.12 exakt bestimmt werden können, basieren die ermittelten Auslieferentfernungen und damit auch die Nachlaufkosten auf Approximationen. In der Tabelle 7.14 werden daher die vom MDMP-Verfahren berechneten Auslieferentfernungen der Anfangs- und Endzuordnung den Tourenlängen des modifizierten Savings-Verfahrens (mSav) gegenübergestellt[1]. Die letzten beiden Spalten der Tabelle beschreiben für jedes der beiden Verfahren, um wieviel sich die Auslieferstrecken der Endzuordnung gegenüber der Anfangszuordnung bei einem positiven Eintrag erhöht oder bei einem negativen Eintrag erniedrigt haben.

	Anfangszuordnung		Endzuordnung		Veränderung	
Lager	km MDMP	km mSav	km MDMP	km mSav	km MDMP	km mSav
Düsseldorf	17.615	18.433	168.463	168.110	150.848	149.677
Mühlheim	31.096	31.549	12.001	12.453	-19.095	-19.096
Dortmund	47.113	42.956	14.670	14.306	-32.443	-28.650
Köln	20.428	21.794	12.676	13.681	-7.752	-8.113
Koblenz	14.830	16.101	16.191	17.294	1.361	1.193
Trier	13.673	14.514	13.673	14.514	0	0
Siegen	12.771	14.074	6.020	7.411	-6.751	-6.663
Neu-Isenburg	20.764	22.623	20.969	22.760	205	137
Heppenheim	27.950	30.725	25.782	28.580	-2.168	-2.145
Gießen	15.054	16.832	14.747	16.584	-307	-248
TOTAL	221.294	229.601	305.192	315.693	83.898	86.092

Tabelle 7.14: Vergleich der Tourenlängen des MDMP-Verfahrens mit dem modifizierten Savings-Verfahren bei einer Mengenrestriktion von 5 to

In der Tabelle läßt sich für den vorliegenden Fall eine sehr gute Approximationsqualität des MDMP-Verfahrens ablesen. Betrachtet man insbesondere die letzten beiden Spalten, so ist erkennbar, daß die Auswirkungen der veränderten Depot-Zuordnungen von dem MDMP-

[1] Während im MDMP-Verfahren die Belieferungshäufigkeiten eines Kunden oder einer PLZ relevant sind, ist beim tourenbildenden Savings-Verfahren auch die Belieferungsperiode von Bedeutung. Bei der Umordnung einer Kunden-PLZ zu einem Depot kann nun der Fall auftreten, daß die Belieferungstermine der PLZ nicht mit denen des zugeordneten Depots übereinstimmen. Denn die in den Lieferdaten je Depot ausgewählten Spitzentage eines Monats und ebenso die Durchschnittstage müssen nicht dieselben sein. Weil aber nur zwei Tage pro Monat berücksichtigt werden sollen, werden alle auftretenden Spitzentage eines Monats zu einem Tag zusammengefaßt. Dasselbe gilt für die unterschiedlichen Durchschnittstage eines Monats.

Verfahren ausgezeichnet abgeschätzt werden. Der approximierten Erhöhung der Tourenlängen über alle Lager um 83.898 km steht eine tatsächliche Erhöhung von 86.092 km gegenüber. Verwendet man die mit dem modifizierten Savings-Verfahren berechneten Tourenlängen, um die Nachlaufkosten zu bewerten, so ergeben sich entsprechend der Tabelle 7.15 in der Anfangszuordnung Gesamtkosten von 1.406,6 TDM und in der Endzuordnung von 1.162,9 TDM. Die Kosten verringern sich damit um 17,3%, was einer tatsächlichen Einsparung von 243,7 TDM entspricht. Die approximierte Einsparung des MDMP-Verfahrens von 248,1 TDM kommt dem sehr nahe.

	Anfangszuordnung			Endzuordnung			
Verfahren	Kosten VL	Kosten NL	Kosten Ges	Kosten VL	Kosten NL	Kosten Ges	Einsparung
MDMP	947,4	442,6	1.390,0	531,5	610,4	1.141,9	248,1
mSav	947,4	459,2	1.406,6	531,5	631,4	1.162,9	243,7

Tabelle 7.15: Vergleich der approximierten mit der tatsächlichen Einsparung für die Lösung des MDMP-Verfahrens bei einer Mengenrestriktion von 5 to

Nach einer Aufgabenstellung, in der die Tourenauslieferung durch eine Mengenrestriktion beschränkt wird, soll im folgenden das Lösungsverhalten des MDMP-Verfahrens unter der Vorgabe einer Zeitrestriktion untersucht werden. Bei einer maximalen Tourdauer von 6,5 Stunden liefert das MDMP-Verfahren folgende Ergebnisse:

	Anfangszuordnung				Endzuordnung			
Lager	Anz PLZ	Kosten VL	Kosten NL	Kosten Ges	Anz PLZ	Kosten VL	Kosten NL	Kosten Ges
Düssdf	40	0,0	32,7	32,7	93	0,0	292,1	292,1
Mühlhm	46	165,8	61,5	227,3	37	52,6	32,4	85,0
Dortmd	69	218,3	90,2	308,5	49	70,3	55,5	125,8
Köln	75	109,6	48,6	158,1	59	35,4	29,9	65,3
Koblenz	108	51,9	35,3	87,2	110	56,4	39,8	96,2
Trier	102	33,9	42,5	76,4	101	33,3	41,2	74,5
Siegen	60	46,9	27,3	74,3	52	38,5	21,0	59,5
Neu-Ibg	105	147,6	41,0	188,6	112	149,2	42,0	191,2
Hepphm	191	120,1	74,0	194,1	182	113,2	69,0	182,2
Gießen	88	53,3	42,6	95,9	89	53,5	42,7	96,2
TOTAL	884	947,4	495,6	1.443,1	884	602,3	665,7	1.268,1

Tabelle 7.16: Kostenübersicht der Anfangs- und Endzuordnung für das MDMP-Verfahren bei einer Zeitrestriktion von 6,5 h

Als Gesamtkosten der Anfangszuordnung berechnet das MDMP-Verfahren 1.443,1 TDM. Nach der Veränderung der Depot-Zuordnung von 72 Kunden-PLZen verringern sich die Gesamtkosten um 175 TDM auf 1.268,1 TDM. Dies entspricht einer Kostenreduktion von 12,1%. Wie bereits bei der zuvor betrachteten Aufgabenstellung, in der die Mengenrestriktion von 5 to die Tourenauslieferung beschränkte, werden auch hier in der Endzuordnung deutlich mehr Kunden-PLZen vom Werkslager Düsseldorf beliefert als in der Anfangszuordnung, weil die eingesparten Vorlaufkosten die Möglichkeit bieten, auch entferntere Kunden vom Werkslager kostengünstig anzufahren. Dementsprechend sinken die Vorlaufkosten der Endzuordnung gegenüber der Anfangszuordnung um 345,1 TDM, während sich die Nachlaufkosten um 170,1 TDM erhöhen. Das MDMP-Verfahren benötigt 14,9 Sekunden, um die Endzuordnung als Lösung zu erzeugen.

Wiederum sollen die Transportstrecken des Nachlaufs, die das MDMP-Verfahren ausweist, mit denen des modifizierten Savings-Verfahrens verglichen werden, um festzustellen, ob die approximierten Einsparungen tatsächlich existieren. Nachfolgende Tabelle verdeutlicht die Unterschiede.

	Anfangszuordnung		Endzuordnung		Veränderung	
Lager	km MDMP	km mSav	km MDMP	km mSav	km MDMP	km mSav
Düsseldorf	16.370	17.617	146.067	147.105	129.697	129.488
Mühlheim	30.755	30.847	16.197	16.327	-14.558	-14.520
Dortmund	45.116	45.918	27.762	28.698	-17.354	-17.220
Köln	24.280	25.103	14.939	16.090	-9.341	-9.013
Koblenz	17.629	18.481	19.911	20.913	2.282	2.432
Trier	21.242	21.389	20.597	20.735	-645	-654
Siegen	13.664	14.599	10.522	11.914	-3.142	-2.685
Neu-Isenburg	20.495	22.128	21.008	22.599	513	471
Heppenheim	36.980	39.949	34.512	37.847	-2.468	-2.102
Gießen	21.277	22.631	21.355	22.772	78	141
TOTAL	247.808	258.662	332.870	345.000	85.062	86.338

Tabelle 7.17: Vergleich der Tourenlängen des MDMP-Verfahrens mit dem modifizierten Savings-Verfahren bei einer Zeitrestriktion von 6,5 h

Erneut zeigt sich, daß die Auswirkungen der veränderten Depot-Zuordnungen von dem MDMP-Verfahren sehr gut abgeschätzt werden. Während die approximierten Tourenlängen über alle Lager um 85.062 km steigen, ergibt sich tatsächlich eine Erhöhung von 86.338 km. Aufgrund dieser hervorragenden Näherung bestehen kaum Unterschiede in den berechneten Einsparungen. Verwendet man die Tourenlängen des modifizierten Savings-Verfahrens, um die

Nachlaufkosten zu bewerten, so entstehen gemäß der Tabelle 7.18 in der Anfangszuordnung Gesamtkosten von 1.464,7 TDM und in der Endzuordnung von 1.292,3 TDM. Dieses entspricht einer Kostenreduktion um 11,8% und einer tatsächlichen Einsparung von 172,4 TDM, was mit der approximierten Einsparung des MDMP-Verfahrens von 175 TDM nahezu übereinstimmt.

	Anfangszuordnung			Endzuordnung			
Verfahren	Kosten VL	Kosten NL	Kosten Ges	Kosten VL	Kosten NL	Kosten Ges	Einsparung
MDMP	947,4	495,6	1.443,1	602,3	665,7	1.268,1	175,0
mSav	947,4	517,3	1.464,7	602,3	690,0	1.292,3	172,4

Tabelle 7.18: Vergleich der approximierten mit der tatsächlichen Einsparung für die Lösung des MDMP-Verfahrens bei einer Zeitrestriktion von 6,5 h

Abschließend wird eine Aufgabenstellung untersucht, in der die Tourenauslieferung zum Kunden durch eine Fahrzeugkapazität von 5 to *und* eine maximale Tourdauer von 6,5 Stunden beeinflußt wird. Nachfolgende Tabelle beschreibt die Ergebnisse des MDMP-Verfahrens.

	Anfangszuordnung				Endzuordnung			
Lager	Anz PLZ	Kosten VL	Kosten NL	Kosten Ges	Anz PLZ	Kosten VL	Kosten NL	Kosten Ges
Düssdf	40	0,0	40,4	40,4	89	0,0	312,9	312,9
Mühlhm	46	165,8	73,0	238,8	36	39,6	34,9	74,5
Dortmd	69	218,3	101,6	319,9	52	82,8	65,0	147,8
Köln	75	109,6	53,2	162,8	60	38,1	33,4	71,5
Koblenz	108	51,9	36,1	88,0	110	56,4	41,2	97,6
Trier	102	33,9	43,2	77,1	101	33,3	41,9	75,2
Siegen	60	46,9	29,4	76,3	53	39,7	23,3	63,0
Neu-Ibg	105	147,6	46,4	194,0	108	148,1	47,1	195,2
Hepphm	191	120,1	82,9	203,0	185	113,6	77,4	191,0
Gießen	88	53,3	44,5	97,8	90	54,1	44,8	98,8
TOTAL	884	947,4	550,7	1.498,1	884	605,6	721,9	1.327,5

Tabelle 7.19: Kostenübersicht der Anfangs- und Endzuordnung für das MDMP-Verfahren bei einer Mengenrestriktion von 5 to und einer Zeitrestriktion von 6,5 h

Die mit der Anfangszuordnung zusammenhängenden Gesamtkosten von 1.498,1 TDM liegen über denen, die sich bei der Verwendung nur einer der beiden Tourrestriktionen ergeben. Dasselbe gilt für die Gesamtkosten der Endzuordnung von 1.327,5 TDM. Dieses entspricht den Erwartungen, weil alle Touren und Veränderungen der PLZ-Depot-Zuordnung, die bei zwei Tourrestriktionen zulässigen sind, auch zulässig sind, wenn nur eine der beiden Restriktionen gilt. Der Hauptgrund für die Einsparung von 170,6 TDM oder 11,4% der Gesamtkosten ergibt sich erneut aufgrund des Anreizes, Vorlaufkosten über das Düsseldorfer Werkslager einzusparen, selbst wenn dadurch die Nachlaufkosten steigen. Insgesamt steht der Verringerung der Vorlaufkosten um 341,8 TDM nur ein Anstieg der Nachlaufkosten von 171,2 TDM gegenüber. Die Endzuordnung ist das Ergebnis von 64 Veränderungen der PLZ-Depot-Zuordnungen, wofür das MDMP-Verfahren eine Rechenzeit von 14,1 Sekunden benötigt.

Um zu überprüfen, ob die ausgewiesenen Einsparungen tatsächlich existieren, werden die mit dem MDMP-Verfahren berechneten Auslieferentfernungen der Anfangs- und Endzuordnung den Tourenlängen des modifizierten Savings-Verfahrens in der Tabelle 7.20 gegenübergestellt.

	Anfangszuordnung		Endzuordnung		Veränderung	
Lager	km MDMP	km mSav	km MDMP	km mSav	km MDMP	km mSav
Düsseldorf	20.194	19.803	156.455	141.958	136.261	122.155
Mühlheim	36.514	34.794	17.425	15.276	-19.089	-19.518
Dortmund	50.784	51.018	32.498	30.165	-18.286	-20.853
Köln	26.616	26.091	16.712	16.357	-9.904	-9.734
Koblenz	18.054	19.005	20.613	20.913	2.559	1.908
Trier	21.596	21.448	20.960	20.735	-636	-713
Siegen	14.695	15.645	11.654	12.158	-3.041	-3.487
Neu-Isenburg	23.204	24.353	23.543	22.385	339	-1.968
Heppenheim	41.459	41.450	38.721	38.067	-2.738	-3.383
Gießen	22.231	23.053	22.377	22.742	146	-311
TOTAL	275.347	276.660	360.958	340.756	85.611	64.096

Tabelle 7.20: Vergleich der Tourenlängen des MDMP-Verfahrens mit dem modifizierten Savings-Verfahren bei einer Mengenrestriktion von 5 to und einer Zeitrestriktion von 6,5 h

Anders als bei den beiden zuvor betrachteten Aufgabenstellungen werden hier die Auswirkungen der veränderten PLZ-Depot-Zuordnungen auf die anfallenden Transportstrecken mit Hilfe des MDMP-Verfahrens teilweise nur befriedigend abgeschätzt. Während für die Auslieferentfernungen der Lager Düsseldorf und Dortmund in der Anfangszuordnung noch sehr gute Näherungen zu erkennen sind, ergeben sich in der Endzuordnung Abweichungen von 10% und 8%. Insbesondere das Düsseldorfer Werkslager besitzt jedoch an den gesamten Auslieferstrecken der Endzuordnung mit mehr als 40% einen so wesentlichen Anteil, daß die nur mäßige Kostenbewertung des MDMP-Verfahrens für das Düsseldorfer Lager hauptsächlich für den um 21.515 km überhöhten Anstieg der Transportstrecken aller Lager auf 85.611 km verantwortlich ist.

Basierend auf den Tourenlängen des modifizierten Savings-Verfahrens ergeben sich für die Anfangszuordnung Gesamtkosten von 1.500,8 TDM und für die Endzuordnung Kosten von 1.287,1 TDM (vgl. Tabelle 7.21). Dieses entspricht einer Kostenreduktion um 14,2% und einer tatsächlichen Einsparung von 213,6 TDM, die um 43 TDM höher ausfallen als die approximierten Einsparung des MDMP-Verfahrens von 170,6 TDM.

	Anfangszuordnung			Endzuordnung			
Verfahren	Kosten VL	Kosten NL	Kosten Ges	Kosten VL	Kosten NL	Kosten Ges	Einsparung
MDMP	947,4	550,7	1.498,1	605,6	721,9	1.327,5	170,6
mSav	947,4	553,3	1.500,8	605,6	681,5	1.287,1	213,6

Tabelle 7.21: Vergleich der approximierten mit der tatsächlichen Einsparung für die Lösung des MDMP-Verfahrens bei einer Mengenrestriktion von 5 to und einer Zeitrestriktion von 6,5 h

Das MDMP-Verfahren liefert in den drei hier betrachteten Aufgabenstellungen mit zweistufiger Distributionsstruktur plausible Ergebnisse. Gegenüber einer Anfangszuordnung, in der jeder Kunde seine Nachfragemengen vom nächstgelegenen Auslieferungslager erhält, berechnet das Verfahren Kosteneinsparungen von 12-17%. Wie gut die Ergebnisse aber wirklich sind, ist nicht bekannt. Denn es gibt weder ein Verfahren, welches das MPWLRP optimal löst, noch eines, das für eine vorgegebene Distributionsstruktur den Warenfluß unter Berücksichtigung von Auslieferungstouren optimiert.

8 Zusammenfassung und Ausblick

Im Mittelpunkt der vorliegenden Arbeit stand die Entwicklung eines Verfahrens zur Gestaltung von Distributionssystemen im Umfeld eines Herstellers von Konsumgütern in Deutschland. Dabei sollten in einer zweistufigen Distributionsstruktur mit Werken, Lagern und Kunden die strategischen Entscheidungsprobleme einerseits zur Standortplanung der Lager und andererseits zur Zuordnungsplanung der Kunden zu den Lagern unter Berücksichtigung der Kundenbelieferung in Touren bei einem Planungshorizont von mehreren Perioden gelöst werden. Diese Aufgabenstellung wurde als mehrperiodiges Warehouse Location Routing-Problem (MPWLRP) bezeichnet.

Im Kapitel 2.6 wurde das MPWLRP als mathematisches Modell formuliert. Die große Anzahl an Variablen und Nebenbedingungen bereits bei Aufgabenstellungen mit wenigen Kunden, Lagern, Werken und Perioden verdeutlichte, wie komplex und schwierig das Problem ist. Kapitel 3 gab eine Übersicht über existierende Lösungsverfahren der Literatur zum ein- oder mehrperiodigen Warehouse Location Routing-Problem. Einige der einperiodigen Verfahren konnten zur Lösung der mehrperiodigen Aufgabenstellung erweitert werden. Jedoch müssen dann, ebenso wie für die Verfahren, die bereits für den Mehr-Perioden-Fall konzipiert wurden, erhebliche Einschränkungen hinsichtlich der Anwendbarkeit oder der Lösungsgüte in Kauf genommen werden. Der Mangel eines geeigneten Verfahrens führte dazu, nach einem alternativen Verfahren zu forschen.

Das im Kapitel 4 beschriebene Verfahren von DAGANZO lieferte die Idee für ein Vorgehen, das zur Lösung des MPWLRPs eingesetzt werden kann. Das Verfahren von DAGANZO schätzt die Tourenlängen im Ein-Depot-Ein-Perioden-Tourenplanungsproblem mit der Restriktion, daß eine vorgegebene Kundenanzahl pro Tour nicht überschritten werden darf, mit Hilfe einer Approximationsformel ab, ohne das schwierige Problem lösen zu müssen, wie die vorliegenden Kundenaufträge zu Touren kombiniert werden. Als Eingangsgrößen für die Formel werden lediglich die Anzahl zu beliefernder Kunden, der Flächeninhalt des Liefergebiets, die Entfernungen der Kunden zum Depot und die Kundenanzahl pro Tour benötigt.

Es ist gelungen, dieses Approximationsverfahren im Kapitel 5 auf die bei Unternehmen der Konsumgüterbranche üblicherweise auftretenden Tourenplanungsprobleme mit Mengen- und Zeitrestriktionen zu übertragen und Unplausibilitäten in DAGANZOs Vorgehen zu beseitigen. Darauf aufbauend konnte im Kapitel 6.1 ein Verfahren zum Ein-Depot-Tourenplanungsproblem mit mehreren Perioden entwickelt werden. Wiederum lassen sich aus spezifischen Größen der Kunden und des Liefergebietes die von einem Depot aus zur Kundenbelieferung erforderlichen Tourenlängen über mehrere Perioden mit Hilfe einer Abschätzung approximieren, ohne Touren planen zu müssen.

Diese einfache Berechnungsweise konnte für den Mehr-Depot-Mehr-Perioden-Fall aus dem Kapitel 6.2 genutzt werden, bei dem eine Entscheidung darüber zu treffen ist, wie die Kunden den gegebenen Auslieferungsdepots über den gesamten Planungszeitraum eindeutig zuzuordnen sind, damit die Summe der an allen Depots anfallenden Tourlängen minimal ist. Führt man eine Anfangszuordnung der Kunden zu den Depots durch, so kann für jedes Depot die erforderliche Transportstrecke zur Tourenbelieferung der zugeordneten Kunden mit dem Ein-Depot-Mehr-Perioden-Verfahren aus dem Kapitel 6.1 abgeschätzt werden. Verändert man dann die Zuordnung eines einzelnen Kunden von einem Depot zu einem anderen, so lassen sich die damit verbundenen Auswirkungen auf die Tourenlängen bestimmen, indem die Eingangsgrößen der beiden depotspezifischen Approximationsformeln und damit die an jedem Depot anfallenden Auslieferstrecken neu berechnet werden. Das Mehr-Depot-Mehr-Perioden-Verfahren (MDMP-Verfahren) aus dem Kapitel 6.2 nutzt dieses Vorgehen und verändert sukzessive diejenige Depot-Kunden-Zuordnung, die hinsichtlich der Tourenlängen mit den höchsten Einsparungen verbunden ist, bis sich für keinen Kunden mehr durch einen Depotaustausch eine Einsparung errechnen läßt.

Dieses Verfahren konnte im Kapitel 6.3 erweitert werden, indem bei der Bewertung eines Depotaustausches für einen Kunden neben den Auslieferungskosten ab Depot auch Lagerkosten im Depot und Transportkosten zwischen Werken und Depots einbezogen wurden, so daß auch zweistufige Distributionsstrukturen untersucht werden können. Darüber hinaus wurden Anpassungsmaßnahmen beschrieben, um auch Direktbelieferungen ab Werk, nichtlineare Lager- und Transportkosten und Distributionsstrukturen mit mehr als zwei Distributionsstufen zu berücksichtigen.

Im Hinblick auf das MPWLRP konnte somit ein Verfahren entwickelt werden, das für eine vorgegebene Distributionsstruktur aus Werken, Lagern und Kunden die Zuordnung der Kunden zu den Lagern und der Lager zu den Werken unter Berücksichtigung der Tourenauslieferung optimiert und bewertet. Die Anwendung des MDMP-Verfahrens auf reale Daten eines Konsumgüterunternehmens mit zweistufiger Distributionsstruktur im Kapitel 7 zeigte, daß als Verfahrensergebnis eine Lager-Kunden-Zuordnung erzeugt wird, die gegenüber einer Zuordnung der Kunden zu den nächstgelegenen Lagern um bis zu 17% niedrigere Kosten aufweist.

Eine Standortoptimierung der Lager leistet das MDMP-Verfahren nicht. Die Wahl der geeigneten Lagerstandorte findet man durch den Einsatz des Verfahrens mit alternativen Standorten. Die Rechenzeit zur Optimierung der Lager-Kunden-Zuordnung und zur Bewertung einer

Standortkonfiguration beträgt dabei selbst bei den im Kapitel 7 betrachteten realen Problemen mit mehreren tausend Kunden nur wenige Sekunden, so daß problemlos eine Vielzahl möglicher Standortalternativen innerhalb kürzester Zeit untersucht und verglichen werden kann. Insbesondere läßt sich auf einfache Weise die Auswirkung auf die Gesamtkosten berechnen, wenn einer gegebenen Lagerkonfiguration ein beliebiger Lagerstandort hinzugefügt oder weggenommen wird. Weil diese Eigenschaft eine wichtige Voraussetzung zur Anwendung einiger gebräuchlicher Standardverfahren zur Standortoptimierung ist, wie beispielsweise die klassischen Add-/Drop-Verfahren oder die modernen Local Search-Verfahren, kann das MDMP-Verfahren als Bestandteil dieser Verfahren somit auch unmittelbar zur Standortplanung innerhalb des MPWLRPs genutzt werden.

Die Güte des MDMP-Verfahrens, Tourenlängen zu approximieren, war in der Regel sehr gut. Nur in wenigen Fällen ergaben sich gegenüber den Werten eines Tourenplanungsalgorithmus Abweichungen von mehr als 10%. Im Hinblick auf eine Entscheidung über die geeigneten Lagerstandorte und die Zuordnung von Kunden zu Lagern erscheint diese Genauigkeit jedoch in jedem Fall ausreichend.

Trotz dieser sehr positiven Ergebnisse bestehen Unklarheiten über das Leistungsvermögen des entwickelten MDMP-Verfahrens im Hinblick auf die Optimierung der Lager-Kunden-Zuordnung. Denn die ermittelte Lösung basiert einerseits auf der Anwendung von Approximationsgleichungen zur Berechnung der Tourenlängen, andererseits auf einem heuristischen Vorgehen. Damit können sich unter Umständen wesentliche Abweichungen gegenüber der optimalen Lösung ergeben. Das Optimum ist aber in der Regel nicht bekannt, weil exakte Verfahren nur für sehr kleine Aufgabenstellungen einsetzbar sind. So läßt sich beispielsweise kaum ermitteln, ob in den Beispielen aus dem Kapitel 7 durch weitere Veränderungen der Lager-Kunden-Zuordnung gegenüber der Anfangszuordnung noch größere Einsparungen als die ausgewiesenen zu erzielen sind.

Darüber hinaus wurde die Güte, mit der das entwickelte Verfahren die Tourenlängen approximiert, durch einen Vergleich mit den Ergebnissen eines Tourenplanungsalgorithmus festgestellt, der aufgrund des schwierigen Problems der Tourenplanung auch wiederum eine Heuristik ist.

Aufgrund dieser Unsicherheiten und der Vielfalt an Varianten des MPWLRPs, die in der Praxis auftreten, verbleiben diverse offene Fragen, die den Ausgangspunkt für eine künftige Forschungsarbeit in diesem schwierigen, aber auch sehr interessanten und ergiebigen Forschungsgebiet bilden können:

Obwohl im Kapitel 7 bereits sehr viele unterschiedliche Aufgabenstellungen betrachtet wurden, wäre es aufgrund der Vielzahl möglicher Auslieferstrukturen wünschenswert, weitere Beispiele zu untersuchen. Denn gerade in Extremstrukturen sind nur mäßige Approximationsergebnisse des MDMP-Verfahrens zu erwarten, die Anlaß zu gezielten Maßnahmen zur Verfahrensverbesserung geben sollten.

Außerdem sollte die Anwendung des MDMP-Verfahrens im Rahmen eines Verfahrens zur Standortoptimierung überprüft werden. Im Falle eines erfolgreichen Einsatzes könnte sich der Entscheidungsträger dann den wiederholten Einsatz des MDMP-Verfahrens mit unterschiedlichen Lagerstandortkombinationen sparen und würde eine größere Sicherheit bei der Standortplanung erhalten.

Darüber hinaus wäre es wünschenswert, das MDMP-Verfahren auch in Aufgabenstellungen anwenden zu können, die das in dieser Arbeit betrachtete MPWLRP erweitern. So wird im MPWLRP angenommen, daß unter dem Gesichtspunkt der Warendistribution kein Unterschied zwischen den hergestellten Produkten besteht. Ebenso wurde von kapazitätsfreien Werken und Lagern ausgegangen. Wenngleich sich diese Voraussetzungen in vielen Anwendungen wiederfinden, treten doch auch abweichende Fälle auf, in denen das entwickelte MDMP-Verfahren ohne Anpassungen nicht einsetzbar ist.

Trotz der großen Bedeutung für die Praxis steckt die Erforschung des MPWLRPs noch in den Anfängen. Es verbleiben daher noch viele wichtige Aufgaben für die zukünftige Forschungs- und Entwicklungsarbeit.

Literaturverzeichnis

ABERLE, G.: Verkehrsinfrastrukturpolitik und deren Auswirkung auf die Unternehmenslogistik. In: Isermann, H. (Hrsg.): Logistik - Beschaffung, Produktion, Distribution. Landsberg/Lech (1994), S. 89-104.

AIKENS, C.H.: Facility location models for distribution planning. In: European Journal of Operational Research 22 (1985), S. 263-279.

BALL, M.O.: Allocation/routing: Models and algorithms. In: Golden, B.L., Assad, A.A. (Hrsg.): Vehicle routing: Methods and studies. Amsterdam et al. (1988), S. 199-221.

BEARDWOOD, J./HALTON, J.H./HAMMERSLEY, J.M.: The shortest path through many points. In: Proceedings of the Cambridge Philosophical Society 55 (1959), 299-327.

BEDNAR, L./STROHMEIER, E.: Lagerstandortoptimierung und Fuhrparkeinsatzplanung in der Konsumgüter-Industrie. In: Zeitschrift für Operations Research 23 (1979), S. B89-B104.

BERENS, W./KÖRLING, F.-J.: Das Schätzen von realen Entfernungen bei der Warenverteilungsplanung mit gebietspaarspezifischen Umwegfaktoren. In: OR-Spektrum 5 (1983), S. 67-75.

BERENS, W./KÖRLING, F.-J.: Estimating road distances by mathematical functions. In: European Journal of Operational Research 21 (1985), S. 54-56.

BERENS, W./KÖRLING, F.-J.: On Estimating road distances by mathematical functions - a rejoinder. In: European Journal of Operational Research 36 (1988), S. 254-255.

BERTSIMAS, D.J.B.: A vehicle routing problem with stochastic demand. In: Operations Research 40, 3 (1992). S. 574-585.

BOOKBINDER, J.H./REECE, K.E.: Vehicle routing considerations in distribution system design. In: European Journal of Operational Research 37 (1988), S. 204-213.

BRIMBERG, J./LOVE, R.F.: General considerations on the use of the weighted l_p norm as an empirical distance measure. In: Transportation Science 27, 4 (1993), S. 341-349.

BURNS, L.D./HALL, R.W./BLUMENFELD, D.E./DAGANZO, C.F.: Distribution strategies that minimize transportation and inventory costs. In: Operations Research 33, 3 (1985), S. 469-490.

CHIEN, T.W.: Operational estimators for the length of a traveling salesman tour. In: Computers & Operations Research 19, 6 (1992), S. 469-478.

CHRISTOFIDES, N./EILON, E.: Expected distances in distribution problems. Operational Research Quarterly 20, 4 (1969), S. 437-443.

CLARKE, G./WRIGHT, J.W. : Scheduling of vehicles from a central depot to a number of delivery points. In: Operations Research 12 (1964), S. 568-581.

COOK, S.A.: The complexity of theorem-proving procedures. In: Association for Computing Machinery (Hrsg.): Proceedings of the 3rd annual ACM Symposium on theory of computing. New York (1971), S. 151-158.

COOPER, L.: Heuristic methods for location-allocation problems. In: SIAM Review 6 (1964), S. 37-53.

CORNUEJOLS, G./SRIDHARAN, R./THIZY, J.M.: A comparison of heuristics and relaxations for the capacitated plant location problem. In: European Journal of Operational Research 50 (1991), S. 280-297.

DAGANZO, C.F.: The length of tour in zones of different shapes. In: Transportation Research-B 18B (1984a), S. 135-146.

DAGANZO, C.F.: The distance traveled to visit N points with a maximum of C stops per vehicle: An analytic model and an application. In: Transportation Science 18, 4 (1984b), S. 331-350.

DAGANZO, C.F.: Logistics System Analysis. Berlin - Heidelberg (1991).

DANDL, E.: Modellierung verkehrsbetrieblicher Transporte in computergestützten Distributionssystemen. Birkach (1984).

DARR, W.: Integrierte Marketing-Logistik. Wiesbaden (1992).

DESROCHERS, M./LENSTRA, J.K./SAVELSBERGH, M.W.P, SOUMIS, F.: Vehicle routing with time windows: Optimization and approximation. In: Golden, B.L., Assad, A.A. (Hrsg.): Vehicle routing: Methods and studies. Amsterdam et al. (1988), S. 65-84.

DESROCHERS, M./VERHOOG, T.W.: A new heuristic for the fleet size and mix vehicle routing problem. In: Computers & Operations Research 18, 3 (1991), S. 263-274.

DESROSIERS, J./DUMAS, Y./SOLOMON, M.M./SOUMIS, F.: Time constrained routing and scheduling. In: Ball, M. O. et al. (Hrsg.): Network Routing. Amsterdam et al. (1995), S. 35-140.

DETHLOFF, J.: Verallgemeinerte Tourenplanungsprobleme. Göttingen (1994).

DOMSCHKE, W.: Logistik: Transport. 3. Aufl., München (1989).

DOMSCHKE, W.: Logistik: Rundreisen und Touren. 3. Aufl., München (1990).

DOMSCHKE, W./DREXL, A.: Logistik: Standorte. 3. Aufl., München (1990).

DOWSLAND, A.D.: Simulated Annealing. In: Reeves, C.R. (Hrsg): Modern heuristic techniques for combinatorial problems. London (1993), S. 20-69

EBERHARD, U.: Mehr-Depot-Tourenplanung. München (1987).

EILON, S./WATSON-GANDY, C.D.T./CHRISTOFIDES, N.: Distribution management: Mathematical modelling and practical analysis. London (1971).

EISELE, P.: Simulationsmodelle zur Distributionskostenminimierung bei zentraler bzw. dezentraler Warenauslieferung. Frankfurt a.M. - Zürich (1976).

ELDREDGE, D.L.: A cost minimization model for warehouse distribution systems. In: Interfaces 12, 4 (1982), S. 113-119.

ENGELE, G.: Simultane Standort- und Tourenplanung. Köln-Berlin-Bonn-München (1980).

FEDERGRUEN, A./SIMCHI-LEVI, D.: Analysis of vehicle routing and inventory-routing problems. In: Ball, M. O. et al. (Hrsg.): Network Routing. Amsterdam et al. (1995), S. 297-374.

FELDMAN, E./LEHRER, F.A./RAY, T.L.: Warehouse location under continous economies of scale. In: Management Science 12 (1966), S. 670-684.

FISHER, M.L./JAIKUMAR R.: A generalized assignment heuristic for vehicle routing. In: Networks 11 (1981), S. 109-124.

FLEISCHMANN, B.: Distributionsplanung. In: Gaede, K.-W. et al. (Hrsg.): Proceedings in Operations Research 8. Würzburg-Wien (1979), S. 293-308.

FLEISCHMANN, B.: Designing distribution systems with transport economies of scale. In: European Journal of Operational Research 70 (1993), S. 31-42.

FLEISCHMANN, B.: Tourenplanung. In: Isermann, H. (Hrsg.): Logistik - Beschaffung, Produktion, Distribution. Landsberg/Lech (1994), S. 211-225.

FLEISCHMANN, B.: Design of freight traffic networks: Models, methods, applications. Working paper, Lehrstuhl für Produktion und Logistik, Universität Augsburg (1995).

GIETZ, M: Computergestützte Tourenplanung mit zeitkritischen Restriktionen. Heidelberg (1994).

GILLET, B./MILLER, L.: A heuristic algorithm for the vehicle dispatch problem. In: Operations Research 22 (1974), S. 340-349.

GLOVER, F.: Tabu search - Part I. In: ORSA Journal on Computing 1 (1989), S. 190-206.

GLOVER, F.: Tabu search - Part II. In: ORSA Journal on Computing 2 (1990), S. 4-32.

GLOVER, F./TAILLARD, E./DE WERRA, D.: A user's guide to tabu search. In: Annals of Operations Research 41 (1993), S. 3-28.

GOLDBERG, D.E.: Genetic Algorithms in search, optimization and machine learning. Addison-Wesley. Reading (1989).

GRIFFITHS, D.O.: The use of regression analysis in a depot location exercise. In: Applied Statistics 17 (1968), S. 57-63.

HALL, R.W./DU, Y./LIN, J.: Use of continuous approximations within discrete algorithms for routing vehicles: Experimental results and interpretation. In: Networks 24 (1994), S. 43-56.

HAMMER, P.L./GLOVER, F./LAGUNA, M./TAILLARD, E./DE WERRA, D.: Tabu Search, Annals of Operations Research 41 (1993).

HANSEN, P.H./HEGEDAHL, B./HJORTKJÆR, S./OBEL, B.: A heuristic solution to the warehouse location-routing problem. In: European Journal of Operational Research 76 (1994), S. 111-127.

JACOBSEN, S.K./MADSEN, O.B.G.: A comparative study of heuristics for a two-level routing-location problem. In: European Journal of Operational Research 5 (1980), S. 378-387.

JAILLET, P./ODONI, A.R.: The probabilistic vehicle routing problem. In: Golden, B.L., Assad, A.A. (Hrsg.): Vehicle routing: Methods and studies. Amsterdam et al. (1988), S. 293-318.

KARP, R.M.: Reducibility among combinatorial problems. In: Miller, R.E., Thatcher, J.W. (Hrsg.): Complexity of computer computations. New York-London (1972), S.85-103.

KIPSHAGEN, L.: Die Planung von Distributionssystemen der Konsumgüterindustrie unter besonderer Berücksichtigung der Tourenauslieferung. Frankfurt a.M. (1983).

KLOSE, A.: Using clustering methods in problems of combined location and routing. In: Kleinschmidt, P. (Hrsg.): Operations Research Proceedings 1995. Berlin-Heidelberg (1996), S. 411-416.

KWON, O./GOLDEN, B./WASIL, E.: Estimating the length of the optimal TSP tour: An empirical study using regression and neural networks. In: Computers & Operations Research 22, 10 (1995), S. 1.039-1.046.

LAPORTE, G.: Location-routing problems. In: Golden, B.L., Assad, A.A. (Hrsg.): Vehicle routing: Methods and studies. Amsterdam et al. (1988), S. 163-198.

LAPORTE, G./DEJAX P.J.: Dynamic location-routeing problems. In: Journal of the Operational Research Society 40, 5 (1989), S. 471-482.

LAPORTE, G./NOBERT Y.: An exact algorithm for minimizing routing and operating costs in depot location. In: European Journal of Operational Research 6 (1981), S. 224-226.

LAPORTE, G./NOBERT Y./TAILLEFER S.: Solving a family of multi-depot vehicle routing and location-routing problems. In: Transportation Science 22, 3 (1988), S. 161-172.

LENSTRA, J.K./RINNOOY KAN, A.H.G.: Complexity of vehicle routing and scheduling problems. In: Networks 11 (1981), S. 221-227.

LIN, S.: Computer solutions of the traveling salesman problem. In Bell Systems Technical Journal 44 (1965), S. 2.245-2.269.

LOVE, R.F./MORRIS, J.G.: Modelling inter-city road distances by mathematical functions. In: Operational Research Quarterly 23 (1972), S. 61-71.

LOVE, R.F./MORRIS, J.G.: Mathematical models of road travel distances. In: Management Science 25 (1979), S. 130-139.

LOVE, R.F./MORRIS, J.G.: On estimating road distances by mathematical functions. In: European Journal of Operational Research 36 (1988), S. 251-253.

MADSEN, O.B.G.: Methods for solving combined two-level location-routing problems of realistic dimensions. In: European Journal of Operational Research 12 (1983), S. 295-301.

MATTHÄUS, F.: Tourenplanung - Verfahren zur Einsatzplanung von Fuhrparks. Darmstadt (1978).

NAGY, G./SALHI, S.: Nested heuristic methods for the location-routeing problem. In: Journal of the Operational Society 47 (1996), S. 1.166-1.174.

NAMBIAR, J.M./GELDERS, L.F./VAN WASSENHOVE, L.N.: A large scale location-allocation problem in the natural rubber industry. In: European Journal of Operational Research 6 (1981), S. 183-189.

NAMBIAR, J.M./GELDERS, L.F./VAN WASSENHOVE, L.N.: Plant location and vehicle routing in the Malaysian rubber smallholder sector: a case study. In: European Journal of Operational Research 38 (1989), S. 14-26.

NEWELL, G.F./DAGANZO, C.F.: Design of multi-vehicle delivery tours - I: A ring-radial network. In: Transportation Research-B 20B, 5 (1986a), S. 345-363.

NEWELL, G.F./DAGANZO, C.F.: Design of multi-vehicle delivery tours - II: Other metrics. In: Transportation Research-B 20B, 5 (1986b), S. 365-376.

PAESSENS, H.: The savings algorithm for the vehicle routing problem. In: European Journal of Operational Research 34 (1988), S. 336-344.

PARASCHIS, I.: Optimale Gestaltung von Mehrprodukt-Distributionssystemen. Heidelberg (1989).

PERL, J./DASKIN, M.S.: A warehouse location-routing problem. In: Transportation Research-B 19B (1985), S. 381-396.

PFOHL, H.-C.: Logistiksysteme. Berlin-Heidelberg (1996).

REEVES, C.R.: Genetic algorithms. In: Reeves, C.R. (Hrsg). Modern heuristic techniques for combinatorial problems. London (1993), S. 151-196.

SALHI S./RAND G.K.: The effect of ignoring routes when locating depots. In: European Journal of Operational Research 39 (1989), S. 150-156.

SRIVASTAVA, R.: Alternate solution procedures for the location-routing problem. In: Omega 21, 4 (1993), S. 497-506.

SRIVASTAVA, R./BENTON, W.C.: The location-routing problem: considerations in physical distribution system design. In: Computers & Operations Research 17 (1990), S. 427-435.

STADTLER, H.: Gestaltung von Lagersystemen, In: Isermann, H. (Hrsg.): Logistik - Beschaffung, Produktion, Distribution. Landsberg/Lech (1994), S. 191-202.

STOKX, C.F.M./ TILANUS, C.B.: Deriving route lengths from radial distances: Empirical evidence. In: European Journal of Operational Research 50 (1991), S. 22-26.

TEMPELMEIER, H.: Standortoptimierung in der Marketing-Logistik. Königstein/Ts. (1980).

TEMPELMEIER, H.: Quantitative Marketing-Logistik. Berlin-Heidelberg (1983).

TÜSHAUS, U.: Estimation of transportation costs in locational analysis. Working paper, Institut für Unternehmensforschung, Hochschule St. Gallen (1995).

VAN ROY, T.J.: Multi-level production and distribution planning with transportation fleet size optimization. In: Management Science 35, 12 (1989), S. 1.443-1.453.

WEBB, M.H.J.: Cost functions in the location of depots for multiple-delivery journeys. In: Operational Research Quarterly 19, 3 (1968), S. 311-320.

GPSR Compliance

The European Union's (EU) General Product Safety Regulation (GPSR) is a set of rules that requires consumer products to be safe and our obligations to ensure this.

If you have any concerns about our products, you can contact us on ProductSafety@springernature.com

In case Publisher is established outside the EU, the EU authorized representative is:

Springer Nature Customer Service Center GmbH
Europaplatz 3
69115 Heidelberg, Germany

Batch number: 10815964

Printed by Printforce, the Netherlands